LES

SATIRIQUES LATINS

PARIS. — IMPRIMERIE GÉNÉRALE DE CH. LAHURE
Rue de Fleurus, 9

LES
SATIRIQUES LATINS

COMPRENANT

JUVÉNAL — PERSE — LUCILIUS
TURNUS — SULPICIA

TRADUCTION NOUVELLE

PUBLIÉE

AVEC LES IMITATIONS FRANÇAISES ET DES NOTICES

PAR E. DESPOIS

PARIS
LIBRAIRIE DE L. HACHETTE ET Cⁱᵉ
BOULEVARD SAINT-GERMAIN, N° 77

—

1864

AVERTISSEMENT DES ÉDITEURS.

Chacun sait avec quelle énergie Juvénal a flétri les dépravations de la décadence romaine. Après avoir vainement essayé de donner de plusieurs passages un équivalent supportable pour un lecteur moderne, nous nous sommes décidés à les laisser en latin, et à les citer au bas des pages, comme on a dû le faire pour d'autres auteurs compris dans cette collection. Des traductions que leur prix et leur format mettent à la portée de tout le monde, sont tenues à plus de réserve que des collections plus volumineuses et qui, par conséquent moins accessibles à tous, ont pu se permettre plus de liberté.

L. Hachette et Cie

NOTICES

NOTICES[1].

I

LUCILIUS.

Caïus Lucilius naquit l'an 148 avant Jésus-Christ à Suessa Aurunca, en Campanie. Il était d'une noble et riche famille. Encore fort jeune, il accompagna Scipion Émilien au siége de Numance, s'y distingua et resta

---

[1]. Ces notices contiennent le peu de détails positifs que nous avons sur les satiriques latins traduits dans ce volume. On s'est borné à y joindre quelques réflexions sur le caractère moral de ces écrivains, ce qui est après tout le point essentiel, puisqu'ils ont tous été des moralistes. Quant à l'appréciation littéraire de leurs œuvres, ce travail a déjà été fait et trop bien fait pour qu'on soit tenté de le recommencer. Les lecteurs qui désireront une histoire suivie de la satire à Rome, n'auront qu'à recourir à la remarquable *Histoire de la littérature romaine* de M. Pierron. Ceux qui voudraient une appréciation plus développée de chacun de ces poëtes pourront lire une étude approfondie sur *Lucilius*, de M. Charles Labitte, et les travaux excellents de M. Martha sur *Perse* et sur *Juvénal*.

l'ami de Scipion et de Lélius. On ne sait pas au juste la date de sa mort. Il mourut à Naples ; la ville lui fit des funérailles solennelles.

S'il ne fut pas l'inventeur de la satire romaine (Ennius lui avait donné l'exemple), au moins paraît-il l'avoir beaucoup perfectionnée. Il n'écrivit pas moins de trente livres de satires, dont il ne nous reste que des fragments. Fut-il vraiment un poëte satirique, dans le sens qu'Horace, Perse et Juvénal ont donné à ce mot? Il est permis d'en douter. D'après ce que nous en dit Horace dans un des rares passages où il ne se montre point défavorable à son célèbre devancier, il paraît que le plus souvent les satires de Lucilius ressemblaient surtout à ce que nous avons appelé la poésie intime. Il y parle de tout ce qui l'affecte en bien ou en mal, y raconte ses voyages, y traite même des questions de grammaire. Il écrivait vite et beaucoup, et par conséquent avec négligence. « C'était un ruisseau bourbeux, où l'on pouvait recueillir des paillettes d'or. » Telle est au moins l'idée qu'Horace nous en donne, et que justifient les trop courts fragments de Lucilius. Peut-être la mémoire du vieux poëte a-t-elle singulièrement profité à ce que ses œuvres fussent anéanties et qu'il n'en restât que des fragments choisis, de courtes citations. Mais la postérité y a perdu sans doute d'inappréciables révélations sur la société contemporaine ; et le temps, en détruisant ses satires, n'a peut-être pas moins rendu service à cette société, déjà bien gâtée, qu'à Lucilius lui-même ; elle y a gagné de conserver encore une partie de son prestige. Sans doute un satirique n'est pas toujours un témoin fidèle, mais il paraît que les portraits de Lucilius étaient ressemblants : Horace d'ailleurs reconnaît que, s'il savait démasquer impitoyablement toutes les hypocrisies, il était juste « pour la vertu et pour les amis de la vertu. »

Ses satires avaient au moins un caractère exceptionnel à Rome : c'est une liberté de tout dire, que nul autre satirique n'osa se permettre. La loi défendait aux poëtes toute attaque personnelle, et, chose caractéristique, cette loi avait été faite avant que Rome eût de véritables poëtes ; Rome a toujours eu le génie, l'instinct de la tyrannie. La loi révérée des douze tables, — Cicéron nous l'apprend, — « cette loi, qui prodiguait si peu la peine de mort, n'hésitait point pourtant à la prononcer contre quiconque réciterait publiquement ou composerait des vers injurieux ou diffamatoires[1]. » Mais Lucilius était riche, avait de puissants amis et pouvait braver la loi. La liberté n'a jamais été à Rome que le privilége d'un petit nombre.

1. Cicéron, *De la république*, fragments du livre IV.

II

PERSE.

Aulus Persius Flaccus naquit l'an 34 après J. C. à Volaterra, en Étrurie, la patrie des pieuses et antiques croyances. Nul pourtant ne fut plus dégagé des superstitions; mais Perse garda de ses traditions de race une sorte de gravité religieuse, et l'on se représente volontiers cette jeune et sérieuse figure avec cette rigide pureté de traits que l'art étrusque a consacrée. Sorti d'une famille de chevaliers, riche, beau, il semblait dévoué d'avance à toutes les corruptions de la Rome impériale. Il y échappa, et quand la mort le prit à vingt-huit ans, il avait conservé son âme pure de toutes les souillures contemporaines [1].

---

1. « Fuit morum lenissimorum, verecundiæ virginalis, formæ « pulchræ, pietatis erga matrem et sororem et amitam exemplo « sufficientis. » (Notice attribuée à Suétone.) Cette notice contient un assez grand nombre de détails précis; elle permet de donner à une biographie de Perse plus d'étendue qu'à celle de Juvénal, pour laquelle les documents manquent presque absolument.

Il reçut pour premières leçons de sagesse celles qui ne s'oublient pas, parce que le cœur y a plus de part que l'intelligence, celles de la famille. Il avait perdu son père à l'âge de six ans. Il resta auprès de sa mère et de sa sœur, pour lesquelles il eut une affection pieuse, honorable pour toute cette famille. Il fut amené à Rome à l'âge de douze ans. De graves amitiés l'affermirent dans le devoir et aussi dans le sentiment des épreuves auxquelles le devoir accompli exposait en ce temps-là. Parent de Pétus Thraséas, il retrouva en lui un père; et il eut le bonheur de rencontrer pour maître de sagesse un homme rare, dont le caractère était un enseignement : c'était Annæus Cornutus, qu'il connut dès l'âge de quinze ans, et auquel il resta tendrement attaché.

Cornutus, né en Afrique, avait écrit des tragédies et des œuvres philosophiques; son exemple seul eût suffi pour maintenir son jeune élève dans la voie de l'honneur. Pendant les premières années de Néron, appelé à ces conférences moitié philosophiques, moitié littéraires, où le jeune empereur lisait ses productions, Cornutus lui déplut par sa franchise. Un jour, Néron, causant avec les confidents de ses œuvres poétiques, y discutait sur le nombre de chants qu'il devait consacrer à un poëme commencé par lui, et dont le sujet embrassait toute l'histoire romaine. « Quatre cents livres, ce ne serait pas trop pour la fécondité poétique de César, dit un flatteur. — Quatre cents! s'écria Cornutus; qui les lira?—Mais le stoïcien Chrysippe, lui fut-il répliqué, ce Chrysippe que vous admirez tant, en a écrit davantage. — Oui, mais les livres de Chrysippe sont utile à l'humanité. » Néron ne pouvait goûter un critique si rude, et ses rancunes contre Cornutus aboutirent plus tard à l'exil du philosophe, mais seulement après la mort de Perse. On a blâmé la brutalité de cette réponse ; elle a pu échapper naturellement à un homme sage, outré de l'exagération d'une flagornerie monstrueuse. Le seul tort bien réel de Cornutus paraît avoir été de consentir à figurer dans cette réunion de lettrés philosophes dont Sénèque entourait le jeune Néron ; mais il faut avouer que ces conférences eurent du moins l'avantage d'occuper Néron d'une façon inoffensive et d'occuper à des essais poétiques cinq années qu'il eût pu employer plus mal. Un esprit aussi peu accommodant que celui de Cornutus, devait inspirer à Perse des doctrines tranchées. Et Perse en effet est le plus absolu des stoïciens romains : non qu'il soit dur ; son cœur ne le lui permet pas ; sa tendresse pour son maître et ses amis s'épanche dans ses vers avec un accent qui ne saurait tromper ; son parent Thraséas n'avait pu d'ailleurs que lui donner des exemples d'indulgence, lui qui croyait qu'il fallait traiter les vices comme une maladie morale plus digne de pitié que de colère, et que, « quand on haïssait les vices, on était bien près de haïr les hommes. » C'est en théorie seulement que Perse est souvent outré ; et quelques-uns des dogmes exagérés du stoïcisme grec, ceux que Sénèque passait volontiers sous silence, sont acceptés par Perse dans toute leur rigueur.

L'âge et l'expérience, en mûrissant l'esprit du jeune philosophe, eussent adouci sans doute la crudité de ses doctrines ; mais il mourut jeune, et vécut loin du monde avec quelques amis dont son biographe nous a conservé les noms : c'étaient un médecin grec, Claudius Agathémère, puis le poëte Césius Bassus, auquel il adresse sa dernière satire; enfin, Lucain, plus jeune que lui de quelques années, et, comme lui, élève de Cornutus. Cette nature espagnole, ardente, passionnée, toute à l'éclat et aux audaces du génie, semblait présenter le contraste le plus achevé avec l'âme pensive et recueillie de Perse. Autant celui-ci fuyait le monde et le bruit, autant l'autre les recherchait. Malgré ces différences de leur génie et de leur caractère, Lucain avait pour les poésies de son ami une très-vive admiration. Par lui, Perse connut Sénèque; mais il fut peu séduit par son esprit, dit son biographe. D'ailleurs Sénèque devait lui sembler énerver le stoïcisme et le plier en outre à des exigences mondaines, que Perse sans doute appréciait sévèrement. Les distractions du jeune poëte paraissent s'être bornées à quelques voyages qu'il fit en compagnie avec Thraséas et la femme de celui-ci, Arria, belle-mère d'Helvidius, et fille elle-même de cette Arria, qui avait, en se donnant la mort devant son mari, prononcé le mot célèbre : *Non dolet*[1]*!* Étrange famille, surtout en ce temps, que celle-là, où les vertus comme le martyre se retrouvent à toutes les générations! On a remarqué que les aïeux de Bayard avaient tous été tués ou mutilés sur les champs de bataille, où lui-même devait tomber en combattant pour la France. L'histoire de cette famille de Thraséas, telle qu'elle se poursuit sous quatre ou cinq empereurs, représente autant de

---

1. Perse avait écrit pour la femme de Thraséas un livre d'*impressions de voyage* ('Οδοιπορικῶν *librum unum*), et quelques vers sur la mort héroïque de sa mère Arria. Il avait composé également une comédie : sur le conseil de Cornutus, la mère de Perse détruisit plus tard ces divers écrits.

sang versé pour la cause de l'humanité. Eux aussi étaient des chevaliers, et, comme leurs successeurs du moyen âge, ils avaient pris pour devise : *Fais ce que dois*. Ce serait une belle histoire à faire que celle de cette dynastie de martyrs.

Si Perse eût vécu jusqu'aux années sanglantes de Néron, sans doute, malgré son obscurité, il n'eût pas échappé à la proscription qui frappa sa famille, ses amis, son maître. Il mourut à vingt-huit ans, léguant ses biens à sa mère et à sa sœur. Un codicille, adressé à sa mère, la priait de réserver à son maître bien-aimé une somme considérable et sa bibliothèque composée de sept cents volumes. Cornutus refusa l'argent et accepta les livres. Il se chargeait d'un legs plus précieux : c'était le petit livre de Perse, ses six satires, le testament de son âme. Avec l'aide du poëte Bassus, il le publia en se bornant à y faire quelques suppressions et de légères retouches, quelques-unes commandées, dit-on, par les circonstances : précaution qui me semble peu explicable; car, si les vers ridicules dont Perse se moque dans sa première satire sont bien de Néron, Cornutus y laissait certainement ce que le livre contenait de plus dangereux [1].

Il y a sans doute quelque chose de touchant chez ce jeune homme qui, doué de tous les avantages de la

---

1. Il ne faut pas oublier du reste ce que signifie pour les anciens ce mot *publier* : cela ne ressemble guère à notre publicité moderne. *Publier* pour un Romain, c'est fixer le texte et en faire prendre des copies. Il n'y avait rien là de bien alarmant pour le pouvoir, et c'était en outre un délit assez difficile à atteindre. La seule propagande redoutable, avant l'invention de l'imprimerie, a été toujours la propagande orale.

naissance, de la figure, de la fortune, n'abuse d'aucun, et qui, loin des plaisirs et de la gloire, entre les tendres affections d'une mère et d'une sœur, et cette mâle et forte amitié d'un Cornutus et d'un Thraséas, cherche dans l'entretien et la lecture des sages, et mieux encore dans sa conscience, la règle de sa vie. Cette vie obscure, cette existence si courte, n'a pas été inutile au monde, car elle est un exemple, et son petit livre contient d'utiles et pénétrantes leçons. On s'est souvent apitoyé sur la destinée des poëtes qui moururent jeunes, après avoir abandonné leur âme aux satisfactions individuelles ou aux inquiétudes de la vanité. Peut-être Perse a-t-il un peu plus de droit qu'un autre à ces souvenirs tendres de la postérité. Je m'étonne qu'on ait pu parfois le juger avec aigreur. Ses défauts littéraires sautent aux yeux; trop souvent il a un jargon à lui, éloigné de la langue commune (malgré sa prétention de parler comme tout le monde); il a quelques images incohérentes, un style pénible. Son défaut le plus grave c'est l'obscurité, et il conviendrait mal de le contester à un traducteur qui n'a pas la prétention de l'avoir toujours parfaitement compris. C'est là son tort le plus saillant, il ne faut pas une grande sagacité pour le découvrir; à défaut de goût, l'ignorance et la paresse suffiraient. Mais à côté de ces taches, n'y a-t-il pas chez Perse de ces passages qui enlèvent, de ces vers admirables, et qui doivent leur trempe énergique à la vigueur de l'inspiration morale? N'a-t-il pas de « ces pensées qui viennent du cœur, » et que le cœur aussi doit juger plus que le goût? Malheureusement cette énergique brièveté, qui tient à la langue comme au génie particulier du poëte, les rend à peu près intraduisibles[1] ; j'ai du moins la certitude de n'y avoir pas réussi. Il est triste et humiliant pour un traducteur de renvoyer les lecteurs au texte, et de ne pouvoir par sa traduction même justifier son admiration. Ce qui peut consoler de ce que cet aveu a de pénible, c'est d'abord la conviction que de fort habiles interprètes n'ont guère été plus heureux ; c'est aussi la satisfaction d'avoir senti et savouré ces beautés. On peut, sans trop de honte, confesser avec Montaigne un certain faible pour ces écrivains si dénigrés de la décadence latine. Peut-être est-ce chez eux, plus que chez des écrivains plus parfaits, que se trouvent ces vers si pleins, si forts, si saisissants, de ces vers qui tiennent toute une âme concentrée en quatre ou cinq mots, qui vont droit à ce que nous avons de meilleur en nous, les vers Cornéliens de la langue latine, ceux que Corneille y recherchait, et dont, plus que personne, il a su nous donner l'équivalent.

[1]. Comptez seulement combien de mots français sont nécessaires pour donner simplement le sens de ce vers si bien frappé, et que saint Augustin commente et développe en plusieurs lignes :
« Virtutem videant intabescantque relicta. »

III

TURNUS.

Contemporain de Perse, Turnus est cité avec éloges par Martial, et mis sur la même ligne que Juvénal par Rutilius Numatianus[1]. On ne sait rien de sa vie. Il ne nous reste de lui que deux vers cités par le scholiaste de Juvénal; encore sont-ils fort corrompus et à peu près inintelligibles. Le fragment que nous avons traduit dans ce volume, pour nous conformer à l'usage, est aujourd'hui considéré comme étant l'œuvre de Balzac, qui en fut le premier éditeur, et qui prétendait l'avoir trouvé « dans un parchemin pourri en plusieurs endroits et à demi mangé de vieillesse. » (*Entretiens*, IV, ch. IV.) Wernsdorf s'y est laissé prendre, et

---

1. Contulit ad satiras ingentia pectora Turnus.
(MARTIAL, l. XI, Épigr. x.)

Hujus vulnificis satira ludente Camenis
Nec Turnus potior, nec Juvenalis erit.
(RUTILIUS NUMATIANUS, l. I, v. 599.

il déclare que ces vers ne peuvent être attribués qu'à Turnus. Ce fragment de trente vers a été ailleurs imprimé dans les œuvres de Balzac (Paris, 1665, in-folio). Il est intercalé dans une pièce latine adressée au marquis de Montausier, et qui comprend soixante-quatorze vers.

IV

SULPICIA.

On sait la haine fort naturelle que l'empereur Domitien professait pour la philosophie et pour l'histoire. Il fit périr ou exila les écrivains; et, chose plus nouvelle alors, et dont s'étonne Tacite, il sévit contre la pensée même. Les écrits suspects furent solennellement brûlés sur le Forum, à la place même où se tenaient les *comices* au temps de la République. «Apparemment, dit Tacite, on se flattait d'anéantir aussi dans ces flammes la voix du peuple romain, la liberté du sénat, la conscience du genre humain : on bannit en outre les philosophes, on exila les talents généreux : avait-on peur de rencontrer encore à Rome quelque chose d'honnête? Certes, nous avons été des modèles de patience, et si l'ancienne Rome a vu les excès de la liberté, nous avons connu, nous, ceux de la servitude. L'espionnage avait supprimé jusqu'à la faculté de parler et d'entendre ; avec la parole nous eussions perdu jusqu'à la mémoire, si l'oubli nous eût été aussi facile que le silence. »

Tout le monde ne s'était pas tu cependant ; une noble femme, Sulpicia, dont le mari Calénus était au nombre des bannis, protesta par une satire demeurée célèbre. On ne sait de sa vie que ce qu'elle en dit elle-même dans cette pièce ; mais sa vertu, restée si pure en des temps corrompus, a forcé Martial même au respect.

« Lisez Sulpicia, jeunes femmes qui ne rêvez qu'un seul amour ; lisez Sulpicia, maris qui ne voulez aimer que votre femme. Ce n'est pas elle qui célébrerait les fureurs de Médée, ni l'horrible festin de Thyeste ; pour elle, ni Scylla, ni Byblis n'ont jamais existé. Ce qu'elle chante, ce sont de chastes et de saintes amours, elle en peint les jeux, les délices, les badinages. Pour qui connaît le prix de ses vers, jamais muse n'a eu ni plus de malice ni plus de pudeur. Tel était, j'imagine, l'enjouement d'Égérie, quand dans sa grotte fraîche elle recevait Numa. Si tu avais étudié près d'elle, ô Sappho ; ou reçu ses leçons, tu serais à la fois plus docte et plus chaste ; et si Phaon vous avait connues toutes deux, il l'eût aimée celui qui te fut si cruel. Mais c'eût été peine perdue : car, dût-elle être l'épouse de Jupiter, dût-elle obtenir l'amour de Bacchus ou d'Apollon, Calénus une fois mort, elle ne lui survivrait point. »

V

JUVÉNAL.

On a très-peu de renseignements sur Juvénal. Il n'a guère parlé de lui-même dans ses satires, et ce n'est pas de lui qu'on peut dire ce qu'Horace dit de Lucilius et ce qui serait vrai d'Horace lui-même : *Sa vie toute entière se lit dans ses ouvrages.* Tout ce que nous savons de Juvénal se réduit à une courte notice, attribuée à Suétone.

Décimus Junius Juvénalis naquit en l'an 42, à la fin du règne de Caligula, à Aquinum, ville du pays des Volsques. Il était l'enfant ou le fils adoptif d'un riche affranchi. Il paraît avoir joui d'une modeste aisance. Jusqu'à quarante ans environ il fréquenta les écoles, et s'y exerça sur ces sujets fictifs auxquels on donnait le nom de *déclamations.* L'éloquence avait cessé d'être à Rome un art sérieux ; elle n'était plus qu'une habitude et une tradition : Auguste avait *pacifié l'éloquence comme tout le reste,* nous dit Tacite, c'est-à-dire qu'il avait fait taire la tribune, et donné la parole aux rhéteurs. Ce ne fut pas même le silence qui succéda aux grandes luttes de la parole : on eut l'hypocrisie de l'éloquence quand on en perdait la réalité. Si l'influence des déclamations a été funeste à la littérature proprement dite, on voit à qui il faut s'en prendre : l'anéantissement de la liberté fut la première cause de la corruption du goût. C'est dans ces habitudes de l'école que Juvénal gâta son beau et vigoureux génie.

Il semble avoir commencé assez tard à composer ses satires. Selon la notice ci-dessus mentionnée, ses premiers vers auraient été ceux où il se plaint que le Mécène du jour fût l'histrion Paris, favori de l'empereur Domitien[1]. Pendant longtemps il n'osa rien risquer en public ; mais plus tard, après la chute de Domitien, il fit entrer ces premiers essais dans ses nouveaux ouvrages, et les lectures qu'il en fit eurent beaucoup de succès. Par malheur, ces vers, composés depuis longtemps, semblèrent contenir des allusions à de nouveaux scandales : Adrien s'irrita, dit-on, des vers dirigés contre le comédien Paris, et y vit une offense pour lui et pour un de ses favoris. Juvénal, dans ces vers, se plaignait que le crédit d'un histrion pût faire parvenir un poëte aux dignités militaires. Adrien crut faire sans doute une excellente plaisanterie, en lui accordant spontanément une de ces faveurs, et en envoyant en Égypte Juvénal, alors âgé de quatre-vingts ans, pour y tenir garnison et y commander une cohorte. Le pauvre poëte mourut en Égypte *de tristesse et d'ennui*, dit son biographe, et aussi sans doute des fatigues d'un voyage accompli à un âge si avancé. Je ne sais pourquoi des

---

1. Ce sont les vers 90 et suiv. de la Satire vii, page 107 de cette traduction.

moralistes trop exigeants ont reproché à Juvénal de ne s'être permis que des censures inoffensives et des épigrammes sans péril. Une telle fin prouve, ce me semble, qu'en disant alors la vérité sur les morts, on risquait encore de blesser les vivants ; il en a coûté quelque chose à Juvénal d'avoir, même avec de prudentes réserves, conformé sa conduite à sa devise célèbre qui devint celle de Jean-Jacques, *vitam impendere vero*.

L'absence de documents sérieux et plus précis n'a nullement empêché d'ingénieux critiques de chercher ailleurs des arguments contre la sincérité de Juvénal.

Son indignation est-elle bien sérieuse? On l'a contesté. On a fait remarquer que, dans les passages les plus véhéments, parfois il s'arrête brusquement pour lancer quelque saillie, spirituelle sans doute, mais qui choque par le contraste, et qui révélerait chez lui plus de sang-froid qu'il n'en veut laisser paraître. La remarque est juste, si elle n'est qu'une critique littéraire. Mais faire d'un trait de mauvais goût un motif de défiance contre la bonne foi de l'écrivain, me semble un principe singulièrement contestable. Sans doute l'orateur qui improvise, s'il laisse apercevoir quelque affectation de bel esprit, est à bon droit suspect de tenir moins à ce qu'il dit qu'à la façon dont il le dit, et de sacrifier les intérêts de sa cause à ceux de son amour-propre. Il n'en est pas toujours de même de l'écrivain. Si véhément qu'il soit, si ardente qu'ait pu être son inspiration, on sait bien qu'il a pu revenir plus tard sur cette première expression de sa pensée, la retoucher, la gâter même, le tout très-sincèrement et peut-être par un désir, très-mal calculé sans doute, mais très-candide, de donner aux idées qu'il veut recommander, plus de relief, plus d'attrait, plus de valeur. Le soin extrême, l'affectation choquante, la coquetterie déplacée, ne sont nullement de sa part un signe d'indifférence pour les pensées qu'il exprime. Les peuplades sauvages, qui n'ont rien de plus précieux que leurs armes, les chargent toujours d'ornements de mauvais goût : a-t-on jamais imaginé d'y voir une preuve d'indifférence pour ces armes et pour l'usage qu'elles en savent faire ?

Si l'on admettait le principe que l'on applique ici à Juvénal, que dire des Pères de l'Église latine, et quelquefois aussi des Pères grecs, lesquels, au milieu de leurs émotions les plus sincères, nous choquent parfois par des traits d'un goût détestable? Voyez Tertullien, il n'est guère possible d'avoir plus de véhémence et plus de mauvais goût. Et pour s'en tenir aux satiriques, y en a-t-il un seul qui présente, au même degré qu'Agrippa d'Aubigné, ce contraste choquant entre une conviction incontestable et un mauvais goût tout aussi prononcé? A côté de choses sublimes et qui partent du cœur, se montre tout à coup une recherche puérile de style, une allitération, un jeu de mots ridicule. Pourtant nous savons sa vie, et, de quelque façon qu'on la juge, au moins y a-t-il un point qui reste hors de doute pour le lecteur le plus prévenu : c'est la violente sincérité de ses colères et de ses haines.

Une autre critique, moins raffinée, et que tout le monde peut faire, c'est celle qui porte sur les effroyables tableaux de la corruption romaine qu'on trouve chez Juvénal.

On a cru voir qu'il se complaisait dans ces descriptions; on a dit qu'il exagérait à plaisir, comme si Martial, son contemporain, qui approuve ce que blâme Juvénal, n'était pas là pour constater la fidélité du tableau. Juvénal est parfois le médecin qui décrit avec trop de précision peut-être « les attentats aux mœurs » de la société contemporaine; mais c'est aussi le moraliste indigné, et le patriote navré, qui les flétrit. On a pourtant signalé, comme un signe de dépravation véritable, les obscénités choquantes qui rendent certains passages absolument intraduisibles. On a dit spirituellement qu'il faisait rougir la pudeur en défendant la vertu. Malheureusement, si la morale ne change point, la pudeur a quelque chose de plus variable[1]. Les peintures hideuses que l'on trouve chez notre poëte, n'ont rien de plus effronté que les sculptures qui décorent quelques-unes de nos plus célèbres cathédrales. On n'a pas imaginé, je crois, d'en faire un argument contre les mœurs des naïfs artistes qui décoraient les monuments du moyen âge; on a été, avec raison, fort indulgent pour ces satires de pierre; pourquoi n'admet-on pas les

---

1. L'habile traducteur d'Aristophane, M. Poyard, dit, à propos de ces peintures obscènes, beaucoup plus fréquentes chez le comique grec et qui n'ont peut-être pas les mêmes excuses : « Les peuples anciens n'ont jamais entendu la pudeur comme la comprend notre civilisation raffinée; ils parlaient de tout sans voile, et tel mot qui révolterait le moins délicat d'entre nous, n'avait rien qui étonnât alors le plus chaste. Ne reprochons donc pas trop vivement au poëte comique d'avoir suivi à cet égard les habitudes de son siècle; et si ses peintures sont souvent d'une brutalité repoussante, accusons surtout la société qui a mérité d'être représentée sous de si dégradantes couleurs. » Cela est vrai même des plus graves personnages de l'antiquité romaine; il y a plus d'une plaisanterie dans Cicéron, il y a tel tableau cynique dans Sénèque même (malgré leur sévérité habituelle) qui est de nature à embarrasser passablement le traducteur.

mêmes excuses pour les satires écrites? Qu'on blâme et surtout qu'on se garde d'imiter cette crudité, choquante selon nos mœurs, rien n'est plus naturel; mais que là encore on voie une preuve du peu de sincérité de Juvénal, c'est ce qui semble moins légitime. En tout cas, on pourrait ne pas se montrer plus rigoureux pour la représentation du vice, telle qu'elle se trouve chez Juvénal qui le flétrit, que pour le vice lui-même, tel qu'il se montre chez Horace qui s'en vante. Il n'en a pas été ainsi : toutes les sévérités ont été pour Juvénal, chez qui cette peinture trop libre n'est, après tout, qu'une invective, toutes les indulgences pour Horace, chez qui cette peinture est une confession, — une confession dont il ne rougit point.

Enfin, un des critiques les plus distingués de notre temps, après s'être montré assez indulgent pour Martial, semble faire de l'amitié que Martial témoigne à Juvénal quelque chose d'assez compromettant pour ce dernier. En effet, Martial a dit quelque part, en se plaignant d'une mauvaise langue de son temps : « Tu veux

---

Il faut en prendre son parti, et songer d'ailleurs que cette franchise d'expression n'est point particulière à l'antiquité païenne. J'ajouterai que, pour ce qui est des mots crus, qui aujourd'hui nous effarouchent, notre pruderie est de très-fraîche date, et n'était guère connue au siècle de Louis XIV. Il y a, dans Boileau même, tel mot qu'on n'écrirait pas aujourd'hui. La seule question à se poser, c'est celle de savoir si l'écrivain a voulu rendre le vice aimable. J'affirme que pour Juvénal cela n'est pas J'avoue avoir été obligé, en plusieurs passages, d'être volontairement inexact, et pourtant, en cherchant à substituer à une image brutale un équivalent tolérable, une phrase vague, quelque platitude inoffensive, je me disais qu'une traduction adoucie, outre le ridicule inévitable des périphrases embarrassées, était infiniment moins propre à inspirer l'horreur du vice que l'effroyable crudité du texte latin.

me brouiller avec mon cher Juvénal; » et ailleurs encore il parle du satirique avec bienveillance. Néanmoins il me semble difficile de rendre Juvénal responsable d'une amitié à laquelle il n'a répondu en aucun endroit de ses ouvrages. Car s'il mentionne avec éloge plusieurs des écrivains contemporains, il ne nomme ni ne désigne nulle part Martial, son prétendu ami. Un des rares honnêtes gens de cette époque a été aussi l'objet des éloges de Martial : c'est Pline le Jeune; Pline lui-même parle avec affection de Martial, avec reconnaissance des éloges qu'il en a reçus. Je ne vois pas qu'on l'en ait blâmé; et Juvénal, qui répond à ces compliments par le silence, n'en serait pas moins déclaré suspect? Je ne sais trop quelle réputation résisterait à un pareil système d'interprétation, et quel honnête homme, à ce prix, pourrait se tenir sûr de son honneur; car il n'en est point, sans doute, qui n'ait souvent subi des éloges qu'il méprise, et des témoignages d'estime dont il se passerait bien volontiers.

Quant aux critiques littéraires dont Juvénal a été l'objet, c'est à Juvénal même à y répondre. Je me borne à souhaiter que cette traduction ne le calomnie pas trop à cet égard, et ne serve point à déprécier un poëte qui doit compter parmi les plus puissants.

J'ai suivi en général : 1° pour Juvénal le texte de l'édition Lemaire, contrôlé à l'aide de l'édition Heinrich (*Bonn*, 1839); 2° pour Perse, celle de M. Otto Jahn (*Leipsig*, 1843). Cette dernière édition contient un excellent commentaire. Je connais aussi la récente édition de Juvénal publiée à Leipsig par M. Otto Ribbeck. Le texte y est complétement bouleversé, et six satires y sont données comme étant simplement des *Déclama-*

tions attribuées à Juvénal (Declamationes quæ Juvenalis nomine feruntur). Or, parmi ces satires suspeects se trouvent les satires X, XIII, XIV, c'est-à-dire quelques-unes des plus belles. On comprendra aisément que j'aie dû m'en tenir au texte consacré.

Je dois signaler également des traductions diversement remarquables, que j'ai lues avec fruit après avoir écrit la mienne. Ce sont :

Pour Juvénal, les traductions en prose de Dusaulx (retouchée par M. Pierrot) et de M. Courtaud-Diverneresse (collection Nisard) ; — les traductions en vers de MM. Bouzique, Constant-Dubos, Jules Lacroix ;

Pour Perse, celles de MM. Perreau et Courtaud-Diverneresse.

Enfin, je ne dois pas poser la plume sans remercier mon ami, M. Édouard Sommer, d'avoir bien voulu lire cette traduction d'un bout à l'autre, et m'aider des conseils de son érudition si fine et si solide.

E. D.

JUVÉNAL

JUVÉNAL.

SATIRE I.

POURQUOI JUVÉNAL ÉCRIT DES SATIRES.

Toujours écouter les vers des autres! N'aurai-je jamais ma revanche, après avoir tant de fois subi la *Théséide* du poëte Codrus et sa voix enrouée? Ils m'auront fait essuyer la lecture de leurs comédies latines, de leurs vers d'amour, et je ne m'en vengerais pas! et je leur pardonnerais de m'avoir pris des journées entières, l'un pour me faire entendre son interminable *Télèphe*, l'autre son *Oreste*, qui remplit le volume, les marges, le revers de la feuille, et qui n'est pas encore fini!

Non, jamais propriétaire n'a mieux connu sa maison que je ne connais le Bois de Mars, l'antre de Vulcain, voisin des rochers d'Éolie[1]. Je sais de

---

1. Sujets ordinaires de poëmes, imitations d'épisodes des grands poëtes. Le Bois de Mars était déjà un sujet épuisé au

reste à quoi les vents passent leur temps, quelles sont les ombres qu'Éaque torture aux enfers; en quel pays cet autre va filouter la toison d'or ; je sais avec quelle vigueur le centaure Monychus lance ses ormes gigantesques; voilà les vieilleries que, du matin au soir, nous hurlent les salles de lecture de Fronton, et ses platanes, et ses marbres ébranlés, ses colonnes qui se lézardent sous les éclats de voix des lecteurs : n'attendez pas autre chose de nos poëtes, grands ou petits!

Moi aussi, j'ai fait mes classes et reçu des férules! Tout comme un autre, j'ai tâché de persuader à Sylla de rentrer dans la vie privée et de dormir sur les deux oreilles. Quand partout il pleut des poëtes, il faudrait être bien bon ou bien sot pour faire grâce à ce papier, que tôt ou tard on emploiera.

— Mais quelle fantaisie d'aller choisir précisément la carrière où le grand satirique, le poëte d'Aurunca[1], a lancé ses chevaux ?

— Si tu as le temps et la patience d'entendre mes raisons, je vais te les dire :

Quand un impuissant, un eunuque, ose se marier ; quand Mævia, la gorge au vent, descend

temps d'Horace. — *Éole et les Vents* (voy. VIRGILE, *Énéide*. Ier liv. — *Description des enfers* (*Énéide*, VIe liv.) — *Les Argonautes* (APOLLONIUS, etc.)

1. Lucilius, né à Suessa Aurunca.

dans l'arène et plante son épieu dans le flanc d'un sanglier d'Étrurie ; quand je vois la fortune de tous nos patriciens effacée par l'opulence de ce drôle, qui jadis, au temps de ma jeunesse, a fait crier ma barbe sous son rasoir; quand un faquin sorti de la canaille d'Égypte, un esclave de Canope, un Crispinus en un mot, ramène fièrement sur son épaule la pourpre tyrienne, et agite pour les rafraîchir ses doigts qui portent des bagues d'été, — des bagues plus lourdes accableraient sa délicatesse, — oh alors! il est malaisé de ne pas écrire de satires. Oui, devant les iniquités de Rome, fût-on doué d'une imperturbable patience, fût-on de fer, comment se contenir, lorsqu'on voit venir à soi la litière de l'avocat Mathon, nouvelle emplette de ce parvenu, qui la remplit de son épaisseur? Voyez cet autre: il a dénoncé son puissant patron; grâce à lui, la haute société de Rome, à moitié dévorée déjà, y passera bientôt tout entière. C'est lui qui fait trembler Massa, lui que Carus tâche d'amadouer, à force de cadeaux; Latinus, éperdu, lui livre sa femme Thymélé. Allons, cède le pas à ces seigneurs, qui gagnent des héritages par leurs travaux nocturnes ; pour monter à la fortune, ils ont pris le chemin le plus sûr aujourd'hui, le lit d'une vieille bien riche. A Proculéius, une once d'or; à Gillon, onze fois autant : chacun sa part, comme il est juste, à la mesure de son mérite!

Faites-vous payer votre sang, c'est bien le moins, et puisse ce métier vous faire aussi pâles que le paysan à l'aspect de la vipère sur laquelle il vient de poser son pied nu, ou le rhéteur prêt à parler devant l'autel de Lyon[1] !

Comment dire la rage qui me sèche, qui me brûle le foie, quand je vois un misérable, qui a dépouillé son pupille et l'a réduit à se prostituer, encombrer la voie publique de la horde de ses clients? Et ce concussionnaire, ce Marius, frappé d'une condamnation dérisoire ; car, s'il a perdu l'honneur, que lui importe? l'argent lui reste. Il égaye son exil en buvant dès la huitième heure : il jouit du ciel qu'il offense. Tu l'as fait condamner, pauvre province, et c'est toi qui pleures. Quoi? je ne verrais pas là des infamies dignes du flambeau d'Horace, le poëte de Venouse, des scandales à flageller? A tout cela je préférerais la légende d'Hercule, celle de Diomède, le labyrinthe que fait mugir le minotaure, la mer résonnant sous la chute du jeune Icare, et son père, le mécanicien volant ! Voilà à quoi je m'amuserais, au temps où un mari,

---

[1]. « Caligula institua à Lyon des concours d'éloquence grecque et latine. On prétend que les vaincus devaient donner des prix aux vainqueurs, et faire leur éloge. Quant à ceux qui avaient été jugés les plus mauvais, il leur était ordonné d'effacer leurs écrits avec une éponge ou avec leur langue, sous peine d'être battus de verges ou jetés dans le Rhône. » (SUÉTONE, *Caligula*, chapitre XX.)

maquignon de sa femme, recueille pour elle les legs
de son galant, dont légalement elle ne peut hériter :
commode époux, nos amoureux l'avaient dressé
à compter les solives, ou à ronfler le nez sur les
pots, quoique bien éveillé. A cet autre, un grade
de centurion semble une espérance permise; c'est
un mange-tout, qui a dépensé en chevaux son
avoir; tout ruiné qu'il est, il fait voler son fringant
équipage sur la voie Flaminienne. Au fait, le jeune
Automédon conduisait bien lui-même, pour montrer ses talents à une maîtresse en habit d'homme[1].
Comment ne pas être tenté de s'arrêter là, en plein
carrefour, et sur ses tablettes qui n'y suffiraient
pas, de marquer ces monstruosités qui passent?
Cet homme que portent six esclaves dans sa litière, et qui s'y laisse voir, qui s'y étale, en se donnant des airs penchés imités de Mécène, c'est un
faussaire. Pour s'enrichir et devenir un heureux
mortel, que lui a-t-il fallu? peu de chose : substituer un petit carré de bois à un autre, et mouiller
un cachet [2]. Qui vient vers nous maintenant? C'est
une grande dame. Son mari avait soif; il lui demande du doux vin de Calène. La femme y mêle

1. Allusion à Néron, qui aimait à conduire lui-même, et à sa
monstrueuse maîtresse, Sporus.
2. Le carré de bois est un faux testament, et, quant au cachet, que l'on mouillait avec la salive, avant de l'imprimer sur
la cire, c'était le sceau qui, chez les Romains, tenait lieu de la
signature.

du venin de rubète¹ : Locuste est dépassée! Et cette dame donne à ses cousines, un peu novices encore, l'exemple de faire porter au bûcher leurs maris noirs de poison, à travers la foule et ses rumeurs.

Veux-tu devenir un personnage? Alors risque un de ces coups hardis qui mériteraient Gyare² ou la prison. On vante la probité, mais on la laisse se morfondre. Le crime, au contraire, c'est lui qui donne les riches domaines, les palais, les belles tables, la vieille argenterie, les vases ornés d'un chevreau en relief. Comment dormir en paix, quand on voit ce vieux débauché, à qui la femme de son fils a vendu son honneur, et ces jeunes femmes flétries, cet adolescent déjà souillé d'un adultère? A défaut de génie, l'indignation seule dicterait ici des vers, — oui, des vers quelconques, comme j'en fais, moi, comme en fait Cluviénus.

Tout ce qui se pratique depuis le déluge, depuis le jour où Deucalion prit un bateau pour grimper sur le mont Parnasse et y consulter l'oracle; depuis le moment où les cailloux jetés par lui, amollis et s'échauffant peu à peu, devinrent des mâles auxquels Pyrrha présenta autant de femelles, oui, toutes les passions qui agitent l'humanité, l'espérance et la crainte, la colère et la volupté,

---

1. Espèce de crapaud venimeux.
2. Lieu de déportation.

la joie et l'inquiétude, voilà la pâture dont ma satire se nourrira.

Vit-on jamais plus riche collection de vices, des cupidités plus vastes et plus dévorantes, la manie du jeu plus effrénée? Aujourd'hui, lorsqu'on va courir les chances du jeu, on n'emporte plus seulement sa bourse, on joue avec son coffre-fort à côté de soi. Oh! c'est là qu'il faut voir de furieuses batailles : l'intendant, près du maître, lui passe les munitions. Eh quoi! perdre d'un coup cent mille sesterces, et refuser à un esclave grelottant de froid le vêtement qui lui est dû, est-ce simplement de la folie? A-t-on vu jadis bâtir tant de villas, et se faire servir pour soi tout seul un repas à sept services? Mais aussi nos richards économisent sur les distributions qui se font à leur porte, maigre aumône que se disputent des affamés, vêtus d'une toge pourtant [1]. Cependant, au préalable, le patron te regarde sous le nez; il tremble que tu n'aies pris la place d'un autre, et que tu ne demandes sous un faux nom. Fais-toi reconnaître, et tu recevras ta pitance. Par l'ordre du patron, un crieur fait l'appel, et des nobles, des fils de Troyens, assiégent sa porte avec nous. « Sers ce préteur! puis ce tribun! mais l'affranchi doit passer le premier. » —

---

1. Costume caractéristique des citoyens de Rome, de la classe moyenne aussi bien que de la classe élevée : le pauvre peuple ne portait que la tunique, *tunicatus popellus*. (Horace.)

« Sans doute, dit l'affranchi, j'étais avant eux ici.
Pourquoi, par mauvaise honte, hésiterais-je à
défendre mon tour? Eh bien ! oui, je suis né sur les
bords de l'Euphrate ; j'aurais beau le nier, on le
verrait bien aux lucarnes que les anneaux de mon
pays ont pratiquées dans mes oreilles ; mais les cinq
boutiques[1] me rapportent quatre cent mille sesterces. Le bel avantage que de pouvoir porter la
bande de pourpre, quand on voit, dans les champs
de Laurente, un descendant des Corvinus faire paî-
tre les brebis d'autrui ! Je possède plus, moi, que
Pallas et les Licinus. » Donc, que les tribuns attendent : place aux écus ! Pourquoi céderait-il le pas
à d'honorables magistrats, ce parvenu qui vint
naguère à Rome avec les pieds marqués de craie[2]?
Aussi bien, pour nous, ce qu'il y a de plus saint au
monde, c'est la majesté de l'argent. Il faut l'avouer
pourtant, métal funeste, nous ne t'avons pas encore
élevé de temple : on n'adore pas encore sur un autel
à lui le dieu *Écu*, comme on a le temple de la Paix,
de la Bonne Foi, de la Victoire, de la Vertu, le
temple enfin de la Concorde, ce vieux nid de cigo-
gnes, que chaque année à leur retour elles saluent
de leurs cris.

Si les plus hauts magistrats calculent au bout de

1. La Bourse de Rome.
2. Les esclaves à bas prix et venus de loin avaient les pieds
marqués de craie.

l'année les bénéfices que la sportule ajoute à leur revenu, que sera-ce des pauvres clients, qui tirent de là de quoi acheter leur toge, leur chaussure, leur pain, et les tisons qui fument à leur foyer? Aussi quelle file de litières pour recevoir vingt-cinq as! les maris se font suivre de leur femme malade, en couches, et la traînent par toute la ville. L'un d'eux (mais la recette commence à s'user) demande une portion pour sa femme, qu'une litière fermée et vide est censée contenir. Le mari, la montrant au distributeur : « C'est ma pauvre Galla, dit-il; allons, expédie-moi vitement. Quoi? tu hésites? Galla, mets la tête à la portière.... Voyons, ne la tourmente pas, elle dort. »

Oh! elles sont belles, les occupations diverses qui pour le client se partagent la journée. D'abord la sportule, puis on escorte le patron au tribunal, près de la statue d'Apollon, qui doit être bien fort en droit. Ensuite on se promène entre les deux rangées de statues triomphales, parmi lesquelles un Égyptien quelconque [1], un chef d'Arabes a eu le front de placer la sienne; mais il n'est pas défendu de déposer des ordures au pied de ce monument. On reconduit le patron jusqu'à son vestibule. Là, pauvres vieux clients, harassés de fatigue, il

---

1. Sans doute ce Crispinus nommé plus haut : c'était un favori de Domitien.

faut enfin vous retirer et renoncer à l'espoir longtemps caressé de souper en ville. O vanité des espérances humaines! ô misère! il va falloir acheter votre bois, vos légumes.

Pendant qu'ils s'en vont, leur maître et seigneur, étendu sur ses lits vides, seul, va se gaver de tout ce que les forêts et les mers offrent de plus exquis. Nos riches font collection de belles tables, vastes, antiques ; mais ils n'en emploient qu'une seule pour y manger les biens de leurs aïeux. Eh bien, soit! c'est supprimer les parasites. Mais comment tolérer ce luxe égoïste? Quel goinfre faut-il être pour se faire servir un sanglier tout entier, un animal créé par la nature pour figurer dans les grands banquets! Mais le châtiment ne se fait pas attendre : le ventre encore gonflé, notre homme se déshabille, et porte au bain dans son estomac un paon mal digéré. De là de foudroyantes apoplexies. Le vieux glouton meurt intestat. Son aventure devient la nouvelle du jour, elle circule par les soupers de la ville, et ce n'est pas pour les attrister. C'est bien fait, disent ses amis, qui suivent son convoi en maugréant.

Non, les siècles à venir n'ajouteront rien à nos dépravations : en fait de passions et de vices, je défie nos descendants de trouver du nouveau. Tout vice est à son comble et ne peut que baisser. Allons, toutes voiles dehors, lançons-nous! Mais me dira-t-on peut-être, où trouver un génie à la hauteur d'un tel sujet? où trouver surtout le franc parler de nos ancêtres qui leur faisait dire tout ce que leur inspiraient les ardeurs de leur âme, ce franc parler... Hélas! je n'ose même lui donner son vrai nom[1]. — Eh! qu'importait au satirique Lucilius qu'un Mucius se fâchât ou ne se fâchât point? — Oui, mais aujourd'hui nomme Tigellinus[1], et bientôt, tu flamberas, torche vivante, comme ces malheureux fixés au poteau par la gorge, qui brûlent et qui fument, et dont le cadavre calciné laisse ensuite sur l'arène un large sillon.

— Eh quoi? ce misérable qui a empoisonné trois de ses oncles, nous le verrons, plongé dans le duvet de sa litière, laisser tomber sur nous un regard dédaigneux?

— Quand cet homme passera devant toi, oh! mets ton doigt sur ta lèvre : dire seulement : *c'est lui!* ce serait l'accuser. On peut, sans se compromettre, mettre aux prises Énée et le fier Rutule. La mort d'Achille, voilà un sujet qui ne fait de mal à personne, ou bien encore le jeune Hylas, qu'on chercha si longtemps, et qui avait suivi son urne tombée au fond de l'eau. Mais sitôt que, la lèvre frémissante, l'ardent Lucilius a fait briller son vers comme une lame d'épée, le coupable rougit, son

1. La liberté. — 2. Le favori de l'Empereur.

âme a senti le froid du crime, la sueur glacée du remords. De là d'implacables haines, des pleurs de rage. Avant le signal du clairon, réfléchis bien : une fois le casque en tête, il est trop tard pour se repentir.

— Eh bien! Je veux voir du moins ce qu'on tolère à l'égard de ceux dont la cendre repose le long de la voie Flaminienne et de la voie Latine.

SATIRE II.

LES HYPOCRITES.

Il me prend envie de quitter Rome et de fuir plus loin que le pays des Sarmates et l'océan des glaces, quand j'entends parler morale à des gens qui font les Curius et dont la vie est une éternelle bacchanale. Pauvres philosophes d'ailleurs, bien qu'ils encombrent leur logis de platras représentant le sage Chrysippe, et que, pour eux, le comble de la perfection, ce soit de s'acheter un portrait d'Aristote ou de Pittacus, ou de placer en faction sur leur bibliothèque un buste de Cléanthe modelé d'après nature. Méfiez-vous de leur mine! Quel quartier ne regorge de ces austères polissons? Eh quoi! tu frondes les vices du temps, toi l'égout le plus signalé de la bande socratique? ta peau velue, tes bras hérissés de soies de sanglier, promettent un cœur indomptable. Mais tu t'épiles les parties secrêtes, et les tumeurs qui les gonflent font rire le chirurgien qui les taille. Ces gens parlent peu : ils ont la passion du silence : ils portent leurs cheveux plus courts que leurs sourcils. Ma foi! j'aime mieux Scribonius : voilà au moins une immoralité franche et naïve : je la mets sur le compte du hasard, c'est une maladie ; son visage, sa démarche, tout la confesse. Cette candeur dans la débauche m'attendrit, l'emportement du vice en est l'excuse. Combien plus dépravés sont-ils ces fourbes qui déploient pour flétrir le vice une vigueur herculéenne! Puis, après avoir discouru de la vertu, ils se vautrent dans le vice. « Quoi! dit Varillus, ce débauché si connu, quoi! Sextus, tu veux que je te respecte, quand je te vois faire ce que tu fais? est-ce que je fais pis, moi? » Pour se moquer des cagneux, il faut avoir la jambe droite ; il faut avoir la peau blanche pour plaisanter les nègres. Mais entendre les Gracques gémir sur l'esprit de faction, c'est à n'y pas tenir! voir un Verrès se choquer d'une escroquerie, Milon tonner contre l'homicide, Clodius se scandaliser d'un adultère, Catilina dénoncer Céthégus, voir enfin les triumvirs, ces disciples de Sylla, déclamer contre les proscriptions, c'est vraiment le monde renversé. Telle était l'hypocrisie de ce misérable[1], qui, souillé

---

1. Domitien, qui, se montrant fort sévère pour les mœurs d'autrui, était l'amant de sa nièce.

d'un adultère aggravé par des circonstances tragiques, faisait revivre des lois effrayantes pour tous, et qui eussent atteint Mars et Vénus; tout cela dans le temps où sa nièce Julia, trop souvent féconde, par des avortements répétés, rejetait de son sein des fœtus qui ressemblaient à son oncle? La dépravation la plus effrénée n'a-t-elle pas le droit incontestable de mépriser ces contrefaçons de l'austère Scaurus, et de leur rendre à son tour leurs coups de dents?

Un jour que Lauronia entendait un de ces gens farouches s'écrier : « O loi Julia qui punis l'adultère, où es-tu? tu dors? » elle ne put l'endurer et lui dit en souriant : « Heureux notre siècle d'avoir un homme comme toi pour lutter contre la corruption universelle ! Rome n'a qu'à se bien tenir : un troisième Caton lui est tombé du ciel. Mais dis-moi, où achètes-tu les odeurs dont tu parfumes ta barbe austère? Voyons, pas de fausse honte, donne-moi l'adresse de ton marchand. Si l'on veut réveiller les lois et les décrets qui dorment, il en est une qu'il faut évoquer d'abord : c'est la loi Scantinia contre l'amour infâme. Regardez donc les hommes, examinez leurs mœurs. Ils font pis que nous : mais ils sont forts de leur nombre. C'est un bataillon serré qui oppose ses boucliers unis aux coups de la loi. Tous ces infâmes se soutiennent entre eux. Notre sexe ne donnera jamais d'exemples si révoltants;

Tædia n'a pas d'infâme complaisance pour Cluvia, ni Flora pour Catulla ; mais Hispo aime les jeunes hommes, toutes les réciprocités de la débauche ont pâli son front. Et puis, nous autres femmes, est-ce que nous avons la rage des procès? Est-ce nous qui sommes ferrées sur la chicane? Est-ce nous qui venons faire vacarme dans vos tribunaux? Combien de femmes descendent dans l'arène ? Combien s'astreignent au régime des athlètes? quelques-unes, mais bien peu. Vous, vous vous êtes mis à filer la laine ; vous rapportez dans des corbeilles la toison dévidée. Pour dégonfler un fuseau chargé de flocons épais, votre main est plus active que celle de Pénélope, plus légère que les doigts d'Arachné. Cette grosse souillon, reléguée sur sa souche de bois, ne ferait pas mieux! On sait pourquoi Hister a fait de son affranchi son légataire universel, et pourquoi de son vivant il fit tant de cadeaux à sa femme. Une femme gagne gros à laisser un tiers s'installer dans le lit conjugal. Femme qui te maries, apprends à te taire, bien des bijoux payeront ton silence. Et puis, c'est contre nous que l'on invoque la rigueur des lois! On passe tout aux corbeaux, on ne passe rien aux colombes! »

Tremblants et accablés par l'évidence, nos stoïciens de rencontre se sauvent; Lauronia n'a pas menti d'un mot.

Mais, dis-moi, ô Métellus, où s'arrêteront des

citoyens obscurs, quand on te voit, toi, le descendant du conquérant de la Crète, étonner le peuple en te montrant en toge diaphane, et dans ce costume pérorer contre les Procula et les Pollita? Soit, Labulla est convaincue d'adultère; qu'on la condamne, et avec elle Corfinia, si tu l'exiges; pourtant, toutes flétries qu'elles puissent être, jamais elles ne porteront pareille étoffe. « Mais, dis-tu, nous sommes en juillet, il fait si chaud. » Eh bien! plaide tout nu, ce sera plus fou, mais moins indécent[1]. Oh! que j'aurais voulu te voir jadis, dans une tenue semblable, parler de lois et de justice devant ces vieux Romains sortant d'une victoire et saignant encore de leurs blessures; devant ces montagnards laissant leur charrue pour venir t'entendre! Toi-même comme tu te récrierais, si tu voyais un juge ainsi vêtu! Eh bien! crois-tu qu'un tel costume convienne mieux à un défenseur[2]? Comment, c'est toi, ô Métellus Créticus, toi, l'homme ferme et inflexible, le champion de la liberté morale, c'est toi sous cette étoffe à jour? La mode est contagieuse : tu t'y es soumis, d'autres s'y soumettront. Aux champs, un porc galeux suffit pour faire périr tout un troupeau; un raisin se

---

1. Je lis : *minus est insania turpis.*
2. Il y a dans le texte, *Testem.* Avocat ou témoin, ces deux rôles se confondaient à Rome, le plaideur comparaissant escorté de ceux de ses amis qui voulaient plaider ou témoigner en sa faveur.

gâte, rien qu'à voir un raisin gâté. Ainsi tu t'habilles : tôt ou tard tu feras pis. Ce n'est jamais par les grandes infamies qu'on débute. Peu à peu tu arriveras à te faire admettre dans cette confrérie où, entre quatre murs, la tête couverte d'un long voile, le cou chargé de colliers, des hommes-femmes s'offrent, ainsi qu'à la bonne déesse, le ventre d'une jeune truie, et de copieuses libations[1]. Ici, tout est au rebours ; ce sont les femmes que l'on écarte et que l'on chasse du seuil ; les mâles seuls trouvent accès près de l'autel de la déesse. « Arrière le sexe profane, loin d'ici ces langoureuses musiciennes à la flûte recourbée. » Telles sont les orgies sacrées qu'à la lueur mystérieuse des lampes célébraient jadis à Athènes les frères de Cotytto, la monstrueuse déesse, que leurs excès finissaient pourtant par révolter. En voici un qui se teint les sourcils avec du noir de fumée délayé, les allonge en y passant l'aiguille double[2], puis levant en haut ses yeux qui clignotent, les peint à l'angle exté-

1. Ce passage est fort obscur ; il semble qu'il s'agit d'une confrérie infâme, qui, parodiant les mystères de la Bonne Déesse d'où les hommes étaient exclus, à son tour écartait les femmes. Quant au ventre de truie, c'était un morceau fort délicat et fort apprécié des gourmands de Rome, et il figurait dans ces banquets, comme une dérision de l'usage d'immoler une truie à la Bonne Déesse.

2. J'ai été obligé de paraphraser longuement ce passage pour rendre intelligible les détails de cette toilette des yeux, encore ordinaire chez les femmes en Orient.

rieur pour les faire paraître bien fendus. L'autre boit dans un priape en verre, et ramasse sous un réseau d'or sa longue chevelure. Comme une femme, il porte un tricot bleu d'azur ou vert pâle, et fait jurer son esclave par sa Junon[1]. Un autre tient un miroir : c'était l'arme favorite d'Othon, aux mœurs infâmes; elle était pour lui ce qu'était pour Turnus la javeline, « dépouille d'Actor, le chef des Aurunces; » il aimait à s'y mirer avec son armure, tout en donnant à ses enseignes l'ordre de marcher en avant. Voilà un trait que n'oublieront pas les nouvelles annales de Rome, un détail à noter dans notre histoire moderne : un miroir figure dans le bagage de la guerre civile! Oh! le grand capitaine! il a tué Galba et soigné son teint. Oh! le ferme et généreux citoyen! sur le champ de bataille de Bédriac, où il s'agissait pour lui de conquérir les jouissances du palais impérial, ses doigts s'occupaient encore d'étendre sur sa face un emplâtre de mie détrempée. Voilà ce que n'ont su faire ni Sémiramis, quand, le carquois sur l'épaule, elle parcourait le monde oriental, ni Cléopâtre, quand, loin d'Actium, sur son navire, elle fuyait désespérée.

---

1. Les dames romaines avaient chacune une petite statuette de Junon; c'était pour elle ce qu'était pour les hommes le génie domestique; elles y avaient une grande dévotion : c'était par la Junon de leur maîtresse que les servantes juraient.

Là, ce ne sont que propos effrénés, gloutonnerie sans vergogne. Dans ces nouveaux mystères, voilà Cybèle avec toutes ses impudeurs ! Des voix brisées par la débauche y font entendre un langage effronté; le pontife qui préside à ces cérémonies est un vieillard en cheveux blancs ; c'est un homme rare dans son genre, un maître en goinfrerie; on le payerait pour l'enseigner. Mais qu'attendent donc tous ses confrères ? Puisqu'ils ne font rien de leur virilité, n'auraient-ils pas dû, il y a longtemps, prendre un couteau et se réduire à l'état des prêtres de Phrygie ?

Quatre cent mille sesterces ! telle est la dot que Gracchus apporta en mariage à un joueur de cor ; pardon, c'était peut-être un trompette. On signe le contrat: on prononce la formule : « Qu'ils soient heureux ! » on prend place à un banquet somptueux: Gracchus, la nouvelle épousée, est aux bras de son époux ! Grands de Rome, que vous faut-il ? Un censeur pour vous flétrir, ou un aruspice pour purifier le sol souillé par vos abominations ? Serait-ce donc une monstruosité plus grande, un phénomène plus effrayant que de voir un veau naître d'une femme, une vache enfanter un agneau ? Le voici avec sa longue robe d'épousée, en jupe rayée, couvert du voile nuptial, ce Gracchus, lui, un prêtre de Mars, dont naguère, à la procession, les bras se fatiguaient à porter par la ville les boucliers sacrés

retenus par un cordon. Mars, père de notre patrie,
comment tes vieux pâtres latins en sont-ils venus là?
sur quelle herbe ont-ils donc marché, tes enfants?
Voilà un homme, illustre par sa naissance, par sa
fortune ; il se fait épouser par un homme. Et ton
casque n'a point bougé! et ta pique n'a point
heurté le sol! Et tu ne cours pas te plaindre à
ton père!... Va-t'-en donc, et quitte le champ de
Mars, ce champ des mâles exercices, tu ne t'en
soucies plus!

« Demain, de grand matin, il faut que j'aille au
Quirinal, pour être témoin.... — Témoin de quoi?
— Comment? témoin d'un ami. On l'épouse, en
petit comité! »

Laissez faire ; un jour viendra où ces unions se
feront au grand jour : il leur faudra une publicité
officielle! En attendant, nos épousées doivent bien
souffrir de ne pouvoir être mères; des enfants, cela
fixe un mari! Bénie soit la nature, d'avoir rendu
sur ce point leurs désirs impossibles à satisfaire :
ils meurent stériles! La grosse Lydé et ses drogues
n'y peuvent rien, et l'agile prêtre de Pan, en leur
frappant dans la main, ne les guérit point comme
les femmes de leur stérilité.

Gracchus a trouvé le secret de donner un scandale plus éclatant encore, quand il s'est fait gladiateur, et qu'en tunique, armé d'une fourche, il est descendu dans l'arène, pour s'enfuir devant son adversaire, lui, plus noble de race que les Manlius, les Marcellus, les Catulus, les Paul-Émile, les Fabius, et tous les spectateurs assis au premier rang. A tous ces noms vous pouvez joindre l'auguste personnage qui donnait ces jeux, le jour où Gracchus, devenu rétiaire, y lança le filet!

Qu'il y ait des mânes, un roi des enfers, que Caron, armé d'un croc, dans une seule barque, fasse passer tant de milliers d'âmes sur l'étang profond du Styx peuplé de grenouilles noires, ce sont là des contes que les enfants eux-mêmes ne peuvent croire, du moins ceux qui sont d'âge à entrer aux bains publics. Mais, supposons, Gracchus, que tout cela ne soit pas une fable. Que pensent-elles, ces grandes ombres, les ombres de Curius, des deux Scipions, de Camille, et ces braves tombés à Crémère, et ceux que Cannes a dévorés, morts héroïques de tant de guerres, lorsqu'une ombre telle que toi paraît devant eux? « Purifions-nous! s'écrient-ils, des torches! du soufre! des rameaux de laurier trempés dans l'eau lustrale! » Malheureux Romains! C'est à cet opprobre qu'il nous faut descendre! nos armes ont dépassé les rivages de l'Hibernie, nous venons de conquérir les Orcades et la Bretagne à qui suffisent les courtes nuits. Mais ces horreurs qui déshonorent les vainqueurs, n'ont pas atteint les vaincus! On raconte pourtant que l'Arménien

Zalatès, plus facile encore que nos jeunes Romains, se livra aux ardeurs d'un de nos tribuns. Voilà ce que l'on gagne à nous fréquenter! Un pauvre enfant vient à Rome comme otage : ah! c'est ici qu'on se forme ! si ces jeunes garçons y restent un peu trop longtemps, ils trouveront sûrement quelqu'un pour les corrompre. Adieu, les braies sauvages, adieu les cimeterres, les freins et les cravaches. Ils retourneront à Artaxata avec les mœurs d'un noble Romain.

SATIRE III.

ROME.

Tout affligé que je puisse être du départ de mon vieil ami Umbritius, j'approuve sa résolution. Il va s'installer dans la ville solitaire de Cumes et donner dans sa personne un citoyen de plus à la Sibylle. Cumes est comme la porte de Baia : la côte y est charmante, c'est une délicieuse retraite. Pour moi, au quartier de Suburre, je préférerais le rocher de Procida. Est-il, en effet, désert hideux dont le séjour ne soit préférable à celui de Rome, à l'ennui de craindre perpétuellement les incendies, les éboulements des maisons, les mille dangers de cette cruelle ville, et les lectures des poëtes, au mois d'août?

Umbritius entasse tout son ménage sur une seule charrette. Il part, et nous nous arrêtons aux vieilles arcades humides de la porte Capène, à l'endroit où

Numa avait de nuit avec la nymphe Égérie ses graves entretiens. Maintenant le bois qui entoure la fontaine sacrée, et la chapelle même, sont loués à des mendiants juifs, dont tout le mobilier consiste dans un panier et un peu de foin. Chaque arbre est taxé ; c'est une place qui paye une redevance au peuple romain. On a chassé les Muses, et la forêt mendie ! Nous descendons dans le vallon d'Égérie, où l'on a construit des grottes qui ne ressemblent guère aux grottes naturelles. Oh ! combien près de l'étang sacré la divinité ferait mieux sentir sa présence, si le simple gazon enfermait encore les eaux de sa verte bordure, et si, violant la nature, le marbre n'en avait fait un bassin !

C'est alors qu'Umbritius me dit :

« Puisqu'à Rome il n'y a point place pour un métier honnête, que le travail n'y trouve point son salaire, et que mon pauvre avoir, moindre aujourd'hui que hier, demain aura encore diminué ; j'ai pris le parti de me retirer à Cumes, et, comme Dédale, d'y reposer mes ailes fatiguées, tandis que l'âge n'a pas encore plié ma taille et commence à peine à blanchir mes cheveux, qu'il reste à Lachésis des jours à me filer, et que je suis ferme sur mes jambes, sans qu'aucun bâton vienne se placer sous ma main.

« Adieu, ma patrie !... qu'Arturius et que Catulus vivent à Rome ; qu'ils y vivent, les intrigants qui savent changer les choses du blanc au noir; pour eux tout est facile, soumissionner des constructions, prendre l'entreprise des cours d'eau, des ports, des boues de Rome, des pompes funèbres, ou bien se faire maquignons d'hommes et les vendre à la criée. Jadis, on les a vus jouer du cor, dans les arènes de nos petites villes, et souffler dans leurs cuivres; partout c'étaient des visages de connaissance. Maintenant, les voilà devenus des personnages; ils donnent au peuple des fêtes, et quand la foule a renversé le pouce, pour plaire au public ils disposent de la vie d'un homme! Sortis de là, ils vont affermer les vidanges. Et pourquoi pas? ne sont-ils pas de ces gens que la fortune s'amuse à tirer de la boue pour les mettre au pinacle, quand elle se sent en humeur de rire?

« Moi, que faire à Rome? je ne sais pas mentir. Paraît-il un mauvais livre? je n'ai pas le courage de le vanter ni d'en demander un exemplaire. Je n'entends rien à l'astrologie : comment faire espérer à un fils la mort prochaine de son père? non, c'est plus fort que moi, je ne le peux point. Jamais je n'ai inspecté le ventre d'une grenouille. Quant à porter à une femme mariée les billets ou les cadeaux de son amant, que d'autres s'en chargent; jamais je n'aiderai personne à voler la femme d'autrui! Aussi n'ai-je point de patron qui m'admette dans son cortége : je ne suis pour eux qu'un manchot, un être sans bras, un propre à rien! Pour amis, maintenant, on n'a que des complices : le seul moyen de se faire bien venir de nos grands, c'est de charger sa conscience de quelque secret redoutable et qui exige une discrétion absolue. Quand on t'a fait une confidence qui n'a rien de déshonorant, on ne croit rien te devoir, on ne songera jamais à t'obliger. Pour être le bien-aimé de Verrès, il faut être toujours en mesure d'accuser Verrès. Mais, quand on t'offrirait tout l'or que les sables du Tage roulent dans la mer, oh! repousse des présents qu'il faudrait abandonner un jour, repousse un fatal secret qui t'ôterait le sommeil et ferait de toi un objet de terreur pour ton puissant ami.

« Quels sont aujourd'hui les gens les plus choyés de nos richards, et ceux que je fuis, moi, avec un soin particulier? Je vais vous le dire! arrière le respect humain! Romains, une chose me révolte : c'est que Rome soit devenue ville grecque. Encore, quel est le contingent de la Grèce dans cette boue de Rome? Ce n'est pas d'hier que l'Oronte, le fleuve syrien, se dégorge dans le Tibre, et qu'il nous apporte la langue, les mœurs de ce pays, ses joueurs de flûte, ses lyres aux cordes obliques, ses tambours, ses courtisanes qui stationnent près du Cirque. Courez après elles, vous qui trouvez des charmes à ces filles orientales aux mitres bariolées ! Ton paysan romain, ô Romulus, a pris le manteau court des coureurs de dîners. A son cou, huilé, comme celui des athlètes, il suspend des colliers, prix de ses victoires ! Ces Grecs, les voilà qui partent de tous les points de la Grèce, de la haute Sicyone, d'Amydone, d'Andros, de Samos, de Tralle, d'Alabande, et tous marchent droit aux Esquilies, et vers le mont des Osiers[1]. Les voilà au cœur des grandes maisons, bientôt ils en seront les maîtres. Esprit prompt, aplomb imperturbable, parole facile, plus rapide que celle de l'orateur Isée, ils ont tout pour eux. En voici un, quelle profession lui supposes-tu ? Toutes celles que tu peux désirer ; c'est un homme universel. Grammairien, rhéteur, géomètre, peintre, baigneur, augure, saltimbanque, médecin, sorcier,— un Grec, quand il a faim, sait tous les métiers. Tu lui dirais, monte au ciel ! Il y monterait. Au fait, est-ce qu'il sortait du pays des Maures, des Sarmates, ou des Thraces, ce Dédale qui se posa des ailes ? Non, il était né au beau milieu d'Athènes.

« Et je ne fuirais pas la pourpre de ces gens-là ? il mettrait aux actes son cachet avant moi, il aurait à table la place d'honneur, ce drôle jeté ici par le vent qui nous apporte les figues et les pruneaux ? ce n'est donc plus rien que d'avoir dans son enfance

---

1. Le mont Viminal.

respiré l'air du mont Aventin, de s'être nourri des fruits de la Sabine? Il faut le dire, personne ne s'entend comme eux à flagorner le patron : ils trouvent de l'esprit à un butor, de la beauté à un monstre : ce long et piteux efflanqué, ils lui reconnaîtront l'encolure d'Hercule, la vigueur du héros dont les bras tenaient Antée détaché du sol. Le patron a-t-il la voix grêle et criarde du coq becquetant sa poule? Quel organe ravissant!... Nous aussi, nous en pourrions dire autant : mais eux, ils se font croire. Point d'acteur qui les surpasse, même celui qui joue Thaïs, ou qui, représentant Doris toute nue, prend si bien la voix et même les formes d'une femme, que l'illusion est complète, et qu'on ne le soupçonnerait pas d'avoir ce qu'une femme ne possède jamais. Oui, Antiochus, Stratoclès, Démétrius, Hémus aux tendres accents, tous ces fameux acteurs ne sont rien auprès de ces gens-là : tout Grec naît comédien ! Vous riez? il va rire plus fort que vous ! Son patron laisse-t-il échapper une larme, le voilà tout en pleurs, sans en être plus triste du reste. En hiver demandez-vous un brin de feu? il endosse son manteau fourré : « il fait bien chaud, » dites-vous? la sueur lui coule du front. Donc la lutte est inégale. Ils ont trop d'avantages, eux qui peuvent nuit et jour, à volonté, prendre le masque qui leur plaît, envoyer des baisers, toujours prêts à se pâmer d'aise quoi que fasse le

patron[1]. En outre, rien n'est sacré pour eux; rien
n'échappe à leur lubricité: ni la mère de famille, ni
sa jeune et chaste fille, ni le jeune époux adolescent, encore sans barbe, ni le fils de la maison,
resté pur jusqu'à leur arrivée. Faute de mieux, ils
se rabattront sur la grand'mère; c'est qu'ils veulent
savoir les secrets de la famille, et par là se faire redouter. Et puisque nous parlons des Grecs, entrons
dans les gymnases. Écoute les exploits d'un perpersonnage sévère; oui, c'est un stoïcien qui a fait
tuer Soranus Baréa; philosophe, il a dénoncé son
ami; vieillard, il a tué son élève. C'est qu'il fut
nourri sur ces rivages, où s'abattit d'abord le cheval
ailé qui portait Bellérophon. Un Romain n'a pas à
espérer de place là où règne un Protogène quelconque, un Diphile, un Erimarchus; c'est chez eux
vice endémique; en fait d'amitié, ils détestent le
partage, le patron leur appartient. Qu'un d'eux
laisse tomber dans l'oreille crédule de leur riche
ami une goutte, une seule, du venin particulier à
leur nature, à leur pays; aussitôt, il me faut déguerpir; le long esclavage, auquel je me suis
astreint, ne compte plus. Nulle part, on ne fait
moins de façons pour sacrifier un client. Après tout,
pourquoi nous flatter? le beau mérite pour un pauvre hère, de se lever inquiet, avant le jour, et d'ac-

1. Si bene ructavit, si rectum minxit amicus.
Si trulla inverso crepitum dedit aurea fundo.

courir en toge chez le patron, quand à la même heure un préteur réveille son licteur, et l'envoie en toute hâte à ses visites, chez les vieilles richardes de sa connaissance depuis longtemps éveillées, chez Albina et Modia; il tremble que son collègue ne les ait envoyé saluer avant lui! Voyez ce fils d'homme libre; il fait cortége à un esclave enrichi; c'est que celui-ci peut donner à Calvina ou à Catiéna les appointements d'un tribun de légion, pour se pâmer une ou deux fois dans leurs bras. Mais toi, si la figure de la courtisane Chioné dans tous ses atours éveille tes désirs, tu hésites à la faire descendre du siége où elle est perchée.

« Produis à Rome, devant la justice, un témoin aussi irréprochable que ce Scipion, qu'on jugea digne d'héberger la déesse de l'Ida, fais paraître devant les juges Numa en personne, ou ce Métellus, qui sauva Minerve éplorée et l'arracha à son sanctuaire tout en feu. Est-il riche? voilà la première chose à savoir; quant à son caractère, c'est la dernière dont on s'inquiétera. Combien a-t-il d'esclaves? combien d'arpents? combien de plats à son souper? La confiance qu'il obtient, est en proportion de ses écus. Toi, tu as beau jurer par les autels des dieux de Samothrace ou de Rome: on croit que le pauvre brave les dieux et leur foudre, et que les dieux ne daignent même pas s'en fâcher.

« Ce n'est rien ; comme les brocards pleuvent sur

le pauvre client, quand on regarde sa tunique sale et déchirée, sa toge un peu crottée, son soulier fendu, béant, ou couturé de cicatrices, que signalent des reprises récentes faites avec du gros fil ! La pauvreté est bien à plaindre : mais sa plus poignante misère, c'est qu'elle rend les gens ridicules. « Allons, hors d'ici, celui-là, n'a-t-il pas de honte ? Qu'il quitte les places des chevaliers ! Comme s'il avait le cens voulu par la loi ! » En effet, les places appartiennent à ces enfants d'un prostitueur, nés dans quelque mauvais lieu, à ce brillant jeune homme, fils d'un crieur public, qui vient y applaudir entre de jeunes élégants, issus les uns d'un rétiaire, les autres d'un maître de gladiateurs. Ainsi l'a décidé ce vaniteux Othon, qui nous a parqués en deux classes. Vit-on jamais à Rome un père agréer pour gendre un homme dont l'apport fût moins élevé que la dot de sa fille ? Vit-on jamais un pauvre figurer sur un testament, ou dans le conseil des Édiles ? Les pauvres gens de Rome auraient bien dû jadis émigrer en masse. En tout pays, c'est un grand obstacle au mérite que la misère assise près du foyer. Mais c'est à Rome qu'il faut le plus d'efforts ! Il y coûte si cher pour se loger dans un taudis, pour nourrir ses gens, pour se procurer le plus maigre repas ! C'est qu'on rougit de manger dans des vases de terre, et pourtant on n'y verrait aucune honte, si l'on était tout à coup transporté dans le pays des Marses, à la table d'un Sabin ; là, on se contenterait, pour se couvrir, d'un vêtement grossier, d'un chaperon vert. Il faut bien le reconnaître, dans une grande partie de l'Italie, on n'endosse la toge qu'une fois, quand on est mort[1]. Lorsque, aux fêtes les plus solennelles, on élève un théâtre de gazon où l'on représente quelque vieille farce bien connue, et qu'à l'aspect du masque blême et béant de l'acteur, le petit paysan s'enfonce avec terreur dans les bras de sa mère, regardez le public : tout ce monde est habillé de même, soit à l'orchestre, soit dans le reste de l'assistance : une tunique blanche y suffit aux Édiles comme signe de leurs hautes fonctions. Mais à Rome, on veut briller plus qu'on ne peut : le superflu devient indispensable ; on le prend parfois dans la cassette d'autrui. C'est le travers universel, la pauvreté y est vaniteuse. Mais, hélas ! tout se paye ici. C'est tant pour saluer quelquefois Cossus ; tant, pour que Véienton t'honore d'un coup d'œil, mais sans te dire un mot. Qu'un patron fasse pour la première fois couper la barbe ou les cheveux d'un esclave favori : son hôtel s'encombre de gâteaux que l'esclave revendra. Écoute, car c'est à en crever de rage : oui, nous, pauvres clients, il nous

---

1. On couvrait les morts d'une toge pendant qu'on les exposait.

faut payer tribut et grossir le pécule de ces beaux mignons d'esclaves! A-t-on jamais à craindre l'éboulement de sa maison quand on habite la fraîche Préneste, Volsinie qu'enferment des coteaux boisés, ou qu'on vit parmi les bonnes gens de Gabies, ou à Tibur, bâti sur le penchant d'une montagne? Ici, une grande partie de nos maisons est étayée de minces poutres. Quand le gérant a pris cette précaution et qu'il a bouché quelque vieille lézarde, dormez en paix, nous dit-il. Oui, en attendant que tout s'éboule! Je veux vivre dans un endroit où il n'y ait pas d'incendie, d'alertes pendant la nuit. Voilà qu'on crie : « De l'eau! » Déjà Ucalégon déménage ; le troisième étage commence à fumer ; et tu ne t'es encore aperçu de rien. Car, pendant que l'alarme est au bas de l'escalier, le dernier qui rôtira, ce sera le locataire qui n'a que la tuile entre lui et l'eau du ciel, et qui gîte près du nid où la douce colombe vient déposer ses œufs.

« Le poëte Codrus avait pour tout bien un grabat plus petit que Procula, six petits pots, ornement de son buffet; au-dessous de cette tablette de marbre, une statuette accroupie du centaure Chiron, une coupe de grandeur médiocre. Enfin, un vieux coffre renfermait quelques livres grecs, divins poëmes que les rats rongeaient, les barbares! Tu en conviendras, c'était ne rien avoir : et ce *rien* pourtant, le pauvre Codrus l'a perdu. O comble de misère, le voilà nu, et quand il demande un morceau de pain, personne ne lui donnera de quoi se nourrir, nul toit ne s'offrira pour l'abriter. Mais que le palais d'Asturius s'écroule, oh! nos dames en oublieront leur toilette, le beau monde prend le deuil; le juge suspend les audiences. C'est alors qu'on gémit sur les malheurs de Rome; c'est alors qu'on maudit le feu. Son hôtel brûle encore, et déjà l'on accourt, celui-ci pour offrir au propriétaire des marbres, et lui apporter sa souscription; cet autre pour lui donner de blanches statues, de belles nudités; d'autres apportent quelque beau morceau d'Euphranor et de Polyclète, des chefs-d'œuvre qui ont orné jadis les temples des dieux d'Asie, et puis des livres, et des casiers pour les livres, et un buste de Minerve pour placer au milieu. Tel autre enfin offre un boisseau d'argent. Un incendie vaut à Persicus, le plus riche de nos vieillards sans enfants, plus et mieux qu'il n'a perdu : c'est au point qu'on le soupçonne à bon droit d'avoir lui-même allumé le feu.

« Si tu peux t'arracher au jeux du Cirque, tu pourras à Sora, à Fabrateria, à Frusinone, acheter une maison excellente, au prix que te coûte à Rome la location annuelle d'un obscur taudis. Tu auras un petit jardin, un puits peu profond, où tu peux puiser à la main, sans corde, l'eau que tu distribues à tes jeunes plantes. Ah! c'est là qu'il te faut vivre, amoureux de ta bêche, et soignant bien ton petit clos ; il te rapportera assez de légumes pour régaler cent Pythagoriciens. C'est quelque chose, n'importe où, n'importe dans quel coin, d'être propriétaire, ne fût-ce que d'un trou de lézard !

« A Rome, les malades meurent bien souvent, faute de sommeil ; et la maladie même leur vient d'une nourriture mal digérée, qui séjourne et fermente dans leur estomac. Est-ce que le sommeil entre jamais dans les galetas ? Pour dormir à Rome, il faut être riche. Voilà la source de nos maladies. Les voitures qui passent et s'accrochent au tournant de nos rues étroites, et les injures que se disent les charretiers, font un vacarme à réveiller Drusus ou des veaux marins. Le riche, si quelque affaire l'appelle dehors, couché dans sa litière, soulevé sur les bras de ses grands esclaves liburniens, court au-dessus des têtes de la foule qui s'écarte ; chemin faisant, il lit, écrit, ou dort là dedans : car rien ne porte au sommeil comme une litière bien close. Pourtant, il va plus vite que nous. Nous avons beau nous hâter, arrêtés par le flot du peuple qui est devant nous, poussés par la foule qui nous suit. L'un me heurte du coude, l'autre plus rudement encore avec une planche : je reçois dans la tête une poutre ou une jarre. Mes jambes se couvrent d'une boue grasse. Voilà un soldat qui me pose son gros pied sur l'orteil, et j'en retire un clou que sa botte y a laissé.

« Vois! quelle cohue à cette porte, où fume une sportule! Cent convives! chacun se fait suivre de sa batterie de cuisine; Corbulon eût eu peine à porter les marmites et tous les ustensiles entassés sur la tête de ce pauvre petit esclave; il porte pourtant sans plier cet échafaudage placé sur un réchaud dont sa course avive le feu. Que d'accrocs aux tuniques, déjà sillonnées de reprises! On voit s'annoncer de loin sur un haquet une longue poutre; le tronc d'un pin s'avance sur un autre. Ils se balancent au-dessus des têtes qu'ils menacent. Voici une voiture chargée de pierres de Ligurie; si l'essieu vient à se rompre, si cette montagne s'écroule et se verse sur la foule, que restera-t-il de ceux qui se trouveront dessous? Comment en retrouver les morceaux, même les ossements? Pauvres gens, leur cadavre broyé a disparu, comme le souffle qui l'animait. Pendant ce temps, chez eux, la famille, sans se douter de rien, lave les écuelles; on souffle avec la bouche le feu du pauvre foyer; on s'agite, on prépare les frottoirs, le linge, l'huile pour le bain du père de famille; on se dépêche. Et lui pourtant, à cette heure il est déjà assis au bord du Styx, regardant avec terreur l'étrange et sombre figure du passeur des morts. Quant à se faire admettre dans la barque qui franchit ce gouffre de fange, le malheureux ne peut s'en flatter : il n'a pas entre les dents le denier qu'il faut offrir à Caron.

« Considère maintenant les autres dangers de Rome, ceux de la nuit. Mesure de l'œil l'espace qui s'étend du sol aux fenêtres des derniers étages, d'où pleuvent sur nos têtes les tessons, les cruches fêlées ou ébréchées. Vois comme leur chute marque et entame le pavé. Il faut être un lâche, qui ne veut pas prévoir les accidents, pour aller souper en ville sans avoir fait son testament. Quand tu passes, toute fenêtre ouverte, où l'on ne dort pas, est une chance de mort. Donc, tout ce que tu peux désirer, et c'est un vœu bien modeste, c'est que ces fenêtres se contentent de t'inonder du contenu de leurs pots.

« Tu te heurtes à un ivrogne ; le drôle n'a rencontré personne à qui rompre les os ; aussi comme il s'en trouve mal ! sa nuit est aussi agitée que celle d'Achille pleurant son ami Patrocle. Il se couche sur la face, puis se retourne sur le dos. Non, impossible de fermer l'œil, il faut qu'il se batte. Il y a des gens qui, pour s'endormir, ont besoin de cela. Mais quoique aux ardeurs de la jeunesse s'ajoute en lui l'emportement du vin, il n'ira pas se frotter au passant vêtu d'un manteau de pourpre, entouré de ses nombreux clients, et qui fait porter devant lui une foule de flambeaux et une lampe d'airain. Ce sont là autant d'avertissements dont il tient compte.

Mais moi qui, pour me conduire, n'ai que la lune, ou un bout de chandelle dont je ménage la mèche, je ne lui inspire pas le moindre respect. Voici comment s'engage ce déplorable combat, en supposant qu'il y ait combat, là où il n'y a qu'un battant et un battu. Il se plante droit devant moi : « Halte! » Je m'arrête, il le faut bien ; que faire avec un furieux, et qui d'ailleurs est plus solide que moi? « D'où viens-tu? me crie-t-il. Chez qui as-tu été te « gorger de piquette et de fèves? Quel est le savetier « qui t'a fait partager sa fricassée de poireaux, et sa « tête de mouton bouillie? Tu ne réponds pas? Allons, « parle, ou attrape ce coup de pied ; dis, où perches-« tu? Quel est le bouge où il faut que je t'aille cher-« cher? » Réponds, ne réponds pas, c'est tout un, tu n'en seras pas moins battu. Après cela, l'enragé t'assigne en justice. Voilà la liberté dont jouit ici le pauvre : meurtri, roué de coups de poing, il faut encore qu'il file doux, et demande à son bourreau la faveur de se retirer avec ce qui lui reste de dents.

« Et tu n'es pas au bout de tes peines ; car il ne manquera pas de gens pour te dépouiller, sitôt que les maisons se ferment et que partout les boutiques se taisent, après avoir fixé les barres des volets et les verrous. Parfois un rôdeur de nuit bondit brusquement, et le couteau fait sa besogne. Pendant ce temps-là, les patrouilles du guet occupent les marais pontins et la forêt Gallinaria, et y veillent à la sûreté publique, ce qui fait que les voleurs se rabattent de là sur Rome et y courent comme à la curée. Et pourtant quelle fournaise, quelle enclume n'est pas occupée à leur préparer des chaînes? des chaînes! c'est à cet usage surtout qu'on emploie le fer, à tel point qu'on peut craindre qu'il ne vienne à manquer, et qu'il n'en reste plus pour les socs de charrue, les bêches et les sarcloirs. Heureux les aïeux de nos grands-pères, heureux les siècles antiques qui, sous les rois comme sous les tribuns, ont vu Rome se contenter d'une seule prison!

« Voilà, Juvénal, mes motifs pour quitter Rome; j'en aurais d'autres à te dire, mais mes mules m'appellent, le soleil baisse, il faut partir. Depuis longtemps le muletier s'impatiente et me fait signe avec son fouet. Adieu donc, ne m'oublie pas; et quand tu iras au pays pour te refaire, quand Rome te rendra à Aquinum, donne-moi rendez-vous au temple de Cérès Helvina et à votre chapelle de Diane; je quitterai Cumes, je mettrai mes grosses bottes pour t'aller rejoindre dans ton froid pays, et si tu n'es pas dégoûté de faire des satires, je te promets ma collaboration. »

SATIRE IV.

LE TURBOT.

Encore Crispinus! J'y reviens, et ce n'est pas la dernière fois que je le prends à partie, ce monstrueux personnage chez qui nulle vertu ne rachète les vices, cet énervé qui n'a de vigueur que dans la débauche. Une veuve n'a point d'attrait pour lui : il lui faut l'adultère. Qu'importe la merveilleuse beauté des portiques, où ses chevaux se fatiguent à le traîner, la hauteur des arbres sous lesquels il se fait porter? A quoi bon ces palais, ce parc spacieux qu'il s'est acheté près du Forum? Le bonheur n'est point fait pour le méchant, et surtout pour ce suborneur infâme dont les caprices ont profané les saintes bandelettes d'une vestale, qu'il exposait ainsi à être enterrée vive[1] !

---

1. Voyez Pline le Jeune, livre IV, lettre xi.

Cette fois, il ne sera question que de ses menues fredaines : pourtant qu'un autre en fasse autant, le censeur le flétrira. Mais ce qui déshonorerait un honnête homme comme Titius ou Séius, chez Crispinus semblait tout naturel. Que voulez-vous ? l'immonde personnage est au-dessous de tout ce qu'on en peut dire. Le voici qui vient d'acheter un surmulet six mille sesterces. Il est vrai que le poisson pesait la somme qu'il a coûtée ; on le dit du moins, mais on aime toujours à embellir les plus belles choses. Assurément, de la part de Crispinus, c'est un trait d'esprit d'avoir fait cette emplette, s'il veut l'offrir à quelque vieux sans enfants, et s'assurer ainsi la bonne place au testament. C'est d'une politique plus profonde encore, si le poisson est destiné à sa noble amie, cette dame qui se fait porter dans une chambre obscure, à demi éclairée par de larges vitres. — Mais non, ce serait encore trop beau pour lui. C'est pour Crispinus seul que Crispinus a acheté ce surmulet. En vérité, il se passe aujourd'hui des choses qu'Apicius jadis ne se fût point permises ; Apicius, un pauvre hère, un homme rangé ! Comment ? c'est toi, Crispinus, toi qu'on a vu jadis arriver d'Égypte en tunique de papyrus, c'est toi qui payes si cher de la marée ? Peut-être le pêcheur coûtait-il moins que le poisson. A ce prix, du moins, on a un champ en province ; en Appulie même, on en trouve à meilleur compte.

Jugez par là des dépenses de l'empereur, des mets qu'engloutissait le maître, quand chez un particulier un plat seul, parmi beaucoup d'autres, coûte tant de sesterces, et pourquoi? pour donner des indigestions à un vil bouffon de cour! Oui, le voilà qui se drape dans sa pourpre, le voilà devenu le prince de nos chevaliers, lui, ce faquin qui jadis allait crier par les rues et vendre au détail des maquereaux d'Égypte, ses compatriotes!

Calliope, mets-toi là et causons. Je ne te dirai point : « Chantons, muse.... » c'est de l'histoire. Contez-nous cela, vierges du mont Piérus. *Vierges!...* Sachez-moi gré de ce mot-là!

Au temps où le dernier des Flaviens déchirait le monde expirant, où Rome avait pour maître le Néron chauve[1], dans les parages de la mer Adriatique voisins du temple de Vénus qui domine Ancône, la ville dorienne, un turbot monstrueux vint se prendre dans le filet d'un pêcheur et le remplit tout entier. On eût dit un de ces turbots géants qu'enferme sous ses glaces le Palus-Méotide, qu'aux premières chaleurs la débâcle charrie tout alourdis et engraissés par l'inaction d'un long hiver, et qu'elle va livrer aux eaux dormantes du Pont-Euxin. Aussitôt le propriétaire de la barque et du filet prend son parti. Une si belle pièce! ce

---

1. Sobriquet de Domitien.

sera pour le souverain pontife[1]. Où serait l'homme assez hardi pour vendre ou pour acheter un poisson pareil, quand, jusqu'aux rivages même, tout regorge d'espions? Les inspecteurs de la marine ne manqueraient pas de saisir le pêcheur tout nu et son turbot, et d'affirmer sans la moindre hésitation que c'est un poisson échappé des viviers impériaux, longtemps nourri aux frais de l'empereur, un poisson réfractaire, qui s'est évadé de chez son maître et qui doit lui être restitué. Consultez les jurisconsultes Palfurius et Armillatus ; ils vous diront que tout ce qu'il y a de beau, de rare dans la mer, n'importe dans quel parage, tout cela appartient au domaine impérial. Ce poisson donc, on l'offrira à l'empereur, pour qu'il ne soit pas perdu. Déjà l'automne aux mortelles influences faisait place à l'hiver, déjà les malades espéraient voir leur fièvre tierce se changer en fièvre quarte, déjà sifflait la bise hideuse, et le froid eût permis de garder ce poisson, tout frais pêché ; mais le pêcheur se hâte, comme si le vent d'été lui commandait de se presser.

Il a déjà dépassé les lacs placés au bas de la montagne, où, dans un temple de Vesta plus modeste que celui de Rome, Albe, toute détruite qu'elle est, conserve le feu venu de Troie. Un moment la

---

1. Un des titres que portaient les empereurs.

foule émerveillée arrête le pêcheur à l'entrée du palais. Enfin on s'écarte, les portes s'ouvrent sans difficulté devant le poisson ; les sénateurs attendent : ce qui se mange, doit passer avant eux ! Le pêcheur s'avance devant le Roi des rois : « Daigne agréer, dit-il, une offrande qui n'est point faite pour la cuisine d'un sujet. Fête aujourd'hui ton génie ; prépare ton estomac à savourer cette chair succulente. Réservé au siècle qui t'a vu naître, ce turbot devait être mangé par toi, il s'est fait prendre tout exprès. » Trouvez-moi une flagornerie plus grossière ? Et pourtant la crête en dressait d'orgueil à Domitien. Non, il n'est louange si plate qu'on ne puisse faire accepter à ces puissances, que nous avons élevées au niveau de la Divinité !

Mais, où trouver un plat assez large ? Ceci mérite une délibération ; on appelle au conseil ces sénateurs qu'il déteste, sur la face desquels réside cette pâleur naturelle à ceux que Domitien honore de sa redoutable intimité. Au cri de l'huissier Liburnien : « Accourez, il est assis, » le premier sénateur qui se hâte en ajustant son costume, c'est Pégasus, nommé récemment fermier de Rome stupéfaite (car, qu'était-ce que Rome alors ? une propriété avec un préfet pour fermier). Or, de tous les préfets le plus intègre, le plus scrupuleux à observer la loi, ce fut certainement ce Pégasus, bien qu'il crût qu'en ces temps maudits la justice devait se désarmer de son inflexible sévérité. Puis vient Crispus, un aimable vieillard; mœurs, caractère, éloquence, tout avait chez lui même douceur. Nul n'aurait été un conseiller plus utile au maître des nations, au dominateur de la terre et des mers, si sous un tel monstre, fléau du monde, il eût été permis de blâmer la cruauté et de donner un avis honnête! Mais comment s'y prendre pour ne pas irriter un tyran ombrageux, avec lequel on risquait sa tête à parler du beau temps, de la pluie, ou des brouillards du printemps? Aussi jamais Crispus n'essaya-t-il de se roidir contre le torrent. Hélas! ce n'était pas un citoyen, un de ces hommes qui osent dire librement ce que leur dicte leur conscience et risquer leur vie pour la vérité. Aussi Crispus a-t-il réussi à vivre quatre-vingts hivers, quatre-vingts étés. Près de lui accourait un sénateur du même âge, et que la même prudence fit vivre tranquille aussi dans cette cour; c'était Acilius, qu'accompagnait un jeune homme, victime innocente, réservée à un sort cruel et déjà marquée pour la mort dans la pensée du maître. Mais il y a longtemps qu'à Rome, c'est un phénomène de vieillir, quand on porte un grand nom. Aussi aimerais-je mieux pour ma part être le dernier des enfants de la terre. L'infortuné! Ce fut en vain qu'il s'abaissa à descendre dans l'arène d'Albe, et là, tout nu, en chasseur, vint y percer de près des ours de

Numidie. Qui serait aujourd'hui la dupe de ces finesses de nos patriciens? Qui s'aviserait d'admirer ta dissimulation, ô vieux Brutus? c'était chose facile que de tromper nos rois barbus.

Voici Rubrius : malgré son obscure naissance, il n'a pas la mine plus rassurée. On lui en voulait pour une vieille offense, de celles dont on ne se plaint pas. C'était pourtant un coquin aussi effronté qu'un infâme écrivant des satires morales.

Ce ventre qui vient, c'est Montanus : son abdomen l'a mis en retard; Crispinus le suit, tout suant, et dès le matin plus farci de parfums qu'il n'en faut pour embaumer deux morts; après lui un scélérat plus complet encore, Pompéius, qui, d'un mot glissé dans l'oreille du maître, a fait couper la gorge à tant de gens; puis Fuscus, dont les vautours de Dacie devaient un jour dévorer les entrailles. C'était dans sa villa de marbre que ce général avait fait ses études militaires. Enfin avec le cauteleux Veienton s'avance Catullus, le délateur aux meurtrières paroles; aveugle, il brûle d'amour pour une jeune fille qu'il n'a jamais vue. Catullus! c'est la bassesse à l'état de prodige, même pour notre temps; un être fait pour s'installer sur le pont, et pour y mendier en lançant des baisers aux voitures qui descendent la côte d'Aricie. Personne ne s'extasia davantage devant le turbot. Il ne tarissait pas d'éloges, tout en tournant ses yeux éteints vers la gauche (le poisson était à sa droite). C'est avec la même sûreté de coup d'œil qu'au cirque il vantait la bravoure, les coups du gladiateur Cilicien, et les machines d'où l'on enlevait des enfants à la hauteur du vélarium.

Veienton restera-t-il en arrière? non; comme un prêtre de Bellone que la déesse a frappé de son dard, et qui prophétise : « César, dit-il, quel présage! tu peux compter sur un grand, un éclatant triomphe. Tu vas faire prisonnier quelque roi, peut-être Arviragus va-t-il tomber du char royal des Bretons. La bête vient de loin; vois-tu ces pointes qui se dressent sur son dos? » Un peu plus, Veienton eût déterminé l'âge du turbot et son lieu de naissance.

« Eh bien, qu'opinez-vous? Faut-il le couper en morceaux?

— Oh! ce serait le déshonorer, dit Montanus. Qu'on fasse un plat assez profond et assez large pour le recevoir tout entier entre ses minces parois : c'est une œuvre qui demande une main habile et prompte, un second Prométhée! Allons, de l'argile, préparez la roue. Mais à partir de ce jour, César, crée dans ta garde une compagnie de potiers. »

L'avis était digne de son auteur : il prévalut. C'est que Montanus connaissait à fond les traditions de la débauche impériale, il savait les nuits de Néron, et comment on y renouvelait son appétit, à l'heure avancée où le falerne brûlait le poumon des convives. Ç'a été, de mon temps, l'homme le plus fort dans l'art de manger. Ces huîtres viennent-elles du promontoire de Circé, des rochers du lac Lucrin, ou des parages de Rutupia? Voilà ce qu'il eût distingué au premier coup de dent. En regardant un oursin de mer, il vous disait à première vue sur quelle côte on l'avait pris.

La séance est levée. On congédie tous ces graves personnages, que le chef de l'État avait convoqués sur les hauteurs d'Albe, et qui étaient accourus tout ahuris, comme si l'empereur avait une communication à leur faire au sujet des Celtes et des farouches Sicambres, comme si quelque dépêche effarée était arrivée à tire-d'aile des extrémités du monde. Et plût au ciel qu'il eût perdu à des niaiseries pareilles ces heures sanglantes pendant lesquelles il ravit à Rome tant de nobles et glorieuses existences, sans qu'un citoyen se levât pour le punir et les venger!

Il tomba pourtant : un jour il en vint à inquiéter la canaille de Rome. Ce fut là ce qui le perdit, lui dont les mains fumaient encore du sang des Lamia !

SATIRE V.

LES PARASITES.

Est-il vrai, Trébius, que tu ne rougisses pas encore de ton métier, que pour toi le bien suprême ce soit toujours de vivre aux dépens d'autrui? Est-il vrai que tu puisses te résigner à des avanies que Sarmentus, que le vil Galba lui-même n'eussent point souffertes à la table insolente d'Auguste? Tiens, tu me le jurerais, je ne te croirais pas.

Je ne sais rien au monde de plus facile à contenter que l'estomac. Admettons pourtant que tu n'aies même pas ce qui suffit pour le remplir. Comment? sur nos quais, sur nos ponts, n'y a-t-il plus de place pour y mendier, pas un lambeau de natte pour s'asseoir? Un souper qui n'est qu'une longue insulte a donc bien du prix pour toi? Ta faim est-elle si exigeante?... Et ne peut-elle plus honorablement aller grelotter là-bas en rongeant un sale morceau de pain, du pain de chien?

D'abord, mets-toi bien dans la tête qu'en t'invitant à sa table le patron se croit absolument quitte de tout ce que tu as fait pour lui. Mange, voilà tout le fruit que tu retireras de tes hautes relations. Et ton maître en prend note ; si rares que soient ces faveurs, il les compte. Donc, qu'après deux mois d'oubli, il lui prenne fantaisie de t'inviter, toi son client, de peur de laisser vide une troisième place sur un de ses lits : « Soupons ensemble, » te dit-il. O comble de bonheur! Trébius le tient donc enfin, ce bien suprême, dont l'espoir le réveille chaque nuit, et le fait courir, sans prendre le temps de nouer ses sandales, tout éperdu à l'idée que la procession des clients a peut-être déjà accompli sa révolution matinale, à l'heure où les astres commencent à pâlir, quand se traîne lentement dans le ciel le chariot glacé du Bouvier.

Quel souper pourtant! Du vin!... Non, la laine n'en voudrait pas pour se dégraisser ; du vin qui, des convives, fait autant de Corybantes. On débute par les gros mots : bientôt, blessé, **tu** brandis aussi ta coupe, et tu t'essuies avec la nappe, rouge de ton sang, chaque fois qu'entre vous autres et la bande des affranchis, la bataille s'engage à coups de cruches de Sagonte. Lui, le maître, boit du vin mis dans l'amphore au temps de nos consuls chevelus ;

le raisin en fut pressé à l'époque des guerres Sociales. Jamais il ne t'en passera une coupe, à toi, son cher client, même pour te guérir d'une crampe d'estomac. Demain il boira quelque autre chose, du vin des coteaux d'Albe, ou du vin de Sétia, tiré d'une amphore, dont l'étiquette, marquant sa provenance et son âge, a fini par disparaître sous la couche de moisissure qui enveloppe ce vieux flacon. C'est là du vin comme Helvidius et Thraséas n'en buvaient que trois fois l'an, après s'être couronnés de fleurs, pour célébrer la naissance des deux Brutus et de Cassius.

Virron tient dans sa main une large coupe d'ambre, née des pleurs des Héliades ; un béryl y est incrusté. Toi, l'on ne te confie point de coupe d'or ; ou si cela t'arrive, un surveillant se plante près de toi, pour en compter les perles et observer tes doigts crochus. Excuse-le ; cette coupe est ornée d'une pierre de jaspe, bijou fameux et fort apprécié. Car Virron suit la mode, et fait passer de ses doigts à ses coupes les pierreries qui jadis ornaient le fourreau de l'épée du jeune héros, préféré par Didon au jaloux Hiarbas. Toi, tu vides jusqu'à la dernière goutte une tasse à quatre becs, une de celles qui portent le nom d'un savetier de Bénévent ; le verre en est fêlé, et demande à être troqué contre des allumettes.

Que le vin et les aliments échauffent trop l'estomac du maître, aussitôt on lui sert de l'eau bouillie et glacée, plus fraîche que les neiges de Gétie[1]. Je me plaignais tout à l'heure qu'on vous servît d'autres vins qu'à lui; votre eau même n'est pas la sienne. L'esclave qui remplit ta coupe, sera quelque coureur Gétule, un Maure à la main noire et osseuse, une de ces figures qu'on ne voudrait pas rencontrer à minuit, quand on monte en voiture la pente de la voie Latine, entre deux rangs de tombeaux. Lui, pour le servir, il a un bel esclave, la fleur de l'Asie, et qui lui a coûté plus cher que ne valait le revenu de Tullus, le roi batailleur, d'Ancus Martius, en un mot, tout le mobilier des rois de Rome. Quant à toi donc, quand tu auras soif, adresse-toi à ton Ganymède Gétule; un garçon qui vaut tant de milliers de sesterces, ne sait pas verser à boire à de pauvres hères; sa beauté, son âge, autorisent ses dédains. Est-ce qu'il vient jamais quand tu l'appelles? Est-ce qu'il daigne te servir, quand tu demandes de l'eau chaude ou de l'eau froide? Obéir à un vieux client, ce serait au-dessous de lui. Il trouve un peu violent que tu te permettes de lui demander quelque chose, et que tu sois couché, quand il est debout. Toute riche maison est pleine d'une valetaille insolente.

---

1. C'était une invention de Néron : *Decocta*. On faisait bouillir l'eau, avant de la glacer; elle semblait ainsi infiniment meilleure que l'eau frappée ordinaire.

Vois cet autre, comme il grogne en te poussant un morceau de pain qu'à peine il daigne rompre ; du pain ? Dis plutôt un morceau de pâte, moisie, compacte, qui te déchausse les molaires, sans laisser entrer la dent. Quant au patron, il a son pain : c'est tendre, délicat, blanc comme neige, la fine fleur du froment. Ne t'avise pas d'y porter la main : respect au pain du maître ! Mais supposons que tu t'oublies, et que tu fasses le petit mutin. Il y a là quelqu'un sur qui tu ne comptes pas, et qui te fera bien lâcher prise. « Veux-tu bien, effronté, te garnir les mains à la corbeille qui t'est assignée, et distinguer ton pain à la couleur ? » — « Hélas ! c'est pour subir des avanies pareilles, que tant de fois j'ai laissé là ma femme, pour grimper au pas de course la montée glaciale des Esquilies, alors que l'air frémissait fouetté par la grêle, et que mon pauvre manteau ruisselait sous les giboulées du printemps ! »

Regarde cette langouste qu'on apporte au maître. Comme elle se carre dans ce plat trop étroit pour elle ! Comme sa queue relevée, entourée d'une palissade d'asperges, semble narguer les convives, quand elle fait son entrée portée sur les mains d'un grand flandrin d'esclave ! Pour toi, on met devant toi une petite assiette, où se trouve un crabe pris dans une sauce faite avec une moitié d'œuf ; ça a l'air d'un plat à mettre sur un tombeau. Virron inonde son poisson d'huile de Vénafre. Toi, le chou de mauvaise mine qu'on te sert, pue l'huile de lampe. Vos burettes à vous ne reçoivent pas d'autre huile que celle qui vient d'Afrique, apportée par les Micipsa sur leurs flûtes à la proue aiguë : tu sais, cette huile, dont se frotte Bocchar, ce qui fait qu'à Rome personne ne se baigne avec lui, et ce qui fait aussi que jamais Africain n'a à craindre d'être mordu par un serpent.

Virron mange d'un surmulet qu'on a fait venir pour lui de Corse ou des rochers de Tauroménium. En effet, nos côtes sont épuisées et ne rendent plus rien, grâce aux ravages qu'y fait la goinfrerie romaine. Comment les pêcheurs, dont les filets fouillent à outrance la mer qui baigne nos côtes, afin d'approvisionner notre marché, laisseraient-ils au poisson d'Étrurie le temps de grossir ? C'est la province qui fournit à notre cuisine ; c'est de là qu'on tire ces belles pièces, qu'achète Lénas, le coureur de testaments, pour les offrir à Aurélia, — qui les revend.

On sert à Virron une murène monstrueuse, pêchée dans le gouffre de Sicile. Car, lorsque le vent des tempêtes[1] se tient tranquille et qu'assis dans la caserne des vents, il y sèche ses ailes mouillées, nos hardis filets vont braver Charybde même, au

---

1. L'auster, le vent du midi.

centre de son tourbillon. Vous autres, ce qui vous attend, c'est une anguille effilée comme la couleuvre dont elle est parente : ou bien ce sera quelque goujon, qu'a taché la glace, un de ces enfants du Tibre, qui s'y engraissent à la sortie des immondices, vrais gamins de Rome, qui vont souvent faire un tour dans le quartier de Suburre, en s'y faufilant par l'égout.

Si Virron daignait me faire la grâce de m'entendre, j'aurais deux mots à lui dire. On ne prétend pas, ô Virron, que tu doives être envers tes amis aussi charitable, que Sénèque, Cotta et ce brave Pison l'étaient avec leurs moindres clients. C'était bon jadis, quand la gloire de donner primait les titres et les faisceaux consulaires. On ne te demande qu'un peu de politesse avec tes convives! Accorde-nous cette faveur, et puis sois comme tant d'autres maintenant, riche pour toi, pauvre pour tes amis!

Devant le maître, on voit fumer un foie d'oie grasse, plus une poularde grosse comme une oie, et un sanglier qui eût été digne d'être percé par le blond Méléagre. Après cela, on croque quelques truffes, si l'on est au printemps, et que les orages, tant désirés de nos gourmands, permettent ce luxe à nos tables. « Afrique! s'écriait Allédius, garde tes blés, détèle tes bœufs, mais envoie-nous des truffes! »

Pour n'oublier ici rien de ce qui me révolte, regarde la pantomime du maître d'hôtel, la légèreté de main du découpeur, son attention à exécuter de point en point les leçons de son professeur. C'est qu'il est en effet de la plus haute importance, de ne pas confondre le geste qui sert à découper un lièvre, avec le geste qui sert à découper une poularde. Ne t'avise pas au moins de dire un mot : tu serais traité comme Cacus le fut par Hercule, on te tirerait par la patte et l'on te déposerait à la porte. Est-ce que tu te figures avoir trois noms[1]? Virron boit-il jamais à ta santé ? Te fait-il, avant de boire, toucher sa coupe de tes lèvres ? Qui de vous, malheureux, oserait s'oublier jusqu'à dire à son seigneur et maître : « Bois[2] ! » Oh ! il y a dans la langue bien des mots qu'on doit s'interdire, quand on porte un habit rapé.

Mais si quelque dieu, quelque mortel égal aux dieux et meilleur pour toi que la destinée, te gratifiait subitement de quatre cent mille sesterces ; chétive créature, comme tu sortirais tout à coup de ton néant, comme tu grandirais pour Virron, comme tu serais son ami ! Aussitôt : « Donnez donc à Trébius.... servez donc Trébius. Trébius, mon frère, t'offrirai-je de ce ragoût? » Écus ! c'est à vous que Virron rend hommage, c'est vous qui

---

1. Les Romains de bonne naissance devaient avoir trois noms, le prénom, le nom de famille et le surnom.

2. Formule en usage pour porter une santé.

êtes ses frères! Pourtant, si tu veux, ô Trébius, devenir un maître à ton tour, un roi même pour ton patron, il faut encore que tu n'aies ni « un petit Énée se jouant dans ton palais, » ni une petite fille, encore plus douce à ton cœur: une femme stérile, voilà de quoi rendre un ami bien aimable et bien aimé. Mais n'importe, une fois que tu seras riche, ta femme Mycalé peut te rendre père et, d'une seule portée, verser trois garçons dans tes bras paternels, Virron trouvera charmant ce petit nid jaseur. Et toutes les fois que tu amèneras l'un de tes enfants souper chez Virron, il fera apporter au petit parasite une cuirasse peinte en vert, des noisettes, et l'as qu'il se sera fait demander par lui.

Aux amis de bas étage, on sert des champignons équivoques; au maître un bolet, mais un de ces bolets qu'aimait l'empereur Claude, avant celui que lui fit manger sa femme, après lequel il ne mangea plus rien du tout[1].

Virron se fait apporter pour lui et les autres Virrons des fruits dont le parfum devra te suffire, des fruits tels que dans l'île des Phéaciens en produisait un éternel automne; on les croirait volés aux Hespérides, les sœurs africaines. Toi, tu auras

---

1. Agrippine empoisonna son mari Claude dans un plat de bolets, espèce de champignons fort estimés.

pour tout régal une pomme pourrie, dans le genre de celles que ronge le conscrit, quand sur le rempart, muni d'un casque et d'une rondelle, il fait l'exercice du javelot, et, craignant les coups, tremble devant la figure rébarbative du centurion la Chèvre.

Tu t'imagines peut-être que Virron en use ainsi par économie? Erreur: il ne veut que te faire enrager. Car quelle comédie, quelle farce plus amusante que la piteuse mine d'un parasite désappointé? Ne t'y trompe pas, tout cela n'a d'autre but que de te faire pleurer de rage, grincer des dents, sans que tu les desserres pour autre chose. Tu ne t'en crois pas moins un homme libre, le convive de ton patron. Lui, il ne voit en toi qu'un misérable dont le fumet de ses cuisines a fait son esclave: il te juge bien. Car, si dépourvu que l'on soit, comment subir deux fois son insolence, pour peu qu'on ait porté dans son enfance la bulle des Étrusques[1], ou seulement le nœud de cuir, qui, pour le pauvre, est le signe de la liberté? Ce qui vous allèche, c'est l'espoir de bien souper. « Il va nous passer ce restant de lièvre, un peu de ce filet de sanglier. Il nous arrivera bien quelque petite volaille.... » Et dans cet espoir, vous restez là en silence, sans manger, tous

---

1. Les enfants de naissance libre portaient au cou une bulle d'or.

en devoir de bien faire, le pain en arrêt.... Il a raison de te faire tant d'affronts; qui les supporte, les mérite. Espérons qu'un jour, la tête tondue, tu t'offriras toi-même à ses soufflets, à ses coups de fouet. Va, tu es digne d'un tel repas, d'un tel ami!

SATIRE VI.

LES FEMMES ROMAINES.

Oui, j'en suis convaincu, la Chasteté régna jadis en ce monde; pendant des siècles on l'y a vue. Mais c'était au temps du roi Saturne, quand l'homme vivait à l'étroit dans une grotte fraîche, dont l'ombre enfermait à la fois son foyer, ses pénates, son troupeau, sa famille; au temps où la fille des montagnes étendait pour son compagnon un lit sauvage, un lit d'herbe et de feuilles, couvert de la peau des bêtes fauves, leurs voisines. Cette dame-là, vous ne lui ressemblez guère, ô Cynthia, non plus que vous, ô Lesbie, vous qui, pour pleurer un moineau, avez compromis le doux éclat de vos yeux. Il fallait voir votre devancière, souvent plus velue que son mari qui près d'elle se gorgeait de glands, abreuver à ses mamelles ses fils déjà grandelets! C'est qu'alors, dans cette jeunesse du monde et sous un ciel de fraîche date, ils vivaient autrement que nous, ces hommes, qui, pour naître, avaient brisé l'écorce des chênes, ou qui, formés d'argile, n'avaient eu ni père, ni mère.

Il se peut qu'on ait encore vu des traces, plus ou moins nombreuses, de l'antique chasteté, même après l'avénement de Jupiter, mais avant que la barbe lui fût venue, au temps où les Grecs n'étaient pas toujours prêts à jurer sur la tête de leur prochain, où l'on ne craignait de voleur ni pour ses légumes, ni pour ses fruits, où les vergers étaient sans clôture. C'est ensuite, et peu à peu, que la Justice se retira du monde, de compagnie avec la Chasteté. Les deux sœurs ensemble remontèrent aux cieux.

C'est déjà un bien vieil usage, ô Posthumus, que de porter la honte dans le lit d'autrui, et de braver le Génie, qui veille sur la couche nuptiale. Le siècle de fer allait produire tous les autres crimes, mais le siècle d'argent avait vu les premiers adultères. Et c'est dans un temps comme le nôtre, que tu vas convoquer les grands parents, régler le contrat, conclure les fiançailles? Déjà, peut-être, as-tu confié ta tête à l'art d'un coiffeur émérite et passé le gage d'amour au doigt de ta future. Tu jouissais de toute ta raison, Posthumus; et voilà que tu te maries? Ah çà! dis-moi, as-tu donc à tes trousses toutes les couleuvres des furies? Se résigner à une servitude pareille! Est-ce qu'il n'y a plus de cordes pour te pendre, plus de hautes et sombres fenêtres pour te jeter en bas? Le pont Émilius n'est-il donc plus à deux pas de chez toi[1]? Mais, voyez-vous, c'est qu'Ursidius Posthumus s'est pris d'un beau respect pour la loi Julia ; il veut avoir son cher petit héritier; adieu donc tous les cadeaux, et les pigeons superbes, et les surmulets à longue barbe, et toutes les séductions que fournit le marché! Oh! tout devient possible, dès qu'Ursidius Posthumus prend femme, dès que le plus scandaleux de nos libertins va présenter au joug marital sa sotte tête, après avoir été réduit si souvent à se blottir dans un coffre, comme Latinus[2], pour échapper à la mort. Mais ce n'est pas tout : il lui faut une chaste épouse, des mœurs antiques.... Vite, un médecin, et saignez-le! L'adorable personnage! Il veut une femme qui n'ait que des idées pures.... Si tu fais pareille trouvaille, cours te prosterner, et longtemps, sur le seuil de Jupiter Tarpéien, immole une vache à Junon, sans épargner la dorure. Elles sont rares, celles dont la main est digne de toucher aux bandelettes de

---

1. Nonne putas melius, quod tecum pusio dormit?
Pusio, qui noctu non litigat, exigit a te
Nulla jacens illic munuscula, nec queritur quod
Et lateri parcas, nec, quantum jussit, anheles.

2. « Ce Latinus était un mime qui, dans quelque farce, représentait les terreurs d'un adultère surpris par le mari. »

DUSAULX.

Cérès, celles qui peuvent embrasser leur père sans le faire frémir! N'importe : garnis ta porte de guirlandes, fais foisonner le lierre au seuil de ta demeure. « Pour mon Ibérina, dis-tu, un seul homme lui suffit. » Un seul? Tu la réduirais plutôt à se contenter d'un œil. On vante beaucoup cependant certaine jeune fille, qui vit, à la campagne, chez son père.... A Gabies, à Fidènes, peut-être resterait-elle aussi pure qu'au temps où elle vivait dans le petit domaine de famille. Et encore qui me répond qu'il ne s'est rien passé dans les grottes de la montagne? Jupiter et Mars ont donc bien vieilli!

Mais ici, sous nos portiques, où vois-tu cette femme selon ton cœur? parcours les bancs de nos théâtres; où la trouver, cette créature, que tu peux aimer sans crainte, sur qui se peut fixer ton choix? Quand Bathylle mime le rôle passionné de Léda, Tuccia ne peut se contenir. Appula pousse de petits cris langoureux et d'amoureuses exclamations.... Quant à Thymélé, quelle attention profonde! C'est qu'en ce moment, Thymélé, l'innocente, complète son éducation. Mais pendant la saison où nos spectacles sont vides et fermés, où les toiles sont au magasin, quand tout le bruit de Rome se fait aux tribunaux, dans l'intervalle qui s'écoule entre les jeux plébéiens et les jeux mégalésiens, nos dames consolent leur tristesse en tâtant de leurs mains le masque, le thyrse, le costume du pantomime Accius. Urbicus est fort réjouissant dans le rôle d'Autonoé d'une atellane ; Urbicus serait la passion d'Elia ; mais elle est pauvre, et il en coûte gros, pour briser la boucle d'un comédien. Ce sont nos grandes dames qui ont fait perdre sa voix à Chrysogonus. Quant à Hispulla, son goût est pour les tragédiens. Est-ce que tu te figures qu'on va se passionner pour un orateur, pour Quintilien, par exemple? La femme que tu prends, c'est le joueur de lyre Echion, c'est Glaphyrus, ou Ambrosius, le joueur de flûte, qui la rendra mère. Donc, fais dresser une magnifique estrade occupant la moitié de la rue; orne les montants de ta porte de longs rameaux de lauriers, afin qu'un jour, dans un berceau somptueux et orné d'écaille, ton noble rejeton, ô Lentulus! offre à tes yeux le vivant portrait du gladiateur Euryalus.

La femme d'un sénateur, Hippia s'est sauvée avec un gladiateur jusqu'à Pharos, jusqu'au Nil, jusqu'au pays si mal famé des Lagides, à Canope, que révolta pourtant la monstruosité de ces mœurs romaines. Elle oublia sa famille, son mari, sa sœur : sa patrie n'eut pas d'elle un regret : mère sans cœur, elle quitta ses enfants qui pleuraient; elle renonça même, c'est à n'y pas croire, aux jeux du cirque, aux représentations de Pâris. Née au sein de l'opulence, habituée dès son enfance au duvet d'un lit tout chamarré, elle brave les orages de la mer ; elle avait bien bravé l'opinion ! Mais chez ces nobles dames, la perte de l'honneur est chose qui ne compte pas. Les flots de la Toscane, la mer Ionienne et le fracas de ses vagues, toutes ces mers diverses qu'il lui fallut franchir, rien ne put ébranler son âme. Ah ! s'il leur faut s'exposer pour une cause honnête, légitime, c'est alors qu'elles sont le sexe timide, alors que leur cœur se trouble et se glace, que leurs genoux tremblent et fléchissent ; dès qu'il s'agit de se déshonorer, leur cœur est ferme. Lorsqu'un mari l'exige, oh ! combien il est dur de s'embarquer ! on ne peut supporter l'odeur de la sentine, on est sujette au mal de mer. Mais quand on s'enfuit avec un amant, on a l'estomac solide. Un mari, on vomira sur lui ; avec un galant on dîne de bon cœur au milieu des matelots, on circule sur le pont, on prend plaisir à manier les rudes cordages. Mais il est donc bien beau, bien jeune, ce Sergius, qui a enflammé Hippia, qui l'a fascinée au point de lui faire oublier la honte de s'entendre dire : voilà la femme d'un gladiateur ? Hélas ! ce mignon de couchette était déjà sur le retour et commençait à se faire la barbe[1]. Il avait

---

1. On ne se rasait que quand on était arrivé à l'âge mûr. Jusque-là on se contentait de rogner sa barbe.

un bras de moins, et pouvait prendre sa retraite; sa face d'ailleurs était difforme : au-dessus du nez, il avait un énorme pli formé par le casque; une humeur âcre découlait sans cesse de ces yeux qui l'ont charmée. Mais c'est un gladiateur! cela en fait un Adonis. Voilà l'être auquel elle sacrifie sa patrie, ses enfants, sa sœur, son mari Veienton. Elles aiment les gens d'épée! Si Sergius eût quitté son métier, il n'aurait plus été pour elle qu'un autre mari.

Mais pourquoi s'occuper d'Hippia, et de scandales qui n'atteignent que la demeure d'un simple citoyen? Vois nos Césars, ces rivaux des dieux. Écoute, voici ce que Claude a enduré : quand sa femme le voyait endormi, elle courait échanger la couche des Césars contre le grabat des mauvais lieux. Impériale prostituée, elle s'affuble d'un chaperon de nuit, s'échappe suivie d'une servante. Cachant sa chevelure noire sous de faux cheveux blonds, elle se glisse dans l'atmosphère échauffée du lupanar; elle a sa chambre, son lit, une méchante couverture. Alors nue et les seins enfermés dans un réseau d'or, Lycisca (c'est son nom de guerre) étale, ô Britannicus, les nobles flancs qui t'ont porté! Elle accueille gracieusement ceux qui se présentent, se fait payer[1].... Enfin, quand le prostitueur renvoie tout son monde, elle se re-

1. Et resupina jacens multorum absorbuit ictus.

tire à regret : du moins est-elle la dernière à fermer sa loge ; ardente encore des fureurs de sa lubricité, elle s'en va, épuisée, non assouvie. Le teint plombé, hideuse à voir, elle rapporte au lit impérial une odeur infecte de lampe, les senteurs du lupanar!

Parlerai-je de l'hippomane, de leurs formules magiques, du poison qu'elles préparent pour le donner aux fils d'un autre lit? La tyrannie de leurs passions les assujettit à des forfaits plus odieux que la débauche : de tous leurs égarements, l'adultère est le moindre.

Mais d'où vient que Césennia est « la meilleure des femmes, » si l'on en croit son mari? C'est qu'elle lui a apporté un million en dot: il lui trouve un million de vertus. Ne croyez pas qu'il maigrisse d'amour, que Vénus l'ait touché de ses flèches de feu. Non, ce qui l'enflamme, c'est la dot: c'est de là qu'est parti le trait qui l'a percé. Sa femme est libre, elle a payé pour cela. Elle peut en sa présence faire des signes aux galants, répondre à leurs billets, il ne verra rien. Être mariée à un homme intéressé, quand on est riche, c'est être veuve.

Pourquoi Sertorius a-t-il pour Bibula sa femme une si vive tendresse? A vrai dire, ce n'est pas sa femme qu'il aime, c'est la figure de sa femme. Que trois rides se glissent sur les joues de Bibula, que sa peau devienne sèche et flasque, que ses dents

perdent leur émail, que l'âge rapetisse ses yeux :
« Fais ton paquet, lui dira l'affranchi, et va-t'en ;
tu nous ennuies, tu te mouches trop. Allons, décampe et lestement. Une autre va venir, qui a le nez moins humide. » En attendant, Bibula règne et s'abandonne à toutes ses fantaisies. Elle exige de son mari ces moutons de Canusium avec leurs pâtres, ces vignes de Falerne, où le raisin grimpe aux ormes. Ce n'est rien : tous ces esclaves, des bandes entières, il les lui faut. Tout ce qu'elle voit chez le voisin et qu'elle n'a pas, qu'on le lui achète! Au cœur de l'hiver, lorsque le marchand Jason s'enferme chez lui, et que les marins prêts à mettre à la voile sont contraints de rester sous leurs toits blancs de neige, son mari doit partir pour lui avoir de belles coupes de cristal, puis des vases murrhins, puis ce diamant célèbre, devenu plus précieux encore, depuis que Bérénice l'a porté à son doigt. C'est celui dont jadis le roi juif Agrippa paya les faveurs incestueuses de sa sœur, dans ce pays où les rois célèbrent le jour du Sabbat en marchant pieds nus, et où l'on a toujours été si bon pour les porcs, qu'ils y meurent de vieillesse.

Mais quoi? parmi tant de femmes, n'en est-il pas qui méritent d'être épousées? — Suppose une femme belle, honnête, riche, féconde, noble, et montrant dans ses portiques des files entières d'antiques aïeux, une femme chaste comme ces

Sabines qui se jetèrent échevelées parmi les combattants : oiseau rare, ma foi, aussi rare qu'un cygne noir. Eh bien! pour toutes ces perfections même, je la déclare insupportable. Oui, j'aimerais mieux une paysanne de Venouse, que vous, ô Cornélie, vous la mère des Gracques, si vous joignez à toutes vos vertus des airs arrogants, et si les triomphes de vos aïeux comptent dans votre apport. Allons, madame, décampez, je vous prie, et déménagez avec votre Annibal, avec Syphax forcé dans son camp, et tout votre bagage carthaginois!

« Grâce, Apollon, grâce, ô déesse, laisse là tes flèches; ces enfants sont innocents, ne frappez que Niobé leur mère. » Mais Amphion a beau crier; Apollon a tendu son arc. Ainsi l'orgueil de Niobé perdit tous ces pauvres enfants et aussi leur père; elle se croyait d'une naissance plus élevée que celle de Latone, d'une fécondité plus surprenante que celle de la truie blanche de Virgile. Est-il vertu, ou beauté si parfaite, qui vaille l'ennui de s'entendre reprocher le bonheur de posséder tant de perfections? Les plus rares, les plus merveilleuses qualités perdent tout leur charme, si cette morgue qui gâte tout, vous fait avaler plus d'aloès que de miel. Quel est le mari si épris de sa femme, à qui il n'arrive pas, sept heures par jour, de maudire et d'envoyer promener l'objet de ses louanges si passionnées?

SATIRE VI.

Il y a bien des petits défauts, qui n'en sont pas moins insupportables pour un mari. Est-il rien de plus ennuyeux qu'une femme qui, née en Toscane, ne se croit belle qu'autant qu'elle s'est naturalisée Grecque, qui, née à Sulmone, se fait Athénienne! Toujours du grec! il est un peu plus honteux pourtant pour une Italienne de ne pas savoir sa langue. C'est en grec qu'elles s'effrayent, en grec qu'elles s'irritent, s'égayent, s'inquiètent; c'est en grec qu'elles confient les secrets de leur âme. Hélas! que ne font-elles pas en grec? passe pour les jeunes filles. Mais toi, ma pauvre vieille, à quatre-vingt-cinq ans, encore du grec! Cela ne te va plus à ton âge. « Ma vie, mon âme[1]! » Voilà de ces mots qui sont bons ailleurs, mais tu t'en sers devant le monde. — Ne sont-ce pas là de ces petits mots caressants, de ces mots d'amour qui vous charment?...
— Oui; mais tu en détruis toi-même l'effet : tu as beau les dire plus tendrement encore qu'Hémus ou Carpophorus : ta face porte écrit le chiffre de tes années. »

Si tu ne dois pas aimer celle à qui t'uniront des liens consacrés par la loi, je ne vois aucune nécessité de te marier. A quoi bon tant dépenser pour le souper de noces, pour les gâteaux au vin doux, que, pour galanterie dernière, on offre à des con-

---

1. Ζωὴ καὶ ψυχή.

vives rassasiés ? A quoi bon ce cadeau de la première nuit qu'on sert à la mariée sur un riche plateau, ces pièces toutes neuves où rayonne l'effigie de l'Empereur avec cette légende : *Vainqueur des Daces et des Germains !* Mais, si au contraire, mari candide, tu dois concentrer sur elle toutes tes affections, oh! baisse la tête alors, et prépare-toi au joug le plus pesant : jamais femme n'épargne celui qui l'aime. Quand son amour répondrait au tien, elle se ferait un plaisir de te torturer, de te dépouiller. Aussi l'être qui perd le plus à se marier, c'est celui que sa bonté destine à être un mari modèle. Tu ne pourras rien donner sans l'aveu de ta femme, rien vendre, si elle s'y oppose, rien acheter, si elle ne le veut pas. Elle te prescrira tes affections : ce vieil ami, dont ta porte a vu la première barbe, il faudra le chasser. Des prostitueurs, des maîtres d'escrime, des gladiateurs même, ont droit de tester librement. Toi, l'on te dictera ton testament, et plus d'un rival y aura sa place. « Allons! cet esclave en croix! — Mais quel crime a-t-il commis pour mériter un tel supplice? Où est le dénonciateur, le témoin? Ecoute donc, ma bonne amie, quand il s'agit de la vie d'un homme, on ne saurait trop réfléchir. — O le sot! un esclave, c'est donc un homme ? Eh bien, soit, il n'a rien fait; mais je le veux, je l'exige; ma volonté, c'est une raison. »

Donc elle règne, et tu obéis. Bientôt elle porte ailleurs son besoin de domination ; foulant au pied le voile nuptial, elle entre dans une autre famille. Puis elle te reprend, et revient chercher sa place au lit qu'elle a dédaigné. La voilà qui, pour te rejoindre, quitte la maison qu'elle vient de faire orner de tentures, le seuil paré de feuillages qui n'ont pas même eu le temps de sécher. C'est ainsi qu'on accroît le chiffre de ses mariages : huit maris en cinq ans, voilà une épitaphe qui fait bien sur un tombeau !

Quant à la paix du ménage, n'y compte pas, tant que vivra ta belle-mère. C'est elle qui apprend à sa fille l'art charmant de dépouiller un mari ; c'est elle qui lui enseigne à faire aux billets tendres des réponses adroites et galamment tournées. C'est elle qui trompe les argus ou qui en vient à bout avec de l'argent. C'est elle enfin qui envoie chercher Archigènes pour guérir sa fille de la maladie que sa fille n'a pas, elle qui la débarrasse de ses couvertures comme si elles l'accablaient, pendant que l'amant près de là, dans sa cachette, inquiet, impatient, languit d'amour. Ah! tu te figures que sa mère lui donnera d'autres principes que les siens! Une vieille coquette trouve trop bien son compte à élever une fille qui lui ressemble.

Il y a peu de procès où une femme ne soit pour quelque chose : Manilia est toujours assignant, quand elle n'est pas assignée. Ferrées sur la procédure, elles savent rédiger des mémoires : elles en remontreraient à Celsus, lui dicteraient son exorde et ses moyens.

Qui ne sait qu'elles endossent le gros manteau tyrien et se frottent d'huile comme les athlètes? Qui ne les a vues tirer au mur, creuser le but à coups d'épée, le heurter du bouclier, observer enfin toutes les règles de l'escrime? Voilà une amazone digne de figurer aux jeux floraux, parmi les fanfares, si même son ambition ne va pas jusqu'à paraître dans l'arène pour y combattre réellement. Quelle pudeur peut rester à une femme, qui se coiffe d'un casque, qui, reniant son sexe, aspire à la vigueur du nôtre? Mais ne va pas croire qu'elle voudrait cesser d'être femme : elle entend trop bien ses plaisirs. Quel honneur pour toi, si l'on vient à mettre en vente les effets de ta femme, d'entendre crier son baudrier, ses gants d'assaut, ses aigrettes, son cuissard pour la jambe gauche! Ou, si elle a du goût pour un autre genre d'escrime, comme tu seras fier de voir adjuger ses bottines! C'est pourtant là ce sexe délicat qui ne peut supporter le poids d'une robe légère; ce sont ces êtres faibles, qui étouffent sous une tunique de soie. Regarde-la porter, en frémissant, les coups qu'on lui enseigne; contemple-la, chargée d'un casque pesant, bien campée sur ses jarrets, bras et jambes serrés dans des bandes épaisses. Puis, risible intermède, la voilà qui pose un instant ses armes, pour prendre un vase de nuit. Oh dites-moi, nobles filles des Lépidus et de Métellus l'aveugle, filles de Fabius Gurgès, jamais femme de gladiateur s'est-elle ainsi accoutrée? Celle d'Asylus même se livre-t-elle haletante à de tels assauts?

Le lit conjugal, voilà un éternel théâtre de querelles et de mutuels reproches; c'est un lit où l'on ne dort guère. Mais quand la femme devient-elle, surtout pour le mari, une créature redoutable, pire qu'une tigresse privée de ses petits? c'est lorsqu'elle a quelque chose à se reprocher. Oh! alors comme elle feint de gémir, comme elle lui reproche en sanglotant ou des mignons, ou une maîtresse, qui n'existe pas! le tout avec cette abondance de larmes qu'elle tient en réserve, larmes toujours à leur poste, et qui partent à volonté. Et toi, pauvre benêt, tu te dis : c'est là de l'amour! Tu te sais gré d'inspirer une telle passion, et tes baisers boivent ses pleurs! Pourtant quelles épîtres, quels doux billets tu pourrais lire, si tu venais à ouvrir le coffret de cette jalouse qui te trahit! Mais qu'elle soit surprise dans les bras d'un esclave ou d'un chevalier. Voyons, Quintilien, cherche-moi dans ta rhétorique un argument pour colorer la chose. Tu n'en trouves point! Elle en trouvera. « C'était chose convenue, dira-t-elle, que tu vivrais à ta fantaisie; moi à la mienne. Oh! crie, tempête tant que tu voudras. On n'est point parfaite. » Prises sur le fait, rien n'égale leur aplomb. C'est alors qu'elles sont superbes de colère et d'énergie.

Quelle est la source de cette prodigieuse dépravation? Tu le demandes! Jadis, la médiocrité des fortunes maintenait la chasteté de nos Romaines. Le vice n'osait entrer dans ces pauvres demeures; ce qui l'en repoussait, c'était le travail, les longues veilles, c'étaient ces mains de femmes, mains laborieuses, durcies à filer les laines de l'Étrurie; c'était Annibal aux portes de Rome, et les citoyens debout sur la porte Colline. Nous souffrons aujourd'hui des maux d'une longue paix : plus terrible que les armes, le vice s'est abattu sur Rome, et venge l'univers vaincu! Toutes les horreurs, toutes les monstruosités de la débauche nous sont devenues familières, du jour où périt la pauvreté romaine. Ainsi sur nos sept monts se sont installées Sybaris, Rhodes, Milet, et cette folle Tarente, au front couronné de fleurs, aux lèvres humides de vin. C'est l'argent, l'argent immonde, qui le premier chez nous importa les mœurs étrangères; c'est l'énervante richesse, le luxe avec ses honteux raffinements, qui a brisé notre vieille énergie. La Vénus enivrée ne respecte plus rien : elle prostitue ses lèvres, elle se prête à tout, lorsqu'à minuit, en dévorant de larges huîtres, elle fait écumer le falerne parfumé d'aromates dans les coupes profondes, et que ses yeux voient déjà le plafond qui va et vient, la table qui se soulève et semble doubler ses lumières. Et tu ne trouves pas fort concevable qu'en passant près du vieil autel de la Pudeur, Maura lui lance un éclat de rire, et que sa sœur de lait, Tullia, tienne alors à son amie d'étranges propos? C'est là que, la nuit, elles font arrêter leurs litières pour souiller la statue même de la déesse ; et elles échangent de sacriléges caresses, et la lune est là qui les regarde : puis elles rentrent chez elles. Quant à toi, le matin, en allant faire ta cour aux grands de Rome, ton pied glisse sur les dalles que ta femme a salies.

On sait maintenant ce qui se passe aux mystères de la bonne déesse, à l'heure où la flûte chatouille les sens, où la trompette et le vin allument leurs ardeurs : elles se ruent égarées, tordant leurs cheveux, hurlant comme des bacchantes, vraies prêtresses de Priape. O quelle frénétique fureur! quels cris, quand la passion bondit dans leur cœur! Des torrents de vieux vins coulent sur tout leur corps. Laufella défie les prostituées même ; la couronne est prête : elle obtient le prix. Mais devant Médullina, Laufella s'avoue vaincue. C'est que parmi ces dames le mérite ainsi constaté va de pair avec la naissance. Et ce ne sont pas des attitudes vaines; elles sont d'une telle vérité qu'elles enflammeraient les sens glacés du vieux Priam et de Nestor. Mais c'est alors que leurs désirs veulent une satisfaction immédiate; elles s'aperçoivent qu'elles n'ont affaire qu'à de faibles femmes; un cri retentit et se répète sous toute la voûte : « Voici l'heure; faites entrer les hommes. — Mais ton amant est couché. — Eh bien! qu'on le réveille; qu'il prenne son manteau, et qu'il vienne. » Point d'amants! Elles s'emparent des esclaves. Point d'esclaves! Faites entrer un porteur d'eau, on le payera[1]....

Ah! si du moins nos vieilles cérémonies, nos mystères publics s'étaient garantis de ces abominations! Mais jusqu'aux Mores et aux Indiens, le monde entier sait quelle étrange joueuse de flûte[2] eut jadis l'effronterie de s'introduire dans ces mystères, au milieu desquels un rat mâle n'oserait s'aventurer, où l'on voile toute image du sexe masculin. Et pourtant, au temps de Clodius, eût-on trouvé des gens pour se jouer de la divinité, pour rire de la coupe et du plat noir de Numa, et des fragiles assiettes faites de l'argile du Vatican? Mais aujourd'hui quel temple ne trouve point son Clodius?

Oui, mes amis; oui, j'entends déjà votre réponse.

---

1.   Hic si
Quæritur, et desunt homines, mora nulla per ipsam
Quominus imposito clunem submittat asello.
2.   Quæ psaltria penem
Majorem quam sunt duo Cæsaris Anticatones.

SATIRE VI.

Ames dignes des anciens jours, vous dites: « Avec de bons verrous, en la faisant surveiller... » Soit; mais qui surveillera les surveillants? En femme avisée, c'est par eux qu'elle commence.

Et ce ne sont point seulement nos grandes dames qui se passent ces fantaisies : les autres aussi s'en mêlent, et celle qui piétine modestement dans la crotte, ne vaut pas mieux que cette matrone portée sur les épaules de ces longs Syriens.

Pour aller au théâtre, Ogulnia, qui n'est pas riche, loue des habits, loue des suivantes, une litière, des coussins, des amies même, une nourrice, et une blonde soubrette, pour recevoir ses ordres. Ce qui ne l'empêche pas d'employer le restant de l'argenterie paternelle, ses dernières pièces, à entretenir des athlètes de bonne mine. Beaucoup de nos coquettes trouvent la misère à leur foyer. Mais nulle n'a la pudeur que devrait leur inspirer l'indigence, nulle ne sait mesurer son train à sa fortune. Parfois les hommes ont encore assez de prévoyance pour songer à l'utile; quelques-uns même s'instruisent par l'exemple de la fourmi, et pensent à garantir leurs vieux jours du froid et de la faim. Mais une femme dépensière se ruine sans s'en douter. On dirait vraiment que dans son coffre les écus repoussent à mesure qu'elle les dépense, et qu'il y en a toujours autant. Jamais elle ne calcule ce qu'un plaisir peut lui coûter.

Il en est qui ont du goût pour les eunuques efféminés. Comme ils n'auront jamais de barbe, leurs baisers sont plus délicats; et puis, avec eux, on n'a pas besoin de drogues pour se faire avorter [1].

Quant à celle qui aime la musique vocale, elle a bientôt fait de rompre l'anneau de chasteté des chanteurs qui vendent leur voix au préteur. Ses mains ne quittent point leurs instruments de musique. Comme elles sont belles, ces pierreries qui brillent incrustées sur la lyre d'Hédymélès [2] aux accents si passionnés! comme il y a plaisir à toucher les cordes avec cet archet recourbé qui lui a valu

---

1.   Illa voluptas
Summa tamen, quod jam calidâ matura juventâ
Inguina traduntur medicis, jam pectine nigro.
Ergo expectatos et jussos crescere primum
Testiculos, postquam cœperunt esse bilibres,
Tonsoris damno tantùm, rapit Heliodorus.
Conspicuus longè cunctisque notabilis intrat
Balnea, nec dubie custodem vitis et horti
Provocat, a dominâ factus spado. Dormiat ille
Cum dominâ. Sed tu jam durum, Posthume, jamque
Tondendum eunucho Bromium committere noli.

2. On ne sait rien de ce musicien, non plus que de Pollion, dont il est question un peu plus loin. Quant aux jeux capitolins, qui se célébraient tous les cinq ans, et qui avaient été institués primitivement par Camille en mémoire de la levée du siége du Capitole par les Gaulois, outre les luttes ordinaires d'athlètes, de chars, de gladiateurs, etc., on y donnait des prix aux poëtes, aux orateurs, aux historiens aux musiciens et aux acteurs.

tant de succès! Cet archet charmant, elle le tient, elle le baise, c'est sa consolation. Une femme d'un grand nom, de la maison des Lamia, allait bien offrir le froment et le vin sacrés à Vesta et à Janus, pour savoir si le musicien Pollion pouvait compter sur le prix aux jeux Capitolins et promettre à sa harpe la couronne de chêne. Que ferait-on de plus pour un mari malade, pour un petit enfant condamné par les médecins? Oui, debout devant l'autel, c'est pour le triomphe d'une harpe qu'elle n'eut pas honte de voiler sa tête, de répéter les formules que lui dictait le prêtre, de pâlir d'inquiétude à l'ouverture de la victime! Oh! dis-moi, je t'en supplie, dis-moi, Janus, toi le doyen des dieux, est-ce que tu réponds à de pareilles demandes? Oui?... En ce cas, il faut que vous soyez terriblement désœuvrés là-haut, et que vous ayez du temps de reste. L'une te consulte pour des acteurs comiques; l'autre pour un tragédien. L'aruspice, toujours planté sur ses jambes, doit y gagner des varices!

Mais mieux vaudrait qu'elle en vînt jusqu'à chanter elle-même, que de courir toute la ville, de se mêler aux groupes, et, devant son mari, d'aborder des officiers en costume de guerre, et de causer avec eux le front levé, la gorge au vent. Cette femme sait tout ce qui se passe dans l'univers, et où en sont les affaires des Sères et des Thraces; rien ne lui échappe : telle femme a des relations cachées avec son beau-fils; un tel est amoureux, tel autre est fort couru de nos dames[1]. Elle vous dira qui a rendu mère cette veuve, et le mois où la chose eut lieu. Elle est au fait des rendez-vous d'amour, et de ce qui s'y dit, et de ce qui s'y fait. Elle est la première à apercevoir la comète, dont l'apparition menace le roi d'Arménie et les Parthes : elle va, à chaque porte, recueillir les bruits de ville, les nouvelles : au besoin elle en fait. Savez-vous que le Niphate a débordé? c'est un déluge, peuples et champs, tout est inondé. Ailleurs un tremblement de terre a ébranlé les villes, le sol s'est affaissé. Voilà les bruits qu'elle va répandre dans les carrefours et raconter au premier venu.

Après tout, ces commérages sont un défaut plus supportable que les fureurs de cette autre qui brutalise de pauvres gens ses voisins, et les fait impitoyablement couper de coups de fouets. A-t-elle été réveillée en sursaut par des aboiements de chiens : « Allons, qu'on me bâtonne cela, crie-t-elle, le maître d'abord, le chien après! » Il ne fait pas bon la rencontrer, ses regards effrayent, quand le soir elle se rend au bain avec un tel attirail qu'on dirait une armée qui décampe. S'agit-il de transpirer, c'est encore une autre affaire : quand ses bras se sont fatigués à soulever des masses de

---

1. Je lis : *Quis diripiatur*.

plomb, l'eunuque baigneur, en frottant ses membres humides, sait faire craquer ses os. Cependant ses infortunés convives sont chez elle à l'attendre, mourant de sommeil et de faim. Elle arrive enfin, le teint légèrement allumé, et si altérée qu'elle vide d'un trait une coupe pleine ; on laisse l'amphore à sa portée. Elle en boit encore un setier avant de souper, pour se donner une faim enragée et se nettoyer l'estomac ; elle le rejette, et inonde le sol de ses déjections[1]. Le vin ruisselle sur les dalles, ou bien on le reçoit dans un large bassin, d'où s'exhale une odeur de falerne. Boire et vomir : ainsi fait une couleuvre tombée dans une cuve profonde. Le mari ferme les yeux, car le cœur lui lève, et il a grand'peur d'en faire autant.

J'en sais une plus insupportable encore : c'est cette savante, qui, à peine à table, entame l'éloge de Virgile, excuse Didon par égard pour son triste sort, compare les poëtes, les fait lutter entre eux, et met dans la balance Virgile d'une part, Homère de l'autre. Grammairien ou rhéteur, il faut lui céder, s'avouer vaincu. Je défie un avocat, un crieur public, une femme même, de placer un mot. Quelle avalanche de paroles ! On dirait un concert de crécelles et de chaudrons. Laissez là vos trompettes, et cessez

---

1. C'était un usage pratiqué par quelques gloutons de Rome que de boire d'un trait une coupe de vin en sortant du bain, et de le revomir ; ils prétendaient ainsi s'ouvrir l'appétit.

de tourmenter vos cuivres; en cas d'éclipse, elle est de force à ranimer la lune évanouie. Pourtant même dans les goûts les plus honnêtes on devrait savoir s'arrêter. Quand on est femme et qu'on veut se donner l'air d'un savant et d'un bel esprit, il faut alors prendre une tunique qui n'aille qu'à mi-jambe, offrir un porc à Sylvain, et se baigner au bain des pauvres[1]. Ah! puisse la femme qui partage ta couche ne posséder jamais ce qui s'appelle un style, et ne pas savoir tourner en forme un enthymème! Puisse-t-elle en histoire ignorer bien des choses, et ne pas tout comprendre dans ce qu'elle lit! Quelle peste qu'une femme qui est toujours à ruminer le *Manuel* de Palémon, et jamais ne manque aux règles de la syntaxe, qui me cite des vers que je ne connais pas, des curiosités d'érudit; enfin qui reprend sévèrement, dans le langage d'une amie peu lettrée, une faute que des hommes même ne remarqueraient pas! C'est bien le moins qu'un mari puisse se permettre un solécisme.

Une femme se passe tout et ne rougit de rien, dès qu'elle a le moyen d'avoir un collier d'émeraudes et de porter aux oreilles de ces lourds pendants qui les lui tirent par en bas. Oh! l'insupportable créature

---

1. Mot à mot pour un quart d'as : c'était le bain où allaient les gens de lettres. Les gens à leur aise allaient ailleurs et payaient plus cher.

qu'une femme opulente ! Contemple ta moitié : elle est grotesque, hideuse à voir, avec l'épaisse couche de mie de pain qui lui gonfle la figure ; l'onguent de Poppée parfume sa peau : voilà de quoi poisser les lèvres du pauvre mari. Quant à l'amant, on se débarbouillera pour l'aller voir. Est-ce qu'on se fait belle dans son ménage ? C'est pour les galants que se fabriquent les pommades, pour eux qu'on achète les parfums que l'Inde efféminée nous envoie.... Ah enfin ! la voilà qui enlève la première couche, son visage commence à poindre, on ne tardera pas à distinguer ses traits. Puis elle va se laver avec du lait, un lait particulier. Pour n'en point manquer, elle traîne après elle une troupe d'ânesses ; c'est une société dont elle ne se séparerait pas, quand on l'enverrait en exil au pôle nord. Mais en vérité, ce visage qu'il faut toujours médicamenter, couvrir d'émollients qu'on renouvelle, de cataplasmes de farine cuite, voyons, décidément est-ce un visage, est-ce une plaie ?

Énumérons, la chose en vaut la peine, les occupations qui remplissent la journée de nos dames. Si cette nuit son mari lui a tourné le dos, malheur à la suivante ! Malheur aux coiffeuses ! Elles seront battues. Quant au porteur de litière, il n'arrivera jamais assez vite, et c'est lui qui payera pour le sommeil du mari. Sur son dos se briseront les verges ; le dos d'un autre rougira sous les lanières et les fouets. Parmi ces dames, il y en a qui ont des bourreaux à l'année. « Frappez! » dit-elle, et, pendant ce temps, elle se pommade le visage, elle écoute les propos de ses amies, elle examine une étoffe richement brodée d'or. « Frappez encore! » et elle parcourt un long journal. « Frappez toujours! » mais les bourreaux n'en peuvent plus. « Sors! » crie-t-elle à la victime d'une voix tonnante; justice est faite.

Une pareille maison, mais c'est un enfer, c'est la cour d'un tyran de Sicile. Madame a un rendez-vous. Il faut être plus belle que jamais : elle est pressée. On l'attend aux jardins, ou plutôt au sanctuaire d'Isis, la complaisante déesse. La pauvre Psécas coiffe sa maîtresse : Psécas a déjà les cheveux arrachés, et sa robe déchirée laisse voir ses épaules, son sein. « Pourquoi cette boucle est-elle si haute? » Un cheveu mal tourné, quel crime! Le nerf de bœuf le punit sur-le-champ. Mais qu'a donc fait Psécas de si coupable? Est-ce sa faute à elle, la pauvre fille, si ton nez n'a pas l'heur de te plaire? A gauche, une autre coiffeuse développe et peigne la précieuse chevelure, et la roule en anneaux. Une femme d'âge respectable est là pour donner son avis : c'est une ex-coiffeuse, admise à la retraite, et qui n'a plus d'autre fonction que de filer. Elle opine la première. Après elle, on fait voter les autres, par rang d'âge ou de mérite ; on dirait qu'il s'agit de la vie ou de l'honneur. C'est une si grosse affaire que de paraître belle ! Voyez comme ses cheveux s'étagent et s'échafaudent sur son front ! C'est de l'architecture. Vue de face, majestueuse comme Andromaque ! vue de dos, c'est autre chose ; impossible de la reconnaître. C'est bien pis, si la nature l'a faite toute petite, et si sans ses patins elle a tout au plus la taille d'un pygmée femelle. Pour embrasser le galant, il va donc falloir se dresser légère sur la pointe du pied.

Et le cher époux ? Elle ne s'en occupe point, il n'en est point question. Et les frais énormes de cette toilette ? Pas davantage. Son mari, pour elle, n'est qu'un voisin. La seule chose qui l'en rapproche, c'est la haine qu'elle a vouée aux amis et aux domestiques de son mari, ce sont les dépenses dont elle l'accable.

Voyez chez cette dévote accourir la confrérie de la violente Bellone, ou celle de la Mère des Dieux. En tête se présente un grave personnage, fort vénéré de cette canaille : ce n'est pas tout à fait un homme, le couteau de pierre l'a depuis longtemps débarrassé de sa virilité. Le reste des braillards et des tambours se range pour lui faire place. Le voilà avec sa mitre phrygienne qui lui couvre les joues. Ce qu'il vient déclarer est grave : « Septembre arrive, et avec lui le vent du midi ; mais pour n'en avoir rien à craindre, il suffit de se purifier avec une offrande de cent œufs, et de lui donner, à lui, ces tuniques couleur feuille-morte, déjà un peu usées. Tous les terribles dangers qui allaient fondre sur cette maison, cette étoffe les emportera dans ses plis; on en est quitte pour une année. » Notre dévote en hiver fera casser la glace pour se plonger trois fois le matin dans le Tibre; quoiqu'elle ait peur de l'eau, elle trempera sa tête dans les tourbillons du fleuve. Et puis, elle parcourt tout le champ de Tarquin le Superbe, en se traînant, nue et tremblante, sur ses genoux ensanglantés. Si la blanche Io l'ordonne, elle ira jusqu'au bout de l'Égypte, elle en rapportera de l'eau puisée près de Méroé, que brûle le soleil, et elle reviendra en asperger le temple d'Isis, qui s'élève auprès de la vieille Bergerie de Romulus. Elle est convaincue qu'Isis même lui a parlé et lui en a intimé l'ordre. Sotte créature! c'est bien avec de telles gens que les Dieux ont des entretiens nocturnes! Et voilà ce qui vaut tant de respects à cet honoré personnage, qu'on voit, escorté de ses prêtres en tunique de lin et la tête tondue, parcourir la ville comme jadis Anubis, en se moquant du peuple qui pieusement se frappe la poitrine. Il se charge d'obtenir l'absolution d'une femme qui s'est permis de coucher avec son mari aux jours sacrés, en temps défendu. C'est une violation de la loi, qui mérite un châtiment sévère : le serpent d'argent en a remue la tête, on l'a vu. A force de geindre et de marmoter des prières, le prêtre obtient enfin qu'Osiris pardonne : une belle oie et une tarte, il n'en faut pas plus pour corrompre le Dieu.

Le prêtre parti, arrive une vieille juive : elle a laissé là-bas son cabas et son foin. Le chef branlant, elle s'approche et mendie à l'oreille de notre dévote. Elle sait expliquer les rites de Jérusalem, elle a son arbre dans le bosquet d'Égérie : c'est là son sanctuaire. Elle se charge d'annoncer fidèlement les volontés d'en haut. Elle aussi, on la paye, mais moins grassement que le prêtre. Les juifs vendent autant de sottises qu'on leur en demande, mais leurs prix sont modérés.

Voici maintenant un aruspice venu d'Arménie ou de Comagène. Il peut promettre aux dames un beau garçon pour amant ou le riche héritage d'un vieillard sans enfants, après avoir tâté le poumon tout chaud d'un pigeon. Ils consultent encore les entrailles d'un poulet, les intestins d'un chien, parfois même d'un enfant. Le crime fait, ils courent le dénoncer.

Mais les sorciers chaldéens inspirent aux dames plus de confiance. Tout ce que dit un astrologue leur semble puisé à la source même de Jupiter Ammon, puisque aujourd'hui, à Delphes, les oracles se taisent, et que les hommes, pour leurs péchés, sont condamnés à ne rien savoir de l'avenir. Le plus fameux de ces devins fut plusieurs fois chassé de Rome : c'est celui dont les prédictions richement payées par son patron, ont causé la mort du grand citoyen qu'Othon redoutait. Un devin, pour obtenir créance, doit avoir porté aux deux mains des chaînes bien sonnantes, et avoir fait un long séjour dans la prison militaire. Dans ce métier, pour être vraiment inspiré, il faut être un ancien repris de justice, il faut avoir vu de près la mort et obtenu comme une grâce d'être relégué dans une des Cyclades, dans la petite île de Sériphos par exemple, puis en être revenu. Voilà l'oracle que ta femme, aussi curieuse que Tanaquil, consulte pour savoir l'époque de la mort de sa mère atteinte en ce moment de la jaunisse ; mais c'est sur toi d'abord qu'a porté sa curiosité. A quand les funérailles de sa sœur ? Et celles de ses oncles ? Son amant lui doit-il survivre ? Car c'est la plus haute faveur que lui puissent accorder les Dieux.

Elle ignore au moins, celle-là, la sinistre influence de Saturne, en quelle conjonction Vénus devient favorable, quels jours du mois amènent les profits, quels jours les pertes. Quant à celle qui, à force de manier son calendrier magique, l'a rendu jaune et luisant comme l'ambre, il faut en fuir jusqu'à la rencontre : celle-là ne consulte plus, on la consulte. Son mari part-il pour la guerre ou pour retourner chez lui ? Elle ne le suivra point, si les calculs de Thrasylle[1] s'y opposent. Faut-il se faire voiturer à un mille de Rome, c'est son manuel qui fixe l'heure du départ. Son œil lui démange pour avoir été trop frotté : avant de prendre un collyre, il faut consulter la table d'horoscopes. Malade au lit, elle ne mange qu'à l'heure fixée par son Pétosiris. Si elle est de condition médiocre, elle parcourra les deux côtés du cirque, et s'y fera dire la bonne aventure. Elle y fait examiner son front et sa main par un devin, qui lui prend plus d'un gros baiser. Les femmes riches ont leur augure qu'elles payent et qu'elles se sont fait expédier de la Phrygie ou de l'Inde, quelque vieil astrologue qui connaît bien le ciel et les astres, un de ceux que l'État emploie pour enterrer la foudre. Quant aux destins du peuple, le marché s'en tient au Cirque et sur la chaussée Tarquinienne. La plébéienne, qui ne peut se recommander par un long collier d'or, est réduite à aller devant les Pyramides du Cirque et les colonnes des Dauphins, pour savoir du devin, s'il faut planter là le cabaretier pour épouser le fripier.

Les femmes pauvres au moins ont à subir le danger des couches, des fatigues de l'allaitement : leur pauvreté les y condamne. Mais on n'accouche

1. Thrasylle, astrologue fameux, comme Pétosiris nommé plus bas. Ils avaient rédigé, à ce qu'il semble, des manuels d'astrologie.

guère sur les lits dorés. La médecine est si habile, elle a tant de secrets pour rendre une femme stérile et tuer un être humain dans le sein de sa mère : il ne s'agit que de payer. Encore est-ce heureux pour toi, pauvre mari ! Quelle que soit la potion qu'elle te demande, tu peux toi-même la lui présenter ; car s'il lui prenait fantaisie de devenir grosse et de sentir dans ses flancs élargis les tressaillements de la maternité, tu pourrais bien te trouver le père d'un nègre, et tu verrais figurer sur ton testament un héritier d'une nuance telle, que tu regarderais comme un présage sinistre d'en faire rencontre le matin.

Ne parlons point de ces enfants supposés, de ces héritiers si désirés, la joie de leur prétendu père, et qu'on va chercher à l'infâme étang du Vélabre[1], pour en faire un jour des Pontifes, des Prêtres saliens, et qu'un mensonge parera du nom des Scaurus. C'est au Vélabre que, de nuit, se tient la Fortune, souriant avec malice à ces petits êtres nus. Elle les réchauffe dans ses bras, elle les enveloppe dans son sein, puis les tend aux nobles familles. Oh ! quelle comédie elle se prépare ! une comédie qui ne se joue que pour elle ! Ce sont ses favoris, ses bien-aimés, ceux pour qui elle se met en frais, et elle les lance dans le monde avec un éclat de rire !

---

1. Lieu où l'on exposait les nouveau-nés.

Voici un charlatan qui offre aux femmes des formules magiques, et, en leur vendant des philtres thessaliens, leur donne le moyen d'abrutir leurs maris et de les mener à la baguette. Voilà la cause de ton abêtissement; voilà ce qui fait que ton esprit se trouble, que tu perds absolument la mémoire de tes actions les plus récentes. C'est encore fort heureux pour toi, si tu ne vas pas jusqu'à la folie furieuse, comme cet oncle de Néron, ce Caligula à qui Césonia fit boire tout l'hippomane recueilli sur le front d'un jeune poulain. Quelle femme rougirait d'imiter l'exemple donné par une impératrice? Les fureurs de l'empereur ainsi allumées, le monde entier s'en ressentit et sembla prêt à crouler; en rendant fou son mari, Junon n'eût pas fait pis. Le champignon qu'Agrippine fit manger à Claude eut un effet plus bénin : tout se borna à la mort de ce vieil imbécile, qui, toujours branlant la tête, toujours bavant, tomba du trône au ciel. Mais le breuvage que but Caligula appelait le fer, les feux, les tortures, le sang des chevaliers, des sénateurs, que déchirait sa rage. Voilà ce que nous coûtèrent une dose d'hippomane et le crime d'une seule femme.

Qu'une femme déteste les enfants naturels de son mari, c'est son droit, personne ne le conteste : quant au meurtre des enfants d'un premier lit, c'est déjà presque une chose admise. Mais vous, ses enfants, écoutez-moi : si vous avez un riche patrimoine, veillez sur vos jours, faites attention à ce que vous mangez : un poison brûlant peut se cacher dans ces mets exquis, mais de couleur équivoque. Faites goûter d'abord tous les morceaux que vous sert votre propre mère ; que votre vieux serviteur, toujours tremblant pour vous, fasse l'essai de vos coupes.

J'invente, n'est-ce-pas ? Oubliant le ton de la satire et les lois fixées par nos devanciers, ma muse se hausse sur le tragique cothurne, et va, sur les pas de Sophocle, chercher dans les montagnes des Rutules des crimes dont le ciel du Latium n'a jamais été témoin ! Ah ! je voudrais que tout cela fût faux ; mais voici Pontia qui vous crie : « Oui, oui, je le confesse, j'ai préparé le poison pour mes enfants ; on m'a pris sur le fait ; après tout, je ne m'en cache pas. » Tes deux enfants, les tuer d'un seul coup, abominable vipère ! tes deux enfants. — « Oui, et sept, si j'en avais eu sept. » Ah ! croyons tout ce que la tragédie raconte de l'implacable Médée, de Procné : je n'y vois aucune invraisemblance : elles aussi ont commis des crimes exécrables pour leur temps ; mais ce n'était pas au moins dans un vil intérêt. Je ne m'étonne guère des monstruosités où la colère peut pousser ce sexe, des forfaits où les précipite une aveugle rage ; elles sont entraînées alors comme le rocher tombe, quand le pan de montagne qui lui sert de base vient à se dérober tout à coup. Mais ce qui me révolte, c'est celle qui calcule les profits de son crime, et l'accomplit de sang-froid. Elles vont voir au théâtre la jeune Alceste se dévouant à la mort à la place de son mari. Mais, si pareil échange leur était possible, c'est le mari qu'elles sacrifieraient pour sauver leur petit chien. Sors le matin, tu rencontreras dans ton chemin des Danaïdes, des Ériphyles : point de quartier de Rome qui n'ait sa Clytemnestre. La seule différence, c'est que la fille de Tyndare fit la sottise de tuer son mari en le frappant à deux mains d'une hache ; c'était l'enfance de l'art. Maintenant, avec un simple poumon de grenouille, l'affaire est faite. Ce n'est pas pourtant qu'elles reculent devant l'emploi du fer, si leur Agamemnon, comme le roi du Pont trois fois vaincu par nous, a pris ses précautions et s'est muni d'antidote.

SATIRE VII.

MISÈRE DES GENS DE LETTRES.

L'empereur, tel est aujourd'hui l'unique espoir des lettres, leur seule raison d'être. Seul en ce siècle, il a daigné jeter un regard sur les Muses désolées. Déjà des poëtes connus, célèbres, essayaient d'ouvrir des bains à Gabies, des boulangeries à Rome ; d'autres ne croyaient point descendre et s'avilir en se faisant vendeurs à la criée. Désertant les vallons d'Aganippé, Clio, affamée, mendiait à la porte des grands. En effet, dès qu'à l'ombre des bosquets des Muses on ne voit pas luire même un pauvre sesterce, mieux vaut adopter le nom de Machéra et son gagne-pain ; mieux vaut, comme lui, vendre à la foule tout ce qui se vend avec permission de l'autorité, cruches, trépieds, buffets, et l'*Alcyone*, tragédie de Paccius, et la *Thèbes* ou le

Térée de Faustus. C'est plus honnête que d'aller dire devant le juge : « J'ai vu.... » ce que tu n'as point vu. Laissons ce métier à ces chevaliers de hasard, qui nous viennent pieds nus d'Asie, de Cappadoce, de Bithynie, de Gallo-Grèce. Désormais, nul ne sera contraint de se charger de ces indignes besognes, parmi ceux qui savent cadencer la parole en vers harmonieux, et qui ont tâté du laurier poétique. Courage, jeunes gens ; l'empereur vous regarde, il vous encourage, et sa bonté ne cherche qu'une occasion de s'exercer.

Crois-moi, Thélésinus, si tu t'imagines trouver ailleurs quelque ressource ; si, dans cet espoir, tu remplis de vers un volume à couverture jaune, demande vite un peu de feu, et fais hommage de tes œuvres à l'époux de Vénus : ou bien mets-les au cabinet, et laisse les mites les piquer à loisir. Brise ta plume, ô pauvre ami ; efface ces batailles épiques qui t'ont coûté tant de veilles. Les beaux vers que tu composes dans ton étroit galetas te vaudraient tout au plus une couronne de lierre, une statue maigre comme toi ! N'attends pas mieux ; aujourd'hui nos riches avares ne savent accorder aux talents que des louanges, et cette stérile admiration des enfants pour l'oiseau de Junon. Cependant, ta jeunesse se passe, tu ne peux plus courir la mer, porter le casque, manier la bêche. Alors le dégoût s'empare de ton âme ; devenu vieux, tu te maudis, tu maudis Terpsichore, la Muse adorée, qui t'a donné plus de génie que de vêtements.

Voici comment ton protecteur s'y prend pour ne te rien donner, lui, cet homme que tu honores et dont tu as préféré la maison au sanctuaire des Muses et d'Apollon. Lui aussi, il fait des vers; il ne cède le pas qu'à Homère seul; et encore, c'est parce qu'Homère est son aîné de dix siècles. Épris des charmes de la publicité, veux-tu faire une lecture, il te prête une salle délabrée, il met à ta disposition une maison depuis longtemps aussi verrouillée, aussi garnie de ferrures que l'est une porte de ville inquiète à l'approche de l'ennemi. Il ira jusqu'à faire figurer ses affranchis au fond de la salle, et placer çà et là des approbateurs doués de poumons vigoureux. Mais de tous nos Mécènes, nul ne te payera ni les frais des banquettes, ni la location de l'estrade où tu te perches, et des fauteuils d'orchestre, qu'on remporte aussitôt que la séance est finie. Rien pourtant ne nous décourage; nous nous acharnons à labourer ce sable stérile, à mener notre sillon dans cette poussière qui s'envole. Essayons-nous de nous retirer, nos habitudes de vanité malade sont une attache qui nous retient. La rage d'écrire, pour beaucoup de gens, est une affection incurable, et qui, dans leur âme souffrante, vieillit avec eux.

Oui, pour former le grand-poëte, le génie original, qui a horreur du convenu, qui dédaigne de frapper son vers au coin usé de la monnaie courante, ce poëte enfin tel que je ne le vois nulle part, mais tel que je le conçois; ce qu'il faut, c'est une âme libre de soucis, exempte d'amertumes, une âme amie des solitudes et faite pour s'abreuver aux sources des Muses. Le pauvre a les sens trop rassis pour faire retentir sa voix dans les antres du Piérus ; il a trop peu de ce métal que le corps réclame, la nuit aussi bien que le jour. Quand Horace s'écrie : « Évohé Bacchus ! » Horace a dîné. Que devient l'inspiration, si la poésie n'est point notre unique tourment, si les Dieux de Nysa et de Cirrha ne possèdent pas seuls un cœur qui ne saurait se partager? Il faut n'avoir pas à se poser cette abrutissante question : « Comment m'acheter une couverture ? » Il faut que l'âme ait tout son essor, pour contempler les chars, les chevaux, la face même des Dieux, et voir grandir la furie qui trouble le cœur du Rutule. Supposez Virgile sans un garçon pour le servir, sans un logis supportable : soudain tombent tous les serpents qui se dressaient sur la tête d'Érinnys; la trompe infernale ne rend plus que des sons sourds et étouffés. Et l'on veut que Rubrénus Lappa puisse s'élever à la hauteur de l'antique cothurne, lui qui en est réduit à hypothéquer l'achat de son huile ou de son manteau sur le succès de la tragédie d'*Atrée!*

SATIRE VII.

Le riche Numitor est vraiment à plaindre ; il n'a pas le moyen de venir en aide à un poëte de ses amis : mais il trouve l'argent nécessaire pour entretenir Quintilla ; il en a bien trouvé pour acheter un lion privé qu'il faut gorger de viande. Peut-être, après tout, cette grosse bête est-elle moins dispendieuse à nourrir qu'un poëte : un poëte, ça doit manger plus qu'un lion !

Que, satisfait de sa gloire, Lucain se repose au milieu des marbres de son parc. Mais Serranus, mais Saleius, pauvres poëtes, que leur importe toute leur gloire, s'ils n'ont que cela ? Il y a foule pour entendre Stace récitant de sa voix harmonieuse sa *Thébaïde*, si aimée du public ; dès qu'il annonce une lecture, la ville en liesse court à ce rendez-vous. Voyez comme il sait prendre et charmer les âmes ! Il fait fureur ; la salle croule sous les applaudissements. Oui, mais il crève de faim, s'il ne réussit à vendre au comédien Pâris son *Agavé*, encore vierge de toute publicité. Quant à Pâris, c'est lui qui dispose des grades dans l'armée. Il mettra au doigt d'un poëte l'anneau d'or du tribun militaire, en voilà pour six mois[1]. Ce que nos grands ne peuvent donner, un histrion te le donnera. Comment ? tu vas faire ta cour à nos premiers

---

1. Les fonctions du tribun militaire duraient six mois. Voir la thèse de M. Lamarre, *De la Milice romaine*, p. 98.

citoyens, tu fréquentes l'atrium des Camérinus, des
Baréa ! Offertes à Pâris, les tragédies de *Pélopée* et
de *Philomèle* ont créé des préfets et des tribuns.
Pardonnons ces bassesses au poëte que la scène
fait vivre. Hélas ! qui voudra prendre à ton égard
le rôle de Mécène ? Où sont les Proculeius, les
Fabius ? Cotta et Lentulus n'ont pas de successeurs.
Jadis le génie trouvait une récompense proportionnée à son mérite. On se trouvait bien d'avoir
pâli sur les vers et de s'être interdit le vin pendant les saturnales de décembre.

Peut-être vos peines sont-elles plus lucratives,
ô historiens. L'histoire demande plus de temps,
plus de veilles. Votre travail s'étend sans mesure ;
vos pages s'entassent par centaines, et vous ruinent
en papier. C'est une nécessité qu'impose la multiplicité des faits, c'est la loi du genre. Soit : mais
quel fruit attendre de tant d'efforts ? Quelle moisson
sortira de ce sillon péniblement ouvert ? Un historien gagne-t-il les gages d'un greffier ?

Oh ! les historiens, dit-on, ce sont des fainéants
qui se plaisent à l'ombre, qui aiment le lit. Voyons
donc les avocats. Que leur rapportent leurs plaidoiries et ces liasses de mémoires qui les accompagnent
partout ? Ils sont superbes d'éloquence, quand leur
créancier est là qui les entend. Ce qui les éperonne plus vivement encore, c'est quand ils ont à
plaider pour un client armé de longues écritures,

mais d'une créance douteuse. C'est alors que leur faconde ronfle comme un soufflet de forge, alors qu'il faut voir le mensonge écumer sur leurs lèvres ! Et que leur en revient-il ? Si tu veux le savoir exactement, la fortune de cent avocats vaut juste celle du cocher Lacerna de la faction rouge.

« Les juges ont pris place[1]. » Tu te lèves comme Ajax, mais plus pâle : tu vas plaider une question douteuse d'affranchissement, et ton juge est un manant. Allons, crie à te rompre les côtes ; et pour loyer de tes peines, tu verras garnir de vertes guirlandes l'échelle qui monte à ton galetas : voilà pour la gloire ; et puis, pour salaire, tu peux compter sur un jambon desséché, un pot de sardines, de vieux oignons d'Afrique, ou du vin venu par le Tibre, cinq cruches en tout.

Si pour quatre plaidoiries tu as la chance d'obtenir un écu d'or, il en faudra retrancher quelque chose pour les praticiens, c'est chose convenue. Quant à Émilius, on lui donne le maximum légal; il a moins bien plaidé que nous, soit : mais il a dans son vestibule un char et quatre grands chevaux de bronze, puis une statue d'Émilius en personne juché sur un cheval de bataille, clignant de l'œil d'une façon toute militaire, et prêt à lancer — de loin — le javelot recourbé. C'est pour vouloir en

---

1. Début du discours d'Ajax dans les *Métamorphoses* d'Ovide.

faire autant que l'avocat Pédon fait banqueroute, et que Mathon est mal dans ses affaires. Même sort attend Tongillus ; le voilà qui va se baigner muni d'une grande corne de rhinocéros, encombrant les bains du cortége crotté de ses clients. Il passe à travers le forum sur une colossale litière que portent des esclaves mèdes. Il va acheter des esclaves, de l'argenterie, des vases murrhins, des villas même. Sa robe de pourpre tyrienne garantit sa solvabilité. Hélas! tout cet étalage n'est pas inutile : un manteau de pourpre, une améthyste, tout cela fait monter le prix d'un avocat. Tous tant qu'ils sont, ils se trouvent bien de ce tapage et d'afficher ainsi une opulence qu'ils n'ont pas. Mais à Rome le luxe est un gouffre sans fond.

Tu comptes sur ton éloquence? Aujourd'hui Cicéron même ne trouverait personne qui lui donnât deux cents sesterces, s'il n'avait au doigt une bague énorme. Avez-vous huit esclaves, dix clients pour vous accompagner, votre litière qui vous attend, et des gens bien mis à vos pieds? Voilà la première chose dont s'enquiert un plaideur. Paulus ne plaidait jamais sans une sardoine louée chez l'orfévre; aussi sa parole était-elle cotée plus cher que celle de Cossus ou de Basilus. On n'est guère éloquent avec un habit râpé. Est-ce qu'un pauvre hère comme Basilus oserait se permettre de jeter aux genoux des juges une mère éplorée? Il plaiderait à ravir qu'on le trouverait insupportable. Va donc en Gaule, si tu veux que ta parole te rapporte quelque chose ; va plutôt encore en Afrique ; l'Afrique est une mère pour les avocats.

Tu professes la rhétorique, ô Vectius, poitrine de fer ! Tes nombreux élèves s'exercent à des harangues où l'on immole d'affreux tyrans [1]. Ce qu'un élève vient de te lire assis, il va te le débiter debout, et te répéter dans les mêmes termes le même refrain : vieux ragoût toujours resservi, qui vous tue, pauvres professeurs ! Quel est le ton du sujet, à quel genre appartient la cause, quel est le point essentiel, quelles sont enfin les objections que peut vous décocher votre adversaire, voilà ce que chacun veut savoir, mais ce que personne ne veut payer. « Payer ? dit l'élève. Eh ! qu'ai-je appris ? — C'est cela ! on s'en prend au professeur ; est-ce ma faute si cet âne n'a rien qui lui batte sous la mamelle gauche ? Un animal qui, tous les six jours, vient me casser la tête avec son Annibal ! Discours d'Annibal discutant la question de savoir s'il marchera droit à Rome après Cannes ; discours d'Annibal se demandant si la prudence n'exige pas de lui de faire circuler encore un peu ses troupes, déjà trempées par la pluie avec accom-

---

[1]. Un des sujets ordinaires des discours de classe, le tyrannicide.

pagnement de tonnerre... Tiens, combien veux-tu que je paye à ton père, s'il consent à entendre autant de fois la même chanson ? » Voilà ce que six autres rhéteurs et plus encore hurlent en chœur ; et c'est alors que leur éloquence devient essentiellement pratique. Plus de ravisseurs ! Plus d'empoisonnements fictifs ! Plus de maris coupables et ingrats ! Plus de ces préparations magiques qui rendent la vie aux vieux aveugles ! Aussi prendront-ils leur retraite, s'ils veulent m'en croire ; et ils feront bien de suivre une autre carrière, du moment qu'il leur faut quitter les pacifiques débats des classes et batailler sérieusement pour ne pas perdre la petite somme qui leur procure un misérable bon de pain[1]. C'est là en effet tout ce qu'ils peuvent espérer de mieux. Vois donc ce que gagnent les musiciens Chrysogonus et Pollion avec les leçons qu'ils donnent aux fils des gens comme il faut, et comme ils se moquent de Théodore et de sa rhétorique. Pour se bâtir des bains, on dépensera six cent mille sesterces, et plus encore pour un portique, où le maître pourra se faire voiturer en temps de pluie. En effet, lui faudra-t-il attendre qu'il fasse beau, ou salir ses chevaux en les faisant piétiner

---

1. Je comprends tout ce passage autrement que Dusaulx et M. Courtaud. J'entends *ad pugnam*, comme une allusion aux batailles que le professeur est contraint de livrer pour se faire payer, et dont il a été question plus haut : *Et veras agitant lites.*

dans la boue? Non, il vaut mieux se promener à domicile : ses mules ont les pieds propres, et ici ne se crottent point. Du côté opposé, il se fait bâtir une salle à manger élevée sur de hautes colonnes en pierre de Numidie, une salle où en hiver le soleil entre à pleine croisée. Si cher que lui coûtent ces constructions, il trouvera encore de quoi payer un maître d'hôtel capable de dresser un festin selon les règles de la science, un cuisinier expert dans l'art des assaisonnements. Au milieu de tout ce luxe, deux mille sesterces pour les leçons de Quintilien, c'est beaucoup, c'est bien suffisant : ce qui coûte le moins à ce père, c'est l'éducation de son fils. — Mais alors d'où vient donc que Quintilien possède tant de bois? Pure exception, et qui ne doit pas nous arrêter. Quand on a de la chance, on a tout, beauté, courage, sagesse, considération, naissance, et sur ses bottines noires on peut placer le croissant de la lune, l'agrafe des sénateurs ; et l'on vous trouve alors une éloquence rare, une dialectique vigoureuse, une voix suave, même quand vous êtes enrhumé. C'est un grand point d'avoir trouvé au-dessus de soi telle ou telle constellation, au moment où, rouge encore, on a poussé son premier vagissement. S'il plaît à la fortune, de rhéteur tu deviendras consul ; et de consul aussi, tu redeviens rhéteur. Vois Tullius, Ventidius ; que prouve leur exemple? Rien que l'influence des astres, rien que l'étonnante et inexplicable puissance de la destinée. La fortune fait un roi d'un esclave, un triomphateur d'un prisonnier. Pourtant une telle chance est plus rare qu'un corbeau blanc. Combien ont maudit le jour où ils eurent l'idée malencontreuse et peu lucrative de monter en chaire! Voyez comme ont fini Thrasymaque et Sécundus Carinas. Celui-ci, tu l'as vu pauvre, Athènes, et à cet exilé tu n'as rien osé offrir, rien que la ciguë qui glace le sang.

Dieux, faites qu'aux ombres de nos ancêtres la terre soit douce et légère; que sur leurs urnes s'épanouisse le safran parfumé, qu'elles se couronnent d'un éternel printemps; car ils voulaient que pour l'enfant, le maître qui l'instruit fût aussi révéré qu'un père. Achille déjà grand redoutait la baguette du centaure Chiron, quand il apprenait à chanter dans les montagnes de sa patrie. Et qui pourtant n'eût eu envie de rire en voyant un tel professeur, un virtuose portant queue? Quant à Rufus et à d'autres encore, ce sont leurs écoliers qui les battent; vous savez, ce Rufus qui tant de fois a traité Cicéron d'Allobroge[1].

Qui donne aujourd'hui aux professeurs de grammaire, à Encelade, au docte Palémon, le juste loyer de leurs peines? Et cependant, sur cette mince ré-

---

1. Le pays des Allobroges, aujourd'hui la Savoie.

tribution, fort inférieure à celle du professeur de rhétorique, le gouverneur de l'enfant, Acénotus, prélève sa part, et sur ce qu'il doit te remettre, l'intendant même fait sa main. Subis ce rabais, mon pauvre Palémon, laisse-toi marchander, comme on marchanderait à un fripier de la serge blanche ou une couverture d'hiver. Au moins, tu auras gagné quelque chose à t'être toutes les nuits mis à ta besogne, à l'heure où le charpentier est dans son lit, où le cardeur de laine n'est point encore au travail avec ses apprentis. Tu auras gagné quelque chose à respirer la vapeur d'autant de lampes que tu as d'élèves, à avoir vu s'user dans tes mains ton Horace aux couleurs douteuses, ton Virgile tout enfumé. Encore est-il rare de réussir à se faire payer sans l'intervention du tribun. Courage, imposez au pauvre maître une foule d'obligations sévères : oui, il faut qu'il sache à fond les règles du langage, qu'il soit ferré sur l'histoire, qu'il connaisse ses auteurs comme ses ongles et comme ses doigts ; il faut qu'il puisse répondre sur-le-champ, quand, en allant aux Thermes ou au bain d'Apollon, quelqu'un s'avise de lui demander : « Quelle était la nourrice d'Anchise ? Le nom, le pays de la belle-mère d'Anchémolus ! A quel âge est mort Aceste ? Combien le roi de Sicile a-t-il donné aux Troyens de jarres de vin ? » Exigez de lui qu'il façonne l'âme encore tendre de vos enfants, comme un sculpteur habile sait façonner la cire. Exigez de lui qu'il soit pour eux un père, qu'il sache prévenir toute indécence, toute privauté déshonnête. Ce n'est pas si facile, au milieu de tant d'enfants, d'observer les mains qui s'égarent, les yeux qui se troublent. « Tant pis, dit-on, c'est son affaire ! » Et l'année révolue, il recevra pour tout salaire l'écu d'or qu'au théâtre le peuple fait donner au cocher victorieux !

SATIRE VIII.

LA NOBLESSE.

Qu'importent les titres? A quoi te sert, ô Ponticus, de vanter l'antiquité de ta race, d'étaler en peinture le visage de tes aïeux, les Émilius debout sur leur char triomphal, les statues mutilées des Curius, un Corvinus qui a perdu ses bras, un Galba auquel manque le nez et les oreilles? Pourquoi sur la liste si longue de tes ancêtres signaler avec orgueil le nom enfumé d'un dictateur et de plusieurs maîtres de la cavalerie, si tu vis mal à la face des Lépidus? A quoi bon ces portraits de tant d'hommes de guerre, si devant ces vainqueurs de Numance la nuit chez toi se passe à jouer, si tu vas te coucher au lever du jour, à l'heure où ces capitaines mettaient en mouvement leurs enseignes et leurs soldats? De quel droit Fabius ose-t-il rappeler les Allobroges vaincus, l'autel glorieux de sa famille, et citer Hercule comme l'auteur de sa race, si son cœur, avide et vain, a moins de vigueur qu'une brebis d'Euganée, si ses vieux ancêtres le voient se faire épiler à la pierre ponce les parties les plus secrètes de son corps ; si lui enfin, l'acheteur de poison, il installe, au milieu de ses ancêtres qu'il faut plaindre, sa sinistre image qu'il faudra briser ? Vainement ces vieilles figures de cire encombrent son atrium ; la vraie, l'unique noblesse, c'est la vertu.

Sois par tes mœurs un Paul-Emile, un Cossus, un Drusus. Crois-moi, cela vaut mieux que des portraits d'ancêtres ; fusses-tu consul, cela passe avant les faisceaux. La noblesse du cœur, voilà avant tout ce que j'ai le droit d'exiger de toi. Par tes actes, par tes paroles, as-tu mérité la renommée d'un homme intègre, invinciblement attaché à ce qui est juste ? Alors tu es noble, je le reconnais. Salut, vainqueur des Gétules ! Salut, Silanus ! Quel que soit le sang qui coule dans tes veines, la patrie triomphante se glorifie d'avoir en toi un rare et excellent citoyen. Oui, c'est un plaisir alors de te saluer des cris que pousse le peuple d'Égypte, quand il a retrouvé son Osiris. Mais comment appeler noble le citoyen dégénéré, qui, pour toute gloire, n'a que celle de son nom ? Voici un nain qui s'appelle Atlas, un nègre qu'on a nommé le Cygne, une petite fille contrefaite qu'on appelle

Europe, de vieux chiens infirmes, galeux, pelés, qui ne savent plus que lécher la gueule d'une lampe vide, et qui gardent leur nom de Léopard, de Tigre, de Lion, ou de tout autre animal terrible et capable de faire trembler les gens. Prends garde de n'avoir point plus de droit à porter le nom de Créticus ou de Camérinus.

A qui en ai-je en ce moment ? A toi, Rubellius Blandus. Ta race remonte aux Drusus, et tu t'en glorifies. Mais qu'as-tu donc fait, toi-même, pour être noble, pour être né d'une femme issue du sang d'Iule, au lieu d'avoir pour mère la pauvre ouvrière qui fait de la toile au pied du rempart exposé à tous les vents ? « Vous autres, dis-tu, vous êtes de pauvres hères, des gueux, la basse classe. Nul de vous ne saurait dire de quel pays sort son père. Moi, je descends de Cécrops ! » Grand bien te fasse, puisses-tu longtemps savourer la joie d'être descendu de si haut. Pourtant, c'est dans cette basse classe que tu trouveras d'ordinaire le Romain, dont la parole protége devant la justice le noble ignorant ; c'est de cette canaille que sort le jurisconsulte, qui sait résoudre les énigmes de la loi, en démêler les difficultés ; c'est de là que partent nos jeunes et vaillants soldats, pour aller sur l'Euphrate et chez les Bataves rejoindre les aigles qui veillent sur les nations domptées. Toi, tu es le descendant de Cécrops, voilà tout. Tu me fais l'effet d'un Hermès dans sa gaîne. Ton seul avantage, c'est qu'un Hermès est de marbre, toi, tu es une statue qui vit.

Dis-moi, fils des Troyens : parmi les animaux muets, quels sont ceux dont on vante la noblesse ? Ceux qui sont braves. Nous apprécions le cheval rapide, qui souvent dans la lice a sans efforts passé tous ses rivaux, celui dont la victoire a ébranlé le cirque du fracas des acclamations. Voilà une noble bête ; peu importe le pâturage d'où il vient, si sa fuite agile a devancé les autres chars et soulevé la première la poussière de l'arène. Mais le fils de la jument Corytha et de l'étalon Hirpinus n'est qu'une rosse qu'on va vendre au marché, si la victoire rarement s'est assise sur son timon : sans tenir compte de ses aïeux, sans respect pour ces illustres ombres, on le vend à vil prix, il change de maître, on ne le juge plus bon qu'à aller lourdement, le cou pelé, traîner le tombereau, ou tourner la meule de Népos le meunier. Donc, si tu prétends qu'on t'admire pour ce qui vient de toi, non des autres, commence par nous fournir quelque titre à ajouter aux titres accordés jadis et maintenus à ces ancêtres, à qui tu dois tout.

C'est assez : laissons là ce jeune fat, gonflé de son importance, et qui, dit-on, crève d'orgueil à la pensée qu'il est le parent de Néron. Dans une si haute fortune, il est rare qu'on ait le sens commun. Mais toi, Ponticus, je te verrais avec peine tirer toute ta valeur de ta naissance, sans y rien ajouter qui pût te recommander à la postérité. Il est triste de peser ainsi sur le mérite d'autrui. Que cet appui te manque, et tout l'édifice s'écroule. La vigne, jadis mariée à l'orme, une fois tombée à terre, regrette vainement son soutien.

Sois un vaillant soldat, un tuteur intègre, un juge incorruptible. Si jamais on t'appelle pour témoigner d'un fait équivoque, d'une chose douteuse, quand même le tyran Phalaris avec son taureau serait là pour te prescrire l'imposture et te dicter un faux serment, regarde comme l'infamie suprême de préférer la vie à l'honneur, et pour sauver tes jours, de sacrifier le bien qui donne du prix à la vie. Oui, quand chaque jour on se gorgerait d'huîtres prises au pied du Gaurus, quand on se plongerait dans une cuve d'essence parfumée, dès qu'on ne mérite plus de vivre, on ne compte plus parmi les vivants.

Si jamais, comblant tes vœux, l'État te confie une province à gouverner, mets un frein à ta colère, des bornes à ton avidité. Prends pitié de nos alliés et de leur misère ; vois leurs rois, on a sucé leurs os jusqu'à la moelle. Respecte les prescriptions de la loi, les ordres du Sénat. Songe aux récompenses qui attendent les gens de bien, au juste châtiment qui est venu foudroyer Capiton et Numitor. Le Sénat les a frappés : chargés de surveiller les brigands de Cilicie, ils avaient volé les voleurs. Au reste, à quoi bon les punir, quand on voit Pansa enlever à une province ce que Natta a oublié de prendre? Mon pauvre Chérippus, tu veux venir à Rome pour obtenir justice. Vends tes nippes, et tais-toi. Ajouter à ses pertes les frais d'un inutile voyage, c'est être fou à lier. Jadis la situation de nos alliés était moins désolante, moins désespérée, quand leur pays florissant venait d'être vaincu par nous. Chaque maison alors regorgeait de choses précieuses. Les piles d'écus s'élevaient dans les coffres. Les chlamydes de Sparte, la pourpre de Cos, les tableaux de Parrhasius, les statues de Myron et de Polyclète, l'ivoire auquel Phidias avait donné la vie, toutes ces merveilles des arts se rencontraient partout. On voyait sur presque toutes les tables des coupes ciselées par Mentor. Voilà ce qui fit d'Antoine et de Dolabella…. tout ce qu'ils ont été; de là les sacriléges de Verrès. Leurs vaisseaux rapportaient à Rome un butin triomphal, butin dont ils ne se vantaient point, mais plus riche que celui des batailles. Aujourd'hui que prendre à nos alliés? Quelques paires de bœufs, quelques juments, un taureau, un misérable champ. Quand par miracle l'autel de famille a conservé quelque statue de prix, une seule, on leur vole jusqu'à leur Dieu, jusqu'aux Pénates. C'est là leur dernier trésor, et c'en est un en effet pour ces infortunés. Tu peux à la rigueur ne pas te gêner avec les Rhodiens, ce sont des lâches, avec les Corinthiens, ils sont trop parfumés : tout cela peut être outragé impunément : que craindre de gens qui s'épilent, de cette jeunesse si occupée d'avoir les jambes bien lisses ? Mais les Espagnols, gens fort velus, mais les Gaulois, les Illyriens, tu feras bien de ne pas te jouer à eux. Ménage aussi les rudes moissonneurs d'Afrique. Leur travail nourrit le peuple de Rome, dont tout le temps est pris par le cirque et le théâtre; que gagnerais-tu d'ailleurs à exercer contre eux ces exécrables déprédations? Ces Africains étaient déjà pauvres, quand Marius acheva naguère de les dépouiller. Prends garde, je te le conseille ; le vol et la violence ont leur péril avec des gens braves et qui souffrent. Tu as beau leur enlever ce qu'il peut leur rester d'or ou d'argent; il faudra bien leur laisser leur bouclier, leur épée, leur javelot, leur casque. Aux dépouillés, il reste du fer.

Ce que je te dis là, ce n'est pas une phrase en l'air. Crois-moi, c'est un oracle aussi sûr que ceux de la Sibylle. Si ton entourage se compose d'honnêtes gens, si tu n'as point de favori à la flottante chevelure pour vendre ta justice ; si l'on ne peut rien dire contre ta femme, et si l'on ne la voit pas, comme une autre harpie, courir les villes et les marchés et allonger ses doigts crochus partout où il y a un écu à prendre ; alors descends de Picus même, si c'est ta fantaisie. Pour peu que tu aimes les grands noms, mets en tête de ta généalogie toute la bande des Titans et Prométhée lui-même ; prends dans une histoire quelconque l'ancêtre qui te convient. Mais si tu cèdes aux entraînements de l'orgueil et de la volupté, si tu prends plaisir à briser les verges de tes licteurs dans le sang de nos alliés, à émousser la hache, à épuiser les forces du bourreau, alors la noblesse de tes pères se dresse soudain devant toi : leur gloire est le flambeau qui illumine toutes tes hontes. Le scandale du crime se mesure au rang que l'opinion assigne au criminel. Qu'es-tu pour moi, toi qui viens déposer un faux testament dans le temple même qu'a bâti ton aïeul, devant la statue triomphale de ton père ; toi qui cours la nuit à quelque adultère, dissimulant ton front sous la cape gauloise ?

Voici le gros Damasippe, qu'emporte un char rapide le long des monuments où reposent la cendre et les os de ses pères. Tout consul qu'il est, il conduit, il enraye lui-même. Il fait nuit ; mais la lune le voit, les astres sont là qui le regardent. Au bout de son consulat, Damasippe conduira en plein jour. Il ne se troublera point à la rencontre de quelque ami d'âge respectable, il le saluera le premier, avec son fouet. Ce sera lui qui déliera les bottes de foin et versera l'orge à ses chevaux fatigués. En attendant, quand, pour imiter le roi Numa, il va immoler une brebis et un taureau farouche devant l'autel de Jupiter, il jure par Épone, la patronne des palfreniers, ou par toute autre de ces divinités qu'on peint sur la porte puante des écuries. S'il lui plaît d'aller passer la nuit au cabaret, le cabaretier Syrophœnix court gracieusement au-devant de lui,— ce Syrophœnix qui demeure près de la porte d'Idumée et qui est toujours si pommadé. — Il l'accueille avec déférence comme un habitué : « Mon seigneur! Mon roi ! » lui dit-il. Cyané court-vêtue apporte une cruche, et Damasippe lui paye son vin.

Pour l'excuser, tu vas me dire : Bah! quand nous étions jeunes, nous en avons fait tout autant. Oui, mais tu n'as pas continué ; tes fredaines ont fini avec ta jeunesse. Il ne faut pas s'attarder dans le vice, il y a des fautes qui doivent disparaître avec notre première barbe. Oui, soyons indulgents pour la jeunesse. Mais quand Damasippe va vider les pots dans les bains ou dans ces bouges dont la porte est masquée par une tenture bariolée, il est d'âge à faire la guerre ; il peut aller défendre les fleuves de l'Arménie, le Rhin, le Danube. Il est assez grand garçon pour contribuer à la tranquillité de l'empereur Néron. Ah ! ce n'est pas à l'embouchure de ces fleuves qu'il te faut, ô César, chercher ton lieutenant : tu le trouveras dans quelque populeuse taverne, côte à côte avec un assassin, mêlé à des matelots, à des filous, à des esclaves vagabonds, pêle-mêle avec des bourreaux, des fossoyeurs, des prêtres de Cybèle, étendus près de leurs tambours qui dorment comme eux. Ici c'est l'empire de l'égalité, de la liberté. On boit aux mêmes coupes, on mange aux mêmes tables, on dort au même lit. Dis-moi, Ponticus, t'accommoderais-tu d'un esclave qui vivrait comme ce consul? Non, tu l'enverrais à la prison des champs, en Lucanie, en Toscane. Mais vous, ô nobles fils des Troyens, vous vous permettez tout cela. De la part d'un pauvre savetier, ce serait infâme; de la part d'un Volésus ou d'un Brutus, c'est bien reçu.

Mais nous avons beau citer des infamies, des faits immondes : nous trouvons toujours quelque chose de pis. Ta fortune une fois dévorée, ô Damasippe, tu t'es engagé dans un théâtre pour hurler un rôle dans le *Fantôme* de Catulus. Un Lentulus a joué avec beaucoup d'entrain *Lauréolus le pendu*. A mon sens, il eût mérité que son rôle devînt une réalité. Mais le public ne mérite-t-il aussi aucun reproche? Aux spectateurs eux-mêmes il faut une certaine effronterie pour tolérer que ces patriciens viennent les divertir de leurs lazzis et que des Fabius chaussent le brodequin comique, pour avoir le cœur de rire en voyant des Mamercus se faire donner des soufflets? Quant aux nobles qui se vendent pour aller mourir dans l'arène, qu'importe le prix qu'on leur paye ? Ils se vendent, sans qu'un Néron les y contraigne ; ils se vendent pour figurer aux jeux que célèbre le préteur Celsus. Mais supposons qu'il faille opter entre la mort et les tréteaux. Comment tenir assez à la vie, pour consentir à jouer le rôle du jaloux de Thymélé, à donner la réplique au stupide Corinthien ? Au reste la chose n'étonne personne. Un noble peut bien se faire histrion, là où un empereur s'est fait joueur de harpe. Comment renchérir sur ce scandale ? en descendant dans l'arène. A la honte de Rome, cela s'est vu. Gracchus, pour combattre, ne prend même pas l'armure du gladiateur ordinaire, le bouclier, la faux renversée, le casque sous lequel on peut au moins cacher sa figure ; non, cet accoutrement lui déplaît ; ce déguisement, il n'en veut pas. Le voici qui brandit une fourche, qui balance son filet.... Il a manqué son adversaire ! Il fuit, tournant le visage du côté du public, il fuit dans toute la longueur de l'arène ; chacun le peut reconnaître. Oui, c'est un noble, on le voit à sa tunique tissue d'or du haut en bas, à ce ruban qui voltige autour de son bonnet allongé. Quant au gladiateur qu'on a mis aux prises avec Gracchus, lui donner un adversaire si lâche, c'est lui faire un affront plus douloureux que toute blessure.

Si l'on permettait au peuple un vote libre, ne

faudrait-il pas être forcené pour hésiter à nommer Sénèque, de préférence à Néron, à ce noble personnage, pour lequel il eût fallu aggraver la peine des parricides qu'on coud dans un sac, avec un singe et un serpent ! Le fils d'Agamemnon, lui aussi, avait tué sa mère. Mais, grâce au motif, quelle différence dans l'acte même ! C'était par l'ordre des Dieux, c'était pour venger son père égorgé dans un banquet. Oreste n'a point coupé la gorge à sa sœur Électre ; jamais il n'a versé le sang de sa femme, la Lacédémonienne ; jamais aucun de ses proches ne reçut de lui un poison préparé par ses mains. Il n'a point chanté sur un théâtre, ni versifié « l'incendie de Troie. » Oh ! rien n'a plus que ce coupable poëme mérité d'armer les mains vengeresses de Virginius, de Vindex et de Galba. Qu'a-t-il fait de pis, l'horrible et sanglant despote ? Voilà ses œuvres, voilà son mérite, à ce noble empereur ! Sa joie, c'est d'aller bassement prostituer sa personne sur un théâtre de province, de gambader devant des Grecs, et de mériter la couronne de persil. Allons, prince, suspends aux images de tes aïeux cette couronne, trophée conquis par ta voix ; dépose aux pieds du fier Domitius la robe traînante de Thyeste ou d'Antigone, le masque de Ménalippe ; accroche ta harpe à la statue d'Auguste, à ce colosse de marbre !

Est-il race plus haute que la tienne, ô Catilina,

que la tienne aussi, Céthégus? C'est vous pourtant, qui, contre nos maisons et nos temples, avez préparé un guet-apens nocturne, des armes, des torches, comme jadis les Gaulois et les enfants des Sénonais. A des incendiaires comme vous, la loi réserve la tunique de soufre, si déplaisante à ceux qu'on en revêt. Mais il y a quelqu'un qui veille, un consul qui va vous écraser. Qu'est-il? un homme nouveau, venu d'Arpinum, un homme de rien, simple chevalier de petite ville. C'est lui qui rassure Rome éperdue en plaçant çà et là des citoyens en armes. Son activité pénètre la République entière. Sans quitter Rome, sous la toge du citoyen, il a conquis des titres et une gloire telle que jamais Octave n'en put emporter d'Actium et de Thessalie en rougissant son épée du meurtre de tant de Romains. Rome a proclamé Cicéron son second fondateur, le père de la patrie, et Rome alors était libre! [1]

Un autre homme d'Arpinum allait chez les Volsques, dans la montagne, labourer le champ d'autrui, et le soir, épuisé, venait se faire payer sa

---

1. Ce qui donnait du prix à cet honneur. Je vois ici une allusion au titre de *Père de la patrie* prodigué par la terreur à tous les Césars. C'est, ce me semble, la même allusion que dans ces vers de Lucain sur Caton :

*Ecce parens verus patriæ, dignissimus aris,
Roma, tuis; per quem nunquam jurare pudebit*, etc.

journée. Plus tard, simple soldat, quand on ne le trouvait pas assez expéditif à construire la palissade du camp, le centurion lui cassait sa canne de vigne sur la tête. Eh bien! c'est ce paysan qui se charge de recevoir le choc des Cimbres ; c'est lui qui, seul, au milieu des plus extrêmes périls, sauve Rome épouvantée ! Aussi, à l'heure où, sur les cadavres gigantesques des Cimbres, s'abattaient des volées de corbeaux qui jamais n'avaient été à telle fête, le collègue de Marius, tout noble qu'il était, ne recevait qu'après lui la couronne de laurier.

Qu'étaient-ce que les Décius? Des noms plébéiens, des âmes de plébéiens. Pourtant leur vie fut une rançon assez précieuse pour racheter aux Dieux des légions entières, et nos auxiliaires, et nos alliés latins. C'est que pour les divinités infernales, pour la terre notre mère, les deux Décius valaient plus que toutes ces existences sauvées par eux.

Il était né d'une servante, celui qui fut le dernier de nos bons rois, et il n'en mérita pas moins la trabée, le diadème et les faisceaux de Romulus. Plus tard, qui trahissait la patrie et ouvrait aux tyrans bannis les portes de Rome? C'étaient les fils du consul, c'étaient ceux qui, pour affermir la liberté naissante, auraient dû étonner de leur dévouement Mucius Scævola lui-même, et Horatius Coclès, et la jeune fille qui traversa à la nage le Tibre, limite alors de notre empire. Et ce ténébreux complot, par qui fut-il dénoncé au Sénat? par un esclave dont les dames romaines ont plus tard porté le deuil. Quant aux traîtres, le fouet, la hache en firent justice ; la hache en les frappant inaugura le règne de la loi.

Oui, j'aimerais mieux te voir fils de Thersite avec le cœur d'Achille et couvert des armes forgées par Vulcain, que fils d'Achille avec les mœurs d'un Thersite. Après tout, si haut que remonte ton antique race, quelle en est la première origine ? Un asile très-mal famé. Le premier de tes ancêtres, quel qu'il fût, c'était un pâtre, c'était peut-être un…. tiens, je veux bien ne pas le dire !

SATIRE IX.

x.

Dis-moi, Nævolus, pourquoi je te rencontre toujours soucieux et sombre : on dirait Marsyas après sa défaite. D'où te vient cet air aussi piteux que celui de Ravola, quand on le surprit avec la courtisane Rhodopé? Qu'un esclave passe sa langue sur un gâteau, nous lui donnons un soufflet. Crépéreius Pollion n'avait pas la mine plus allongée, quand il courait de tous côtés pour emprunter à triple usure, sans rencontrer personne d'assez sot pour lui prêter. D'où te viennent tant de rides soudaines? Jadis tu vivais content de ta modeste fortune, chevalier d'antichambre, joyeux convive, au rire mordant, aux plaisanteries salées et comme on n'en rencontre que quand on est né dans l'enceinte de Rome. Maintenant c'est tout autre chose : ton front chargé de soucis s'est couvert d'une forêt de cheveux secs et hérissés; ta peau n'a plus cet éclat, ce poli que lui donnait un tampon imprégné de la résine brûlante du Brutium[1]; sur tes jambes mal soignées, mal lavées, le poil, hélas! a repoussé. Qu'est-ce que cette maigreur digne d'un vieux malade, chez qui depuis longtemps s'est installée la fièvre pour le dévorer de quatre jours l'un? Le corps nous révèle les tourments secrets comme les joies de l'âme; ces deux choses-là se lisent sur le visage. Il me semble que tu as complétement changé ta façon de vivre : c'est toute une transformation. Naguère, je m'en souviens, on ne voyait que toi au temple d'Isis, à ceux de Ganymède, de la Paix, dans le mystérieux sanctuaire de la mère des dieux qu'on nous a importée d'Asie, enfin dans celui de Cérès. Quel temple n'a pas de femmes attendant le chaland? Enfin tu étais plus connu qu'Aufidius lui-même pour tes galanteries avec les femmes, et, ce dont tu ne te vantes pas, avec les maris.

NÆVOLUS.

Oui, c'est un métier où bien des gens ont gagné gros. Mais moi, mes longs travaux ne m'ont rien rapporté; tout au plus de temps à autre, m'a-t-on donné, pour ménager ma toge, quelque chappe gros-

---

[1]. C'était un des moyens qu'employaient les efféminés pour s'épiler.

sière, d'une laine épaisse, d'une couleur commune, une chappe sortie des mains inhabiles de quelque tisserand gaulois, puis quelque pièce d'argenterie, mince et de bas aloi. La fortune dispose de tout, oui, même du sort de ce que nous cachons sous les plis de notre toge. Qu'un astre favorable cesse de te protéger; tes talents ne te serviront de rien; tu aurais beau te montrer à Virron[1], ou recevoir à tous moments des propositions caressantes, les billets les plus pressants; car un galant comme moi est l'aimant qui attire un débauché comme lui. Mais quel monstre qu'un ladre débauché! « Je t'ai donné, dit-il, tant et tant, et puis ceci encore. » Toujours il poursuit ses additions. Voyons, faisons le compte, appelons un esclave avec le registre; cinq mille sesterces en tout! — Oui, mais compte aussi ma peine. Crois-tu que ce soit chose facile que d'être en mesure de satisfaire tes fantaisies? J'aimerais mieux piocher la terre comme un esclave. Tu te crois sans doute jeune, beau, délicat, digne de présenter la coupe et d'habiter le ciel. Pouvez-vous, vous autres, être jamais charitables pour l'humble client qui vous courtise, vous qui économisez même sur la passion qui vous dévore? Voilà un de ces gens à qui nous envoyons une verte ombrelle ou quelque beau vase d'ambre, à l'anniversaire de sa naissance, ou au pre-

1. Riche débauché dont il a été question dans la cinquième satire.

mier jour de printemps; lui cependant se renversant sur les coussins d'une chaise longue, examine nos mystérieux cadeaux, comme une femme pendant les calendes de Mars[1]. Dis-moi donc, moineau lascif, à qui réserves-tu tant de coteaux et tant de plaines que tu possèdes en Appulie, des pâturages si étendus que des milans se fatigueraient à les traverser? Les champs de Trifolium, la montagne dont la croupe domine Cumes, et le Gaurus aux flancs volcaniques te prodiguent leurs raisins. Qui possède plus de jarres de vin bouchées avec la poix et réservées pour un lointain avenir? Était-ce donc une si grande affaire que de donner quelques arpents à ton infortuné client? Trouves-tu plus juste de léguer à ton ami, le prêtre de Cybèle aux bruyantes cimbales, ce jeune esclave rustique avec sa mère, et leur chaumière, et leur petit chien folâtre? « Holà! dis-tu, tu es bien impertinent dans tes demandes. » Mais j'ai mon loyer à payer, et il me crie: demande! je n'ai qu'un petit esclave, unique comme l'œil du géant Polyphème, cet œil crevé qui laissa s'évader l'astucieux Ulysse. Il me faut un autre esclave, un seul ne suffit pas; il les faudra nourrir; et que faire, quand la bise soufflera? Que dire à mes esclaves, sans tunique et sans

---

1. Il était d'usage à cette époque de l'année d'offrir aux femmes des étrennes.

souliers, lorsque sifflera l'aquilon de décembre ?
Leur dirai-je : « Patience, attendez le retour des
cigales ? » Mais tu as beau méconnaître ce que tu
me dois ; sans parler du reste, ne t'ai-je pas rendu
un service dont je te laisse à évaluer le prix ? c'est
que, sans moi, sans mon dévouement, sans mon
ardeur à te complaire, ta femme serait encore
vierge. Tu n'as pas oublié au moins avec quelles
prières, avec quelles instances tu m'as prié de te
rendre ce bon office ; tu sais tout ce que tu m'as
promis. Déjà ta femme se sauvait de chez toi ; c'est
moi qui l'ai retenue dans mes bras. Déjà elle avait
brisé le contrat, déjà elle allait en signer un autre :
il m'a fallu toute une nuit d'efforts pour vous raccommoder, pendant que tu te lamentais à sa
porte[1]. Combien d'unions déjà brisées ou peu s'en
faut, un bon adultère a raccommodées, ramenant
ainsi la paix dans le ménage ? Dis, qu'as-tu à
répondre ? Par où vas-tu commencer ? Ingrat ! per-
fide ! tu ne me sais donc aucun gré du petit garçon, de la fille que tu me dois ? Tu les élèves, tu aimes à constater dans les actes publics ce double
témoignage de ta virilité. Va, couronne ta porte
de guirlandes : te voilà père ; grâce à moi, tu peux
maintenant répondre aux propos de la ville. Tu

---

1.   Testis mihi lectulus, et tu,
   Ad quem pervenit lecti sonus, et dominæ vox.

jouis des droits attachés à la paternité ; grâce à mon dévouement, tu peux être inscrit comme héritier[1], recueillir un héritage tout entier, même la part du fisc, qu'il est si doux de lui dérober. Outre toutes ces bénéfices éventuels, que d'avantages positifs te sont assurés, si je complète mon ouvrage en te rendant père de trois enfants !

X.

Naevolus, rien de plus juste que ton indignation. Et lui, que te répond-il ?

NÆVOLUS.

Rien. Il cherche à se pourvoir ailleurs. Tout cela, je ne l'ai dit qu'à toi ; garde-m'en le secret ; pas un mot, n'est-ce pas, de toutes ces plaintes, car la rancune d'un vieux corrompu, c'est la mort. Lui qui naguère vous a dévoilé son vice secret, il vous hait alors, il vous déteste. Comme si je disais tout ce que je sais ! Il n'hésiterait pas à me poignarder, à me casser la tête à coups de bâton, à m'incendier dans ma maison. D'ailleurs si lâche qu'il soit, sa haine n'est pas à mépriser : quand on est riche, on trouve toujours moyen de se procurer du poison. Silence donc ; sois aussi discret que l'aréopage athénien.

---

1. On avait établi que le légataire sans enfants ne pouvait hériter ; son legs revenait au trésor impérial, le tout pour encourager le mariage et aussi dans l'intérêt du trésor.

X.

O Corydon! Corydon! Crois-tu qu'un riche ait des secrets? Quand ses esclaves se tairaient, ses chevaux, son chien, sa porte même, ses murs de marbre, tous prendraient la parole pour le dénoncer. Ferme portes et fenêtres, bouche toutes les fentes avec des rideaux, éteins la lumière ; ce qu'il a fait n'en devient pas moins le cri public. Quand personne ne coucherait près de lui, ce qu'il faisait cette nuit avant que le coq eût chanté deux fois, le cabaretier voisin va le savoir avant le point du jour ; il le saura avec tous les enjolivements qu'y auront ajoutés à la fois le copiste, les chefs de cuisine et les découpeurs. Quels sont les crimes qu'ils se font faute de prêter à leur maître, quand ils ont à se venger des coups de fouet reçus? Dans les carrefours même, tu trouveras des ivrognes qui t'aborderont, et d'une voix avinée te forceront d'entendre ce déplaisant récit. C'est à ces gens-là qu'il faut demander le secret que tu me demandes ; prie-les de se taire. Mais compte qu'ils trouveront à tout raconter plus de plaisir qu'à boire du falerne volé, à en boire autant qu'en buvait Laufella, quand elle offrait un sacrifice pour le peuple. Il faut marcher droit dans la vie pour bien des raisons sans doute, mais surtout pour pouvoir mépriser les propos des domestiques. Ce qu'il y a de plus mauvais chez un mauvais esclave, c'est la langue. Encore le maître est-il au-dessous d'eux, quand il se place par ses infamies dans la dépendance de ceux qu'il nourrit de son pain, qu'il entretient de son argent.

NÆVOLUS.

Oui, c'est là sans doute une bonne recette pour pouvoir mépriser les propos des esclaves, mais c'est un conseil vague qui s'adresse à trop de gens. Quant à moi en particulier, que me conseilles-tu? J'ai perdu mon temps, mes espérances ont été déçues ; cependant la vie se passe, cette vie si courte, cette pauvre fleur qui se flétrit si vite ; pendant qu'on boit, qu'on recherche des couronnes, des parfums, des femmes, la vieillesse arrive sans que l'on y pense.

X.

Calme-toi : tu trouveras toujours pratique à Rome, tant que les sept collines seront debout. C'est là le rendez-vous où accourent en voiture, en bateau, tous ces gens qui se grattent la tête d'un seul doigt [1]. Tes affaires iront mieux : tu n'as pour cela qu'à mâcher de la roquette.

NÆVOLUS.

Oh! ce conseil est bon pour de plus heureux que

---

1. Ce geste passait à Rome pour être un des signes caractéristiques des débauchés : il était habituel à Jules César.

moi : Clotho et Lachésis[1] me trouvent assez bien nourri, si mon métier me fait vivre. O mes petits lares, vous à qui j'offre un peu d'encens, de farine, quelque pauvre couronne, quand pourrai-je enfin attraper de quoi sauver ma vieillesse de la nécessité de prendre le bâton et la natte du mendiant? Vingt mille sesterces placés sur de bons gages, de l'argenterie, bien peu, mais assez pour scandaliser un sévère censeur comme Fabricius; puis deux vigoureux gagistes Mésiens pour me porter sur leurs épaules, tranquille dans ma litière au milieu du tumulte du cirque; puis un ciseleur, toujours courbé sur son ouvrage[2], puis un autre ouvrier assez expéditif pour me peindre lestement plusieurs figures.... Tout cela me suffirait, puisque mon sort est d'être pauvre. C'est bien peu, sans doute, et je n'ose l'espérer. Vraiment, quand j'adresse mes prières à la Fortune, on dirait que pour se boucher les oreilles, elle a emprunté de la cire à ce navigateur fameux qui se rendit sourd pour échapper aux chants des sirènes.

1. C'est-à-dire : *les Parques qui filent ma vie.*
2. Une fois en train de faire des vœux, Nævolus ne s'arrête plus : il voudrait avoir des artistes à ses gages, comme en avaient chez eux les riches Romains.

SATIRE X.

LES VOEUX DES HOMMES

Dans tout l'univers, depuis Gadès jusqu'au Gange où naît l'Aurore, bien peu d'hommes sont capables de distinguer les vrais biens des maux réels et d'écarter de leur esprit les nuages du préjugé. Est-ce la raison qui règle nos désirs et nos craintes? Dans quelle affaire nous engageons-nous avec assez de prudence pour n'avoir point à nous repentir de notre entreprise et du succès de nos vœux? Des familles entières ont disparu, victimes de la facilité avec laquelle les divinités avaient exaucé leur prière : sous la toge, sous la cuirasse, on ne sait demander que des choses nuisibles. L'éloquence, aux vigoureux accents, a souvent causé la mort de ceux qui la possédaient; Milon de Crotone périt pour s'être confié à ses bras nerveux, à sa force si admirée. Mais d'autres en plus grand nombre périssent victimes de leurs richesses; leur bourreau, c'est cette fortune recherchée avec tant d'ardeur, ce patrimoine qui surpasse autant tous les autres que la baleine de Bretagne l'emporte sur les dauphins. Aussi, aux temps maudits, c'est la maison de Longinus, ce sont les vastes jardins du riche Sénèque que Néron fait envahir; une cohorte entière vient bloquer la splendide demeure des Latéranus. Les soldats ne montent guère dans les galetas. Si, voyageant de nuit, vous portez avec vous des pièces d'argenterie, quelque simples qu'elles soient, vous craindrez toujours le poignard et le croc du brigand; un roseau agité au clair de la lune vous fera trembler. Celui qui chemine avec un sac vide, chante au nez du voleur.

La première chose qu'on demande, la prière que connaissent le mieux tous les temples, est celle-ci: « De l'argent! Augmentez notre avoir, et que notre coffre-fort soit le mieux garni, parmi tous ceux qui ont crédit sur la place. » Pourtant ce n'est pas dans les vases de terre que se boit le poison; il faut commencer à le craindre quand on prend en main la coupe incrustée de pierreries, la large coupe d'or où flamboie le vin de Sétia. Aussi, comment ne pas approuver ces deux philosophes, dont l'un partait invariablement d'un éclat de rire au premier pas qu'il faisait hors de chez lui, tandis que l'autre au contraire larmoyait toujours? Rire, du reste, est une façon de satire à la portée de tout le monde : ce qui m'étonne, c'est qu'Héraclite ait eu autant de larmes à sa disposition; Démocrite, lui, riait à se rompre les côtes; pourtant, dans les villes qu'il habitait, on ne voyait ni sénateurs en robe prétexte, ni magistrats vêtus de la trabée, ni faisceaux consulaires, ni litières, ni tribunaux. Qu'eût-il donc fait, s'il eût vu le préteur que vous savez, roide et droit sur un char élevé, et dominant la foule au milieu de la poussière du cirque, avec une tunique comme celle de Jupiter, avec un manteau, non, avec un rideau de pourpre qui chargeait ses épaules, et puis une couronne si grande, si lourde, qu'une tête humaine ne saurait la porter! Aussi la fait-il tenir par un esclave public tout en sueur, et pour avertir ce consul qu'après tout il n'est qu'un homme, l'esclave est là, près de lui, dans le même char. Mettez-lui maintenant dans la main le sceptre d'ivoire surmonté de l'oiseau ordinaire[1], et puis autour de lui des joueurs de cor, et puis un cortége de clients qui le précèdent, des citoyens habillés de blanc, et qui tiennent ses chevaux par la bride : la sportule qu'il a jetée au fond de leur bourse en a fait ses amis. Démocrite n'avait pas une comédie pareille; et pourtant chaque passant était pour lui sujet de rire; son exem-

---

1. L'aigle impériale.

ple prouve qu'un sage, un esprit supérieur, appelé à laisser trace dans l'histoire, peut naître sous un air épais et dans la patrie des moutons. Il riait des agitations de la foule, de ses joies, de ses chagrins parfois, et, quand la fortune le menaçait, il lui criait : « Va te faire pendre ! » et il la narguait du doigt. Oui, ils sont inutiles ou funestes, tous ces biens qui font inonder de la cire des cierges les genoux des dieux.

Il est des hommes qu'une puissance trop enviée plonge au fond de l'abîme. Ce qui les empêche de surnager, c'est cet amas même de titres et d'honneurs qui les surchargent. Leurs statues arrachées du piédestal suivent la corde qui les entraîne. Puis la cognée brise les roues du char qui portait leurs images, elle casse les jambes des chevaux de bronze, fort innocents de leur grandeur. Déjà les soufflets haletants ont fait siffler le feu dans la fournaise; déjà dans l'âtre fond cette tête devant laquelle se prosternait le peuple romain, déjà l'on entend craquer la statue qui fut le grand Séjan; et de cette face, la seconde de l'univers entier, on fait des pots, des chaudrons, des poêles, des plats. Allons, des lauriers partout! Cours immoler au Capitole un bœuf magnifique, un bœuf blanchi à la craie : voilà Séjan qui passe, son cadavre est traîné au croc; on peut le voir : la joie est universelle.

« Quelle bouche ! quelle tête il avait ! Jamais,

non, tu peux m'en croire, je n'ai pu souffrir cet homme. Mais de quoi l'accusait-on? Qui l'a dénoncé? Par quelles preuves, par quels témoins a-t-on démontré son crime?

— Oh! il n'en a pas fallu tant : une dépêche, une longue et interminable lettre est arrivée.... de Caprée[1].

— C'est bien, c'est bien : assez! »

Et que fait-elle cette tourbe des enfants de Rémus? Comme toujours, elle salue le succès et déteste les proscrits. Oh! si Nursia la déesse de Toscane avait favorisé son nourrisson[2], si Séjan avait réussi à surprendre le vieil empereur, ce même peuple, à cette heure même, proclamerait Séjan et le nommerait Auguste. Depuis longtemps — c'est depuis que nous n'avons plus de suffrages à vendre — ce peuple ne s'inquiète plus de rien, et lui qui, jadis, distribuait les commandements militaires, les faisceaux, les légions, tout enfin, maintenant il n'a plus de prétentions si hautes; son ambition s'est réduite à ces deux choses : du pain, des jeux au Cirque!

« On dit qu'il y aura bien des exécutions.

— N'en doute pas : dans la fournaise il y a de la place : je viens de rencontrer mon ami Brutidius, près de l'autel de Mars : il était un peu pâle....

1. Séjour habituel de l'empereur Tibère.
2. Séjan était né en Toscane.

Mais si Ajax, Ajax vaincu[1], allait se fâcher et trouver que nous ne l'avons pas assez vengé! Vite, hâtons-nous! Aux Gémonies! le cadavre doit y être encore; c'était l'ennemi de l'empereur; courons lui donner notre coup de pied! Mais surtout que nos esclaves nous voient faire et puissent témoigner en faveur de leurs maîtres : on n'aurait qu'à dire que ce n'est pas vrai, et à nous traîner en justice la corde au cou. »

Voilà ce qui se dit, ce qui se chuchote dans la foule au sujet de Séjan.

Eh bien! veux-tu encore, comme Séjan, avoir du monde à ton lever, posséder des trésors immenses, distribuer à tes créatures les magistratures curules, les commandements militaires; te donner l'air de protéger le prince, qui vit perché sur son rocher étroit de Caprée, avec sa bande de sorciers chaldéens? Tu voudrais au moins, comme lui, avoir autour de toi des cohortes, la lance au poing, des cavaliers, tout un camp dans ta demeure. Pourquoi pas? On ne veut tuer personne, soit, mais on veut pouvoir le faire. Pourtant est-il grandeur, est-il prospérité qui vaille tous les maux qu'elle traîne à sa suite? Plutôt que de porter les insignes de cet homme dont tu vois passer le cadavre, n'aimerais-tu pas mieux être un simple

---

1. L'empereur.

édile, à Fidène, à Gabies, dans la pauvre et solitaire Ulubres, et, couvert d'une tunique rapiécée, y régler les poids et mesures, faire briser les vases qui n'ont pas la capacité voulue ? Donc, tu dois le confesser, Séjan s'est trompé sur le but que devaient se proposer ses désirs : car en aspirant à cet excès d'honneur, en demandant une trop haute fortune, il n'a fait qu'élever les divers étages d'une tour gigantesque, afin que, de ce faîte, l'effrayant abîme s'ouvrît plus profond devant lui, et qu'il y pût tomber de plus haut.

Et ces Crassus, ces Pompées, et l'autre qui, le fouet à la main, fit trotter devant lui le docile troupeau des citoyens de Rome[1], qu'est-ce donc qui fit leur perte ? Ce fut la grandeur souveraine, objet d'une convoitise indifférente sur le choix des moyens, ce fut leur ambition que les dieux ont satisfaite pour les châtier. Le gendre de Cérès ne voit guère paraître devant lui des rois et des tyrans dont le cadavre soit sans blessure, et qui soient morts de mort naturelle, de la mort sèche[2].

L'éloquence, la gloire de Démosthène et de Cicéron, voilà le but qu'on montre aux efforts des petits écoliers, celui qu'ils rêvent déjà pendant les

---

1. Jules César.
2. C'est ainsi qu'en 1796, quand, après fructidor, le Directoire s'avisa d'envoyer ses ennemis mourir sous le climat de Sinamary, on a écrit énergiquement : C'est la guillotine sèche.

fêtes des Quinquatries[1], à l'âge où ils ne font leur cour à Minerve qu'à raison d'un as par leçon, et où ils vont à l'école, suivis d'un petit garçon qui porte leur léger bagage. Mais cette éloquence, c'est elle qui a tué ces deux orateurs. Oui, cette parole aux flots abondants et rapides, est le torrent qui les a entraînés à la mort. C'est le génie de Cicéron qui lui coupa la tête et les mains. Jamais le sang d'un avocat médiocre n'inonda la tribune.

O Rome fortunée
Sous mon consulat née[2]....

Que n'a-t-il toujours parlé de cette façon! Il n'aurait jamais eu à redouter les poignards d'Antoine. Combien je vous aime mieux, vers ridicules, que toi, ô la seconde des Philippiques, œuvre divine, immortel monument de sa gloire!... Ce fut aussi une cruelle mort qui enleva l'ardent orateur, tant admiré d'Athènes, celui dont l'éloquence menait comme à grandes guides le peuple immense qui

---

1. Fête des écoliers de Rome.
2. Je reproduis la traduction consacrée. Elle rend le son et non le sens du vers latin, dont le ridicule consiste surtout dans l'allitération : *O fortunatam natam*.... Mais la signification vraie est : « O Rome, que tu as été heureuse sous mon consulat! » M. Pierron, dans son excellente Histoire de la littérature romaine, explique ainsi le mot *natam* : « Ce mot tient simplement lieu du participe passé du verbe *être*, qui n'existe pas en latin. Ce n'est pas le seul exemple de cet emploi de *natus* qu'on trouve dans les poëtes.... Cicéron a mis *natam*, comme les Grecs auraient mis γενομένην. »

l'entourait. Oui, les dieux l'avaient maudit dès sa naissance, ils l'avaient marqué pour un destin sinistre du jour où son père, le forgeron aux yeux brûlés par l'éclat du fer rouge, l'éloigna de son antre de Vulcain, de son atelier encombré de charbon, de tenailles, d'enclumes où se forgeaient les glaives, et l'envoya aux écoles d'éloquence.

Les dépouilles de la guerre, un tronc d'arbre coupé, revêtu d'une cuirasse, surmonté d'un casque brisé d'où pend une jugulaire, un joug de char arraché à son timon, le pavillon détaché d'une trirème vaincue, puis une morne figure de captif au sommet d'un arc de triomphe, voilà les biens que l'on envie, une destinée surhumaine! C'est pour y parvenir que tous, généraux grecs ou romains, chefs barbares, ont fait tant d'efforts : c'est là ce qui leur a fait affronter tant de périls et tant de fatigues. Hélas! on a plus soif de gloire que de vertu; la pauvre vertu! qui s'attacherait à elle pour elle-même, si l'on n'y trouvait son intérêt? Pourtant, qu'est-ce qui jadis a perdu Rome? C'est la gloire de quelques citoyens; c'est le désir des louanges, d'un titre à graver un jour sur la pierre qui garde leurs cendres : et pour la faire éclater en morceaux, cette pierre, que faut-il? Une mauvaise souche de figuier stérile. Nos tombeaux même meurent comme nous!

Pèse la cendre d'Annibal. Quel poids tu lui trouves-tu, à ce grand capitaine? C'est pourtant cet homme à qui l'Afrique ne suffit pas, il se sent à l'étroit dans l'espace qui s'étend des côtes de la Mauritanie battue de l'Océan jusqu'aux eaux tièdes du Nil, et dans un autre sens jusqu'aux Éthiopiens et au pays des gigantesques éléphants. L'Espagne s'ajoute-t-elle aux contrées soumises à son autorité? il enjambe les Pyrénées. La nature lui oppose en vain les Alpes et leurs neiges; il ouvre les rochers, il fend les montagnes avec du vinaigre. Il tient enfin l'Italie : et il ne s'arrête pas! « Rien n'est fait, dit-il, tant que mes Carthaginois n'auront pas brisé les portes de Rome, tant que je n'aurai point planté mes enseignes au milieu même de Suburre! » La bonne tête, l'excellente caricature que ce borgne juché sur sa grosse bête de Gétulie! Et la fin de de tout cela, quelle est-elle? O Gloire! le voilà défait à son tour, le voilà qui se sauve et s'enfuit en exil : et là, comme un humble client, lui, cet homme si grand, cet homme extraordinaire, assis à la porte d'un roi, il attend que le tyran de Bithynie l'admette à son lever! Et cette destinée qui a bouleversé l'humanité tout entière, ce qui la finira, ce ne seront ni les glaives, ni les rochers, ni les traits : un anneau vengera Cannes, et punira tant de sang versé[1]. Va donc, insensé, va! cours à travers

---

[1]. Annibal se tua en avalant du poison conservé dans le chaton de sa bague.

les Alpes farouches, pour devenir un sujet qui plaise aux écoliers de Rome, un discours de classe!

Un seul univers ne suffit pas à l'enfant de Pella : ce pauvre Alexandre, le monde est trop petit pour lui, il y étouffe, comme les condamnés que l'on enferme entre les rochers de Gyare ou dans l'îlot de Sériphe. Mais une fois qu'il sera entré dans la ville dont les potiers ont fourni les murailles[1], un sarcophage lui suffira. Seule la mort confesse combien les hommes occupent peu d'espace en ce monde. On nous a fait accroire que jadis l'Athos laissa passer une flotte, sans parler des autres contes que la Grèce, cette effrontée menteuse, consacre dans son histoire : on ajoute que cette flotte fit un jour de la mer un plancher solide et qu'il y passa des chariots; on affirme également que l'armée des Perses mettait à sec des rivières profondes, buvait un fleuve à son dîner, et autres sornettes du même genre, que Sostrate s'évertue à célébrer. Ce Xerxès, pourtant, comment revint-il de Salamine, lui, ce barbare qui faisait battre de verges l'Eurus et le Corus et les traitait comme jamais ils n'avaient été traités dans la caserne d'Éole? Neptune même avait été par lui chargé de chaînes, trop heureux encore que Xerxès ne l'eût pas fait marquer au front comme un esclave indocile! quel dieu

---

1. Babylone; les murailles de cette ville étaient de brique.

voudrait servir un pareil homme?... Comment Xerxès revint-il enfin? sur un seul vaisseau, au milieu d'une mer rouge de sang, où flottaient des cadavres dont l'encombrement retardait sa fuite. Voilà comment la Gloire punit ses adorateurs.

« O Jupiter, allonge ma vie ! Multiplie mes années ! » C'est là l'unique prière que tu adresses au ciel, immobile et pâle d'anxiété ! Mais que de maux remplissent une longue vieillesse, des maux qui ne te laissent aucune trêve ? Regarde : c'est d'abord cette laideur hideuse qui te défigure et te rend méconnaissable ; une peau.... non, un cuir, des joues pendantes et sillonnées de rides semblables à celles des vieilles guenons qui, dans l'épaisse forêt de Tabraca, passent leur temps à se gratter le museau. Les jeunes gens diffèrent d'apparence ; l'un est plus beau, l'autre est plus fort. Mais tous les vieux se ressemblent : leur voix tremble comme leurs membres ; leur tête se dépouille ; leur nez redevient morveux, et rajeunit ! Pour briser leur pain, ils n'ont qu'une gencive dégarnie de dents ; les malheureux deviennent à charge à tout le monde, à leur femme, à leurs enfants, à eux-mêmes ; ils dégoûteraient jusqu'à Cossus, le coureur de testaments. Leur palais engourdi ne trouve plus le même plaisir à goûter le vin, les aliments : quant à l'amour, il y a longtemps qu'il n'en est plus question pour eux ; ou, quand ils s'en avisent, leur

impuissance n'est que trop visible, et les caresses
d'une nuit entière ne parviendraient pas à les ranimer. Qu'attendre d'un vieillard tout blanc et
épuisé? Et puis, ces envies impuissantes donnent
toujours beaucoup à penser. Ce n'est pas là leur
seule infirmité : quel plaisir peuvent-ils éprouver à
entendre le joueur de cithare le plus habile, quand
ce serait Séleucus en personne, et l'un de ces illustres qui éblouissent le public de leurs robes
brochées d'or? Qu'importe à quelle place ce vieux
sourd s'assied au théâtre, puisqu'il entend à peine
les joueurs de cor, tout un concert de trompettes!
Son valet est obligé de hurler à son oreille, pour
lui annoncer une visite ou lui dire l'heure qu'il est;
son sang appauvri et glacé ne connaît plus d'autre
chaleur que celle de la fièvre. Toutes les maladies
accourent et dansent en rond autour de lui. S'il
m'en fallait donner la liste, j'aurais plus tôt fait
de dire combien Hippia a eu d'amants, combien le
médecin Thémison a expédié de malades en un
automne, combien Basile a dépouillé de clients et
Hirrus de pupilles, combien d'hommes Maura l'ef-
flanquée épuise en un seul jour, enfin combien
d'écoliers Hamillus a corrompus. Oui, j'aurais plutôt énuméré toutes les villas que possède aujour-
d'hui cet homme, dont, jadis, au temps de ma jeunesse, le rasoir sonore faisait tomber ma barbe à
gros flocons. Voir ces vieillards : à l'un, son côté

faible, ce sont les reins; à l'autre, c'est l'épaule; à l'autre, ce sont les jambes. En voici un qui a perdu les deux yeux; les borgnes lui semblent dignes d'envie. Cet autre ne peut manger seul : ses lèvres blêmes ne savent plus que s'ouvrir à la vue du repas et attendre la becquée, comme le petit de l'hirondelle, vers lequel sa mère revole le bec chargé de nourriture, sans y avoir touché, la pauvre affamée. Mais, chez le vieillard, une misère plus grande que cet affaiblissement du corps, c'est celui de l'esprit : il oublie les noms de ses esclaves, il ne reconnaît plus les traits de l'ami avec lequel il a soupé la veille au soir; il ne reconnaît plus même ses propres enfants, qu'il a élevés. On doit le croire, du moins, car par un testament cruel il les déshérite, et dispose de tous ses biens en faveur de Phialé : tant les séductions de cette bouche artificieuse sont puissantes; quoique Phialé ait fait jadis longue séance dans les lieux de prostitution.

Mais admettons que son intelligence demeure entière : — il lui faudra suivre le convoi de ses enfants, contempler le bûcher qui dévore sa femme bien-aimée, les urnes qui contiennent ce qui reste de son frère et de ses sœurs. Tel est le châtiment réservé à une vie trop longue; c'est dans l'éternelle douleur, c'est dans les larmes, c'est au milieu d'une demeure sans cesse dépeuplée par la mort qu'il faut vivre et vieillir en habits de deuil. Le roi de Pylos, si l'on en croit le grand Homère, fut le plus bel exemple de longévité que l'on puisse citer, après celui des corneilles. Heureux mortel, qui a pu ajourner la mort pendant tant de générations, qui, pour compter ses années, a eu besoin de sa main droite[1], qui tant de fois goûta le bonheur de savourer le vin nouveau! Mais, patience : écoutez un peu comme il maudit lui-même sa destinée, comme il regrette d'avoir vécu si longtemps, quand il voit le feu brûler la barbe de son cher et vaillant Antiloque, quand il demande aux compagnons qui l'entourent : « Pourquoi ai-je duré jusqu'à cette heure? Quel crime ai-je commis pour vivre si longtemps? » Aussi douloureuses sont les plaintes de Pélée après la mort d'Achille, et celles du père d'Ulysse, qui eut longtemps l'avantage de pleurer son fils ballotté sur les flots. Priam en mourant n'eût pas vu Troie détruite, et quand il alla rejoindre l'ombre de son aïeul Assaracus, il eût été honoré par un deuil solennel, porté sur les épaules d'Hector et de ses frères, au milieu des larmes des Troyennes ; et pour la première fois alors Cassandre et Polyxène eussent frappé leur poitrine et déchiré leurs vêtements, si Priam était mort plus tôt, au temps où Pâris n'avait pas encore commencé à construire son

---

1. On comptait les unités jusqu'à cent sur les doigts de la main gauche; au delà de ce nombre on comptait avec la main droite.

vaisseau ravisseur. Que lui valut une vie si longue ? la douleur de voir tout s'écrouler autour de lui, de voir l'Asie ravagée par le fer et par le feu. Alors, guerrier débile, il lui fallut déposer la tiare et saisir ses armes, pour tomber au pied de l'autel du grand Jupiter, immolé comme un vieux bœuf, dont la charrue dédaigneuse a oublié les services, et qui présente au couteau de son maître un cou flétri et décharné. Encore la mort de Priam est celle d'un homme : mais sa femme, qui lui survécut, fut changée en chienne farouche, et ses plaintes ne furent que des aboiements.

Je passe aux Romains : je ne parle ni du roi de Pont, ni de Crésus, auquel le sage et juste Solon conseillait de ne juger la vie que par son dénoûment. L'exil de Marius, sa prison, les marais de Minturnes, le pain qu'il dût mendier sur les ruines de Carthage vaincue, tant d'outrages enfin, n'ont pas eu d'autre cause qu'une vie trop longue. Rome, la terre entière, eussent-elles jamais pu offrir un exemple de prospérité pareille à celle de cet homme, s'il eût clos sa glorieuse existence à l'instant où, après avoir promené dans Rome tous ses Teutons captifs, toute cette pompe guerrière, il allait descendre de son char de triomphe ?

La Campanie, comme par prévoyance, avait donné à Pompée une fièvre qu'il aurait dû souhaiter. Mais les prières publiques, les vœux de tant de villes furent les plus forts; et le destin, fatal à Pompée et à Rome, le réserva pour être vaincu et décapité. Cet affront, ce supplice avait été épargné à Lentulus, à Céthégus; Catilina tomba sans être mutilé.

A la vue d'une chapelle de Vénus, une mère inquiète se confond en prières pour demander à la déesse la beauté pour ses fils, mais surtout pour ses filles. Et qu'y trouvez-vous à redire, m'objectera-t-on? Latone a droit d'être fière des grâces de Diane. Oui; mais l'exemple de Lucrèce défend de souhaiter une figure comme la sienne : Virginie eût bien voulu échanger sa beauté contre la bosse de Rutila. Un beau garçon est pour ses malheureux parents une cause de transes et d'inquiétudes perpétuelles. Il est si rare que beauté et chasteté aillent ensemble ! J'admets que sa famille lui ait transmis des mœurs antiques, une vertu farouche, comme celle des vieux Sabins, que la nature ait mis le comble à ses dons en lui donnant un cœur chaste, un de ces visages modestes, qui savent rougir; (peut-elle faire plus pour un enfant, cette nature dont l'influence est plus puissante que toutes les précautions, que la plus active surveillance ?) N'importe, il ne lui sera pas permis d'être homme. Un corrupteur infâme prodiguera l'argent et osera tenter jusqu'à ses parents. Les présents inspirent tant de confiance!

Jamais tyran dans son cruel repaire ne s'avisa de prendre un enfant difforme pour en faire un eunuque. Jamais, parmi les jeunes patriciens, Néron n'enleva d'enfant boiteux, goîtreux, bossu par derrière et par devant. Donc, sois fier de la beauté de ton fils réservé peut-être à de plus grands périls. Bientôt il sera la propriété publique de nos dames romaines, toujours exposé aux vengeances diverses des maris irrités. Quelle que soit son étoile, il lui faudrait plus de chance qu'à Mars, pour ne jamais tomber dans la nasse, il y tombera. Or les ressentiments d'un mari en font parfois un bourreau plus cruel que la loi elle-même ne l'autorise en aucun cas. L'un vous coupe en morceaux, l'autre vous fait mourir sous le fouet ; on en a vu faire pénétrer dans les entrailles d'un rival un poison dévorant. Mais ton Endymion, dis-tu, n'aura qu'une maîtresse, quelque grande dame qu'il aimera ; oui, jusqu'à ce qu'il devienne, pour de l'argent, l'amant de Servilia qu'il n'aimera point. Servilia se dépouillera de tout pour lui : car une femme de son espèce, fût-ce Oppia ou Catulla, a-t-elle jamais rien refusé à qui satisfait sa lubricité ? La plus avare devient alors généreuse. — Mais quand un jeune homme est chaste, en quoi sa beauté lui nuit-elle ?
— Hélas ! Hippolyte et Bellérophon aussi étaient bien résolus à rester honnêtes. Et qu'y ont-ils gagné ? La femme que chacun d'eux repoussa, fu-

rieuse de honte, se crut dédaignée. La fureur de Sténobée égala celle de Phèdre la Crétoise : toutes deux s'animèrent à la vengeance. La femme n'est jamais plus féroce que quand chez elle la honte aiguillonne la haine. Voyons, dis-moi, quel conseil donneras-tu à ce jeune Silius que l'impératrice s'est mis en tête d'épouser? C'est le plus honnête comme le plus beau de nos jeunes patriciens; on l'enlève, le malheureux va mourir sous les yeux de Messaline. Il y a longtemps déjà qu'elle l'attend en costume de mariée; le lit nuptial, drapé de pourpre, est étalé aux regards dans les jardins; comme le veut l'antique usage, le million de sesterces va être compté : le prêtre viendra avec les témoins qui signeront au contrat. Ah! Silius, tu t'étais figuré que tout se passerait discrètement, que peu de gens seraient dans la confidence? Eh bien! non! Messaline veut un mariage en bonne forme : à quoi te décides-tu? Si tu refuses, tu mourras avant la nuit. Si tu consens au crime qu'on te propose, alors tu peux compter sur un court sursis; tu vivras jusqu'à ce que la chose, connue de Rome et de tout le peuple, parvienne enfin aux oreilles de l'empereur. Il sera le dernier à savoir l'opprobre de sa maison. Obéis donc, Silius, si tu tiens beaucoup à prolonger ta vie de quelques jours : mais quel que soit le parti auquel tu te décides, il faudra tendre au fer du bourreau cette jeune et charmante tête.

Ainsi les hommes ne doivent rien désirer? Veux-tu que je te dise? laisse aux dieux le soin d'apprécier ce qui convient le mieux à nos intérêts. Ils nous donneront, non ce qui nous plaît, mais ce qu'il nous faut. Ils aiment mieux l'homme que l'homme ne s'aime lui-même. Nous, au gré de nos passions aveugles et de nos violents caprices, nous désirons une épouse, des enfants : eux seuls, ils savent ce que seront ces enfants et cette femme. Si pourtant tu tiens absolument à former un vœu quelconque et à promettre aux chapelles des dieux quelque pieuse offrande d'andouilles, quelque hachis de cochon de lait, demande-leur la santé de l'âme et du corps : demande-leur un cœur ferme, pour qui la mort n'ait point d'épouvante, et qui sache compter la fin de la vie parmi les bienfaits de la nature; un cœur qui accepte tous les travaux, inaccessible à la colère, aux convoitises, capable de préférer les souffrances d'Hercule et ses rudes épreuves aux faveurs de Vénus, aux festins et au duvet de Sardanapale.... Mais ces biens que je te montre, il dépend de toi de les acquérir : la vie, pour trouver le calme, n'a d'autre route à suivre que celle de la vertu. O Fortune, si nous sommes sages, ton pouvoir est détruit; c'est à nous seuls que tu dois ta place au ciel, et ta divinité.

SATIRE XI.

LE LUXE DE LA TABLE.

Qu'Atticus ait une table délicate, on dira : c'est un homme qui sait vivre. Que Rutilus en fasse autant, c'est un fou. En effet, rien de plus propre à mettre le monde en humeur de rire, qu'un Apicius ruiné ? Aussi dans les festins, les bains, les places, le théâtre, ne parle-t-on que de Rutilus. Jeune et robuste, à l'âge où l'on peut porter le casque, où le sang n'est pas encore refroidi, le voilà, sans que le tribun l'y ait condamné, mais aussi sans qu'il s'y oppose, le voilà réduit, dit-on, à écrire la théorie du gladiateur, sous la dictée impérieuse du maître d'armes. On voit d'ailleurs force gens pour qui la vie n'a qu'un but : manger ! C'est à l'entrée du marché que leurs créanciers éconduits s'embusquent pour les atteindre. Celui d'entre eux qui fait la chère la meilleure et se traite le mieux, est toujours le plus obéré, celui dont la fortune branle visiblement et va crouler. En attendant, tous les éléments sont mis en œuvre pour chatouiller leur goût. Ce n'est jamais le prix qui les arrête. Notez bien que, pour eux, les meilleurs mets ce sont les plus chers. Aussi trouvent-ils tout simple d'emprunter et de gaspiller l'argent, tant qu'il leur reste à mettre en gage quelque argenterie, un fragment de statue, celle de leur mère. N'ayant plus qu'un plat de terre, ils y dévoreront un repas de quatre cents écus. C'est ainsi que peu à peu on se voit réduit à la gamelle du gladiateur.

Donc, même entre gens menant un train de vie pareil, il y a des différences à considérer. Ce qui est excès pour Rutilus, semble convenable chez Ventidius; sa fortune justifie tout. N'est-ce donc pas chose à faire pitié qu'un homme, sachant faire une différence entre la hauteur de l'Atlas et celle des autres montagnes libyennes, soit incapable d'en faire aucune entre un gros coffre-fort et une bourse modeste? C'est du ciel que nous est venue la maxime: *Connais-toi toi-même*. Il la faudrait graver dans son cœur, et la méditer toujours, soit qu'on cherche femme, soit qu'on prétende à prendre place dans l'auguste sénat. Thersite ne s'est pas avisé de réclamer la cuirasse d'Achille sous laquelle Ulysse même semblait grotesque.

Si tu prétends te charger d'une cause épineuse

à laquelle se rattachent de graves intérêts, tu dois d'abord te consulter et te dire : « Ai-je une vraie éloquence, ou bien ne suis-je qu'un Curtius, un Mathon, c'est-à-dire une machine à parole? » Il faut connaître sa mesure et ne se point oublier, qu'il s'agisse de choses grandes ou petites, fût-ce d'un poisson à acheter. Ne va pas te mettre en tête d'acheter un surmulet, quand ta bourse ne te permet qu'un goujon. En effet, si à mesure que tes fonds baissent, ta goinfrerie s'accroît, qu'adviendra-t-il au bout du compte, quand tu auras englouti les biens de ton père, et que, rentes, argenterie massive, troupeaux, domaines, toute ta fortune aura passé dans ton ventre, ce gouffre à tout absorber ! Les propriétaires de cette espèce finissent par vendre jusqu'à leur bague de chevalier; voici Pollion qui tend à l'aumône sa main sans anneau.

Jamais dissipateur n'arrive trop tôt au bûcher, jamais sa mort n'est prématurée. Pour de telles gens, la mort est moins à redouter que la vieillesse. Voici la marche qu'ils suivent d'ordinaire : d'abord on emprunte de l'argent, et on le mange à Rome, à la barbe de ceux qui l'ont prêté. Puis, quand il n'en reste plus guère, et que le visage des créanciers commence à s'allonger, on lève le pied, et l'on va manger des huîtres à Baïa. C'est que maintenant ici on ne se fait pas plus scrupule de décamper ainsi, que de quitter le quartier bruyant de Suburre pour aller loger aux Esquilies. En fuyant ainsi sa ville natale, on a du chagrin sans doute, un seul chagrin, mais réel : on va pendant une année manquer les jeux du cirque! Ici la face humaine ne sait plus rougir. La pudeur, se sentant ridicule, va quitter Rome, et bien peu de gens essayent de l'y retenir.

Ce soir, cher Persicus, tu pourras t'assurer si ce sont là simplement pour moi de belles maximes, auxquelles ma vie, mes mœurs, mon régime ne répondent point; si je suis de ces gens qui, vantant fort le régime végétal, font bombance à huis clos; de ceux enfin qui, devant le monde, demandent à leur esclave, tout haut, du brouet, tout bas des friandises. Tu m'as promis de souper chez moi : je t'accueillerai comme Évandre reçut le héros de Tirynthe, comme plus tard il reçut un hôte moins grand sans doute, mais dont la race aussi venait du ciel, où tous deux remontèrent un jour, en passant l'un par l'eau, l'autre par le feu[1].

Voici le menu du repas; le marché n'en fera point les frais. On m'enverra des environs de Tibur un chevreau gras, le plus jeune de son troupeau, et qui n'a point encore brouté l'herbe ni tou-

---

1. Énée noyé dans les eaux du Numicius, Hercule brûlé sur le mont Œta.

ché aux branches basses des saules : il a dans le corps plus de lait que de sang ; puis des asperges ; la fermière a quitté un instant son fuseau pour les aller cueillir dans la montagne ; puis, avec de beaux œufs encore chauds dans leur foin, les mères qui les ont pondus ; enfin des raisins conservés pendant une saison et tels encore qu'ils étaient sur leur vigne, des poires de Signia et de Syrie, et dans les mêmes corbeilles des pommes au frais parfum, aussi belles que celles du Picénum : tu pourras en manger sans crainte, l'hiver les a séchées et leur a fait perdre leur crudité. Pour nos sénateurs du vieux temps, un tel souper eût été une vraie débauche. Curius faisait cuire lui-même à son pauvre foyer les légumes cueillis dans son petit jardin ; maintenant le plus crotté des esclaves qui bêchent, la chaîne au pied, dédaignerait le régime de Curius. Il a pris goût aux tripes, il les connaît pour s'en être régalé au milieu des chaudes vapeurs du cabaret. Jadis on faisait sécher le dos d'un porc sur une claie pendue au plafond ; c'était le fin morceau des jours de fête. Pour célébrer sa naissance, on servait à ses proches une tranche de lard, à laquelle on joignait parfois la viande fraîche, que fournissait la victime du jour. Quelque cousin, trois fois consul, qui avait commandé des armées, et rempli les fonctions de dictateur, se rendait au repas de famille la bêche droite sur l'épaule, quittant ce jour-là plus tôt que de coutume son champ dans la montagne, le champ dompté par son bras.

Au temps où les Fabius, le rude Caton, les Scaurus, les Fabricius faisaient trembler le vice, où le censeur même avait à redouter les rigueurs de son sévère collègue, personne ne s'inquiétait de savoir dans quels parages de l'Océan nageait la tortue, destinée un jour à fournir aux fils des Troyens les riches ornements d'écaille de leur noble couche. Les lits d'alors étaient petits, et pour tout ornement, ils portaient à leur chevet de bronze une tête d'âne couronnée de pampre, devant laquelle les enfants s'ébattaient avec leur gaieté de petits paysans. Aussi les mets qu'on servait là étaient-ils simples, comme la maison et le mobilier. Alors nos rudes soldats ignoraient le prix des chefs-d'œuvre de l'art grec. Après avoir renversé les cités, trouvaient-ils dans leur part de butin des coupes ciselées par des artistes fameux, ils les brisaient pour en faire des caparaçons, orgueil de leurs chevaux. Ou bien on en faisait quelque emblème à placer sur son casque : c'était ou les deux jumeaux dans l'antre avec la louve s'apprivoisant pour servir les destinées de Rome, ou Mars, figuré nu, le bouclier au bras, la lance au poing, et du haut du cimier se penchant vers l'ennemi, qui allait tomber sous l'épée du soldat romain. Tout ce qu'on avait d'argent, on le faisait briller sur ses armes. Quant au souper, composé de bouillie, on le mangeait dans des plats de terre étrusque. Voilà des biens qu'il leur faut envier, du moment qu'on se met à convoiter le bien d'autrui.

Alors aussi dans les temples la majesté des dieux se faisait mieux sentir. Ce fut leur voix qui, vers le milieu de la nuit, retentit dans Rome pour révéler l'approche des Gaulois partis des bords de l'Océan. Les dieux daignaient alors nous servir d'augures. C'est ainsi que Jupiter veillait aux destinées de Rome, quand il était d'argile et que l'or n'avait point encore profané son image. En ce temps-là nos tables étaient du même pays que nous, et taillées dans les arbres de l'Italie. Nos vieux noyers servaient à cet usage, quand un coup de vent d'est venait à les abattre. Mais nos riches maintenant n'éprouvent nul plaisir à table, pour eux daims et turbots n'ont qu'un goût fade, roses et parfums sont sans odeur, si leurs larges tables rondes n'ont pour supports des pieds d'ivoire portant à leur extrémité supérieure un léopard, la gueule ouverte. Cela se fabrique avec les défenses qu'on va chercher aux portes de Syène, chez les Maures agiles, chez les Indiens plus basanés encore, dans les forêts Nabatéennes, où l'éléphant laisse tomber ses dents, quand elles sont trop grandes et que leur poids le gêne. Des pieds d'ivoire, voilà ce qui excite l'appétit et vous met en goût de manger. Mais un pied d'argent pour une table, ah fi! autant vaudrait au doigt un anneau de fer. Pour moi, je m'arrange pour n'inviter jamais de ces convives à prétentions, qui, comparant leur mobilier au mien, prendraient en pitié ma façon de vivre. On ne trouverait pas chez moi une once d'ivoire, pas même en dés ou en jetons. Les manches de mes couteaux sont en os : ce qui pourtant ne donne aux viandes aucun mauvais goût; la poularde qu'ils découpent, n'en est pas moins tendre.

Tu ne verras point chez moi un de ces maîtres d'hôtel experts en découpage, un de ces artistes hors ligne, sortis de l'école du savant Tryphérus[1], chez qui l'on s'exerce à détailler de grandes pièces de porc, le lièvre, le sanglier, la gazelle, le faisan de Scythie, le flamant gigantesque, la chèvre de Gétulie, repas splendide, mais tout en bois, qui se découpe avec des couteaux émoussés, et dont l'on entend tomber les morceaux, quand on passe dans le quartier de Suburre. Mon découpeur à moi ne sait détacher lestement ni un émincé de chevreuil, ni un blanc de pintade : il est tout neuf en ce métier, il n'a jamais fait d'études, n'ayant encore travaillé que sur de petites pièces de viande grillée. Le garçon qui nous servira à boire ne t'offrira que des coupes

---

1. Ce Tryphérus tenait dans le quartier de Suburre une école de découpage. Les différentes viandes étaient figurées en bois et divisées en morceaux collés entre eux ou réunis par des fils.

valant à peine quelques as, des coupes de plébéiens. Ses vêtements sont grossiers, et le garantissent du froid. Ce n'est pas un de ces esclaves phrygiens ou lyciens, qu'on va acheter bien cher chez le marchand; quand tu lui demanderas quelque chose, parle-lui latin. Mes deux serviteurs ont même costume, cheveux courts et sans frisure, peignés exprès pour ce grand jour. L'un est le fils de mon pâtre, qui est un rude gaillard; l'autre est le fils de mon bouvier, il soupire après sa mère qu'il n'a pas vue depuis longtemps, il est triste et regrette sa cabane, ses chevreaux qu'il connaissait tous. C'est un enfant d'une physionomie naïve, honnête; il a l'air décent qui siérait si bien à nos jeunes nobles, sous leur pourpre enflammée. Sa voix n'est point enrouée; il n'a pas eu besoin de faire épiler ses aisselles, et, quand il va au bain, il n'y étale point ces signes d'une puberté hâtive, que d'autres tout honteux sont obligés de cacher, en portant devant eux la fiole d'huile. Il te versera du vin récolté sur les coteaux d'où lui-même il est venu à Rome, au pied desquels il jouait naguère. Le vin et l'échanson sont du même cru.

Tu te flattes peut-être de voir paraître, au milieu d'un cercle de chanteuses, des danseuses de Gadès aux attitudes lascives, de celles qui, se baissant tout à coup en tortillant des hanches, soulèvent un tonnerre d'applaudissements. Voilà ce qui fouette le sang assoupi de nos riches, voilà un âcre stimulant. Pourtant ils trouvent plus de plaisir aux danses de l'autre sexe, il se développe mieux : c'est alors que, par les yeux, par les oreilles, le désir envahit leurs sens. Ces gentillesses ne sont point faites pour mon humble demeure. Permis à ce richard de se plaire au son des castagnettes, accompagnant des paroles dont rougirait de se servir la malheureuse qui s'étale nue dans un bouge infect. Pour savourer tout ce vocabulaire des mauvais lieux, ces fantaisies de la débauche, il faut pouvoir vomir sur un parquet de mosaïque laconienne. Ce sont licences permises aux riches. Le jeu, l'adultère nous déshonoreraient, nous autres gens de peu. Mais, riche, on peut tout faire, et le monde n'y voit qu'une jovialité de bon ton.

Notre souper nous donnera des jouissances d'une autre sorte. On nous lira le poëte de l'Iliade, et ce Virgile, dont le génie élevé rend entre ces grands maîtres la victoire indécise. Pour faire goûter de pareils vers, l'organe du lecteur est chose indifférente.

Laisse donc de côté et les soucis et les affaires, et puisque aujourd'hui tu es de loisir, accorde-toi ces heures de plaisir et de repos. On ne parlera point de placement de fonds, n'est-ce pas? Chassons toute cause de mauvaise humeur ; oui, quand même ta femme aurait l'habitude de partir au point du jour pour rentrer tard au logis, la coiffure dérangée, le teint enflammé, l'oreille rouge, les vêtements froissés d'une façon suspecte. Laisse toutes tes peines au seuil de ma demeure : oublie les tracas du ménage, et tout ce que tes esclaves peuvent te casser ou te voler. Oublie surtout la douleur que causent des amis ingrats !

En ce moment, on célèbre les jeux mégalésiens, en l'honneur de la déesse de l'Ida. Déjà la serviette jetée dans le cirque a donné le signal[1]. Ce préteur, qui se ruine en chevaux, est sur son char; on dirait un triomphateur. Soit dit sans offenser notre immense et trop nombreuse population, Rome entière est aujourd'hui dans le cirque. Déjà une explosion de cris a frappé mon oreille; j'en conclus que le cocher vert est vainqueur; car s'il était battu ce serait une morne consternation, comme au jour où

---

1. « *Mappa*. Morceau d'étoffe ou serviette, qu'aux fêtes du cirque et dans d'autres jeux le magistrat qui les faisait célébrer jetait en l'air pour donner le signal des courses (Suet., *Nero*, 22; Mart., XII, 29, 9). Cet usage paraît remonter à une très-haute antiquité, puisqu'on en attribue l'origine aux Phéniciens (Quint., I, 4, 50), quoique postérieurement une anecdote ait eu cours qui en faisait Néron l'auteur. On racontait qu'un jour, dînant dans la *Maison-Dorée*, qui avait vue sur le *Circus Maximus*, comme la multitude criait et témoignait son impatience de voir commencer les courses, il prit une serviette sur la table et la jeta par la fenêtre, donnant ainsi le signal désiré. (Cassiod., *Var.*, *Ep. III*, 51.) » (*Dictionn. d'A. Rich.* traduit par M. Chéruel.)

les deux consuls furent défaits dans les champs poudreux de Cannes. Courez à ces fêtes, ô jeunes gens, vous qui prenez plaisir à crier ainsi, à lancer des paris hasardeux, à figurer auprès de nos dames à la mode; et vous aussi, jeunes femmes, allez, près de vos maris, voir des choses qu'on n'oserait raconter devant vous. Pour nous qui sommes vieux, quittons la toge, et chauffons notre peau ridée au soleil du printemps. Quoique nous ne soyons encore qu'à la cinquième heure, tu peux sans te compromettre te présenter aux bains. Par exemple, c'est là un genre de vie qu'on ne continuerait pas cinq jours de suite; on en serait bien vite dégoûté. Plus rare est le plaisir, plus il est savoureux.

SATIRE XII.

LE RETOUR DE CATULLUS.

Ce jour, ô Corvinus, est pour mon cœur une plus douce fête que le jour de ma naissance : c'est aujourd'hui que l'autel de gazon attend les victimes promises aux Dieux ; j'amène à la reine du ciel une jeune brebis à la toison de neige ; une autre d'une blancheur pareille est destinée à la déesse qui s'arme de la Gorgone, le monstre africain. Pour Jupiter Tarpéien, je lui réserve cette victime dont le front mutin tend et secoue en bondissant la corde où elle est attachée : c'est un jeune taureau déjà farouche, déjà mûr pour les temples et pour l'autel ; le vin du sacrifice peut couler sur sa tête ; il dédaigne déjà de teter sa mère et tourmente le tronc des arbres de sa corne naissante. Si j'étais riche, si ma fortune répondait à mes sentiments, je ferais traîner à l'autel une victime plus grosse qu'Hispulla, un de ces taureaux alourdis par leur chair massive ; non point de ces victimes que nourrissent les herbages voisins de Rome ; la richesse de son sang attesterait qu'il vient des pâturages de Clitumnes, et, pour l'abattre, il faudrait le bras d'un victimaire vigoureux. Pourrais-je faire moins pour fêter le retour d'un ami frémissant encore des terribles épreuves qu'il a subies et qui s'étonne lui-même de se retrouver vivant ?

Car ce n'est point seulement aux chances de la mer, aux éclats de la foudre qu'il vient d'échapper : tout à coup au milieu des ténèbres épaisses dont un nuage immense couvrait le ciel, le feu prit aux antennes de son navire : chacun alors se croit perdu, chacun reste anéanti devant un fléau qui fait oublier l'horreur du naufrage ; les voiles flambent. A toutes les fureurs d'une tourmente, telle qu'on en voit chez les poëtes, à tous ces accidents, va peut-être se joindre une nouvelle épreuve. Écoute et compatis à cette autre misère, quoiqu'elle n'ait rien de plus affreux, quoique l'idée nous en soit familière, grâce aux tableaux votifs qui en présentent l'image dans bien des temples : les tableaux pour les chapelles d'Isis ne sont-ils pas pour nos peintres le plus clair de leur revenu ? Toutes ces terreurs, notre ami Catullus eut à les subir.

Déjà le flot remplit la cale ; les deux flancs du navire porté çà et là plongent alternativement dans la vague dont les coups l'ébranlent ; l'expérience du vieux pilote en cheveux blancs est devenue inutile ; Catullus s'avise alors d'apaiser l'ouragan en lui faisant sa part. Ainsi le castor, quand il se voit menacé, se réduit lui-même à l'état d'eunuque, et se décide pour se sauver à sacrifier la partie de son corps qui contient le castoréum, tant il comprend le prix qu'on y attache. « Jetez à la mer tous mes biens, » s'écrie Catullus. Il va précipiter dans les flots jusqu'à sa robe de pourpre, dont la beauté eût ravi la délicatesse de Mécène et de ses pareils, jusqu'à ces étoffes dont la laine se teint naturellement sur le dos du mouton lui-même, grâce à la secrète et puissante vertu des prairies, des eaux bienfaisantes et du climat de la Bétique. Il va, sans hésiter, lancer à la vague son argenterie, des plats, chefs-d'œuvre de Parthénius, un cratère grand comme une amphore, et, par sa capacité, digne de suffire à la soif de Pholus ou de la femme de Fuscus ; puis des bassins, des assiettes ; puis des coupes ciselées dans lesquelles a bu l'homme habile qui sut acheter Olynthe [1]. Est-il aujourd'hui, est-il un seul être au monde, capable de préférer, comme Catullus, à son argenterie, à ses trésors, sa vie et son salut ? Tel est l'aveuglement de certains hommes : ce n'est pas pour vivre qu'ils amassent ;

1. Philippe de Macédoine.

ils vivent pour amasser. Oui, presque tous ces trésors sont jetés à la mer : ce sacrifice ne l'apaise pas : alors, le danger croissant toujours, on est réduit à couper le mât pour échapper aux étreintes de la tempête : ressource suprême de mutiler son vaisseau pour le sauver ! Va maintenant, va confier aux vents ton existence ; mets entre la mort et toi ce bois équarri, cette planche épaisse de quatre doigts, de sept tout au plus, et souviens-toi qu'avec tes bagages, avec tes provisions de pain, avec tes cruches au large ventre, il faut te munir de haches; à l'heure de la tempête on en aura besoin. Enfin la mer s'aplanit et s'endort ; le temps devient propice au passager, le destin triomphe et de l'Eurus et des flots. Les Parques souriant à mon ami vont d'une main bienveillante lui filer des jours meilleurs et dévider pour lui la blanche laine. Le vent le seconde, un vent presque aussi doux qu'une brise légère. Le navire désemparé s'avance rapidement ; les matelots n'ont eu d'autre ressource que de tendre leurs vêtements en guise de voiles, celle de la proue seule a survécu à l'orage. Mais l'Auster ne souffle plus, et le soleil ramène l'espérance de la vie. Enfin se montrent à l'horizon ces hauteurs où se plaisait Iule et dont il préféra le séjour à celui de Lavinium, la patrie de sa belle-mère. C'est la montagne à laquelle donna son nom cette fameuse truie blanche qui fit la joie et l'admiration des Phrygiens, une truie comme on n'en voit guère, car elle avait trente mamelles. Enfin voilà le navire dans les eaux qu'enferment les deux môles d'Ostie, l'Alexandrie tyrrhénienne, qui tend aux marins jusque dans la haute mer ses deux bras allongés et comme détachés de l'Italie : les ports creusés par la nature sont moins admirables. Le pilote conduit son bâtiment mutilé au fond de cette enceinte où les canots même de Baïa n'auraient rien à craindre. C'est là, dans cet asile sûr, que les matelots aux têtes tondues, bavardant à cœur joie, vont raconter les périls auxquels ils viennent d'échapper.

C'est pour cela, mes enfants [1], qu'il vous faut maintenant, silencieux et recueillis, porter aux temples vos guirlandes et placer la farine sainte sur les couteaux des sacrificateurs ; c'est pour cela qu'il faut construire le foyer en amoncelant le vert gazon. Allez, je vous rejoins ; puis, après avoir accompli selon les rites ce devoir essentiel, je reviendrai chez moi où mes petits Dieux de cire, Dieux brillants et fragiles, se parent déjà de leurs légères couronnes. Là j'offrirai mon encens et mes prières à Jupiter, protecteur du foyer domestique, aux Lares paternels ; je répandrai les violettes de toutes nuances. Déjà tout ici prend un air de fête : sur ma porte se dressent de longs rameaux, et de-

---

1. Ses esclaves.

puis ce matin les lampes allumées consacrent cet heureux jour.

Et ne va pas ici, Corvinus, soupçonner de ma part quelque calcul; Catullus, dont le retour me fait élever tant d'autels, a des héritiers, trois jeunes enfants. D'ordinaire, on ne s'avise guère, n'est-ce pas? d'immoler même une vieille poule à moitié morte, ou, dépense plus modeste, une simple caille, pour un ami dont l'affection est si improductive, et qui a le tort d'être père ! Mais que la riche Gallita, que Paccius, dépourvus tous deux d'héritiers naturels, ressentent le moindre accès de fièvre, aussitôt les parvis des temples se tapissent de pieux ex-voto; on voit sortir de terre des gens qui, pour la guérison du malade, s'engagent à immoler cent bœufs, et qui promettraient des éléphants, si l'on en trouvait au marché. Mais cette grosse bête ne se reproduit point dans nos climats; il faut l'aller chercher parmi les peuples à peau noire; et dans le troupeau d'éléphants qu'entretient l'empereur dans le bois des Rutules et le champ de Turnus, aucun n'est d'humeur à obéir à des particuliers; ils savent qu'ils sont les fils de ceux qui jadis servirent sous le Carthaginois Annibal, sous nos capitaines, sous Pyrrhus, le roi des Molosses, et qui, prenant leur part de la guerre, portaient sur leur dos au milieu des batailles une tour et des soldats. Certes, si l'on en trouvait à vendre, ni

Novius, ni Pacuvius Hister ne se feraient faute de faire briller leur ivoire devant les autels, et d'immoler un de ces animaux devant les Dieux Lares de Gallita, comme la seule victime digne de Dieux si respectables et des coureurs de testaments. Pacuvius même, si c'était permis, serait capable de promettre en sacrifice les plus beaux et les mieux faits de ses esclaves; hommes ou femmes, il leur mettrait la bandelette au front; s'il trouvait chez lui quelque Iphigénie déjà nubile, il la mènerait à l'autel, quoique bien convaincu d'avance qu'une biche ne viendrait pas la remplacer, comme dans la tragédie. Bien, ô Pacuvius, tu me rends fier d'être Romain. Les mille vaisseaux des Grecs, qu'était-ce au prix d'un testament? En effet, que le malade échappe à Libitine, le voilà dans la nasse, il supprime son dernier codicille, et, touché d'une preuve d'affection si merveilleuse, à Pacuvius seul peut-être il léguera d'un mot tous ses biens, et Pacuvius ira la tête haute, narguant tous ses rivaux. Vous le voyez donc bien, cela vaudrait la peine de renouveler le sacrifice de la fille de Mycènes.

Donc, vive Pacuvius! la vie de Nestor, voilà ce que je lui souhaite; qu'il possède autant d'or qu'en vola l'empereur Néron, qu'il en ait des montagnes, et que, n'aimant personne, il ne trouve personne aussi pour l'aimer.

SATIRE XIII.

LA CONSCIENCE.

Le crime déplaît même à qui le commet. Tel est pour le coupable le premier châtiment : sa conscience le juge et jamais ne l'absout, quand même il aurait eu le crédit de triompher des lois et de faire mentir la justice. Oui, Calvinus, tu viens d'être victime d'un manque de foi abominable ; mais crois-tu que tous n'en soient pas indignés ? D'ailleurs ta fortune n'est pas assez bornée pour qu'une perte médiocre puisse consommer ta ruine. Et puis le malheur qui t'afflige n'est pas rare. Bien d'autres l'ont éprouvé. C'est un événement fort commun, pris au tas des disgrâces que le hasard se plaît à prodiguer. Donc, point de plaintes excessives. Le chagrin d'un homme doit avoir des bornes, et se proportionner au coup qui l'a frappé. Eh quoi! un accident aussi léger, détail insignifiant parmi les misères humaines, te semble à peine supportable? le sang te bout, ton cœur s'enflamme, et pourquoi? Parce qu'un faux ami s'appropria un dépôt confié par toi à son honneur; ce trait te surprend, à ton âge, toi, un homme né sous le consulat de Fontéius, et qui laisse déjà derrière lui soixante années? Voilà tout le fruit que tu retires d'une si longue expérience? S'il est vrai que les divins préceptes de la philosophie ont la vertu de nous mettre au-dessus de la fortune, l'expérience aussi est un bonheur pour ceux qu'elle instruit à ne pas regimber contre le joug, et qui ont appris de la vie elle-même à supporter les maux de la vie.

Quel jour de l'année est assez béni du ciel pour ne voir paraître ni escroquerie nouvelle, ni trahison, ni fourberie, ni la cupidité qui cherche l'or dans tous les crimes, et s'enrichit par le couteau ou le poison? Hélas, les honnêtes gens sont rares. Leur nombre égale à peine celui des portes de Thèbes ou des bouches du fleuve qui féconde l'Égypte. Nous vivons dans le neuvième âge, un âge plus mauvais que le siècle de fer, et si odieux, que la nature elle-même n'a pas trouvé de métal qui pût servir à le désigner. Et pourtant à grands cris nous attestons les Dieux, les hommes! Les clients faméliques de l'avocat Fœsidius ne font pas plus de tapage, quand ils applaudissent leur patron. Mais dis-moi, Calvinus, ô vieil enfant, tu ignores donc quelle concupiscence éveille en nous l'argent d'autrui, et combien ta simplicité réjouit le monde, quand tu prétends exiger de tous tes contemporains qu'ils tiennent leur parole? Tu veux leur persuader qu'il y a un Dieu présent au temple et sur l'autel ensanglanté? C'était bon jadis, dans la vieille Italie, avant le départ de Saturne, avant qu'il eût laissé là sa couronne pour prendre la faux du moissonneur, au temps où Junon n'était qu'une petite fille, et où Jupiter, dans les grottes de l'Ida, ne se mêlait pas encore des affaires du monde. Alors on ne dînait pas là-haut, au-dessus des nuages ; les Dieux ne s'y faisaient point servir à boire par le jeune Ganymède, ni par la gentille épouse d'Hercule, ni par Vulcain, buvant un coup de nectar et s'essuyant la bouche de ses bras noircis aux forges de Lipari. Chacun des Dieux mangeait chez lui : quant à leur nombre, il était loin d'être ce qu'il est aujourd'hui. Le ciel, moins peuplé, pesait moins lourd sur les épaules d'Atlas. Le sort n'avait assigné à personne la sinistre royauté de l'abîme, on ne parlait alors ni du sombre Pluton et de sa femme, enfant de la Sicile, ni de la roue d'Ixion, ni des Furies, ni du rocher de Sisyphe, ni du vautour, ce noir bourreau; les morts étaient contents et se passaient de rois.

Dans ce temps là donc, un acte d'improbité pouvait surprendre. C'était une abomination, c'était un crime capital pour un jeune homme, de ne point s'être levé devant un vieillard; pour un enfant, de manquer de respect à un homme, lors même que la famille de cet enfant était plus opulente et qu'il se mangeait chez lui plus de fraises et plus de glands. Quatre ans de plus, c'était un titre, et la barbe naissante d'un aîné obtenait la déférence due à l'auguste vieillesse.

Aujourd'hui, qu'un ami te rende l'argent que tu as déposé chez lui, qu'il te restitue ton vieux coffre avec toute sa rouille, sans y avoir touché, la chose tient du prodige; elle vaut la peine que l'on consulte les livres étrusques, c'est un miracle qui exige le sacrifice d'une brebis couronnée. Quand je tombe par hasard sur un homme intègre, un homme d'honneur, il me semble voir un phénomène vivant, un enfant à deux corps, un poisson que la charrue étonnée a rencontré dans le sillon, une mule devenue mère! Ce prodige me confond, comme si je voyais tomber une pluie de pierres, un essaim d'abeilles se poser en forme de grappe sur le faîte d'un temple, ou une rivière rouler tout à coup dans la mer des tourbillons de lait. Un fripon t'a détourné dix mille sesterces, dis-tu, c'est un sacrilége; soit : mais regarde cet autre qui, par le même procédé, s'est vu enlever deux cent mille sesterces placés sans témoin, et cet autre qui a perdu plus encore, une somme si considérable qu'elle tenait à peine au fond d'un large coffre-fort? Il est si facile, si naturel de braver les Dieux, témoins de nos serments, si nous n'avons à craindre le témoignage d'aucun mortel. Regarde cet homme qui nie un dépôt : comme sa voix est ferme! Sur cette face qui ment, quelle assurance! Il jure par les rayons du jour, par la foudre de Jupiter Tarpéien, par la framée de Mars, par les javelots du dieu prophète de Cirrha, par les flèches et les carquois de Diane la jeune chasseresse, par ton trident, Neptune, ô roi des mers! Il y joindra l'arc d'Hercule et la lance de Minerve, enfin tout ce qu'on peut trouver d'armes dans l'arsenal du ciel. Est-il père, « Si je mens, dit-il, que je mange la tête de mon pauvre enfant, bouillie et avec un filet de vinaigre de Pharos! »

Il y a des gens qui font dépendre toutes choses de la fortune et de ses hasards; pour eux le mouvement de l'univers n'obéit point à une direction suprême, c'est la nature seule qui ramène les révolutions périodiques des jours et des années. Aussi leur main peut-elle sans trembler toucher tous les autels. Tel autre, au contraire, redoute le châtiment qui doit suivre le crime, il croit qu'il est des Dieux; néanmoins il se parjure, il se dit : « Qu'Isis fasse de mon corps ce qu'elle voudra; que sa main irritée touche mes yeux du sistre et les ferme à la lumière, pourvu que je garde les écus que je prétends n'avoir pas reçus. Qu'est-ce après tout que la phthisie, des abcès purulents, une jambe de moins? Ladas est pauvre; s'il n'a pas une de ces folies qui réclament l'ellébore d'Anticyre et les soins du médecin Archigènes, il souhaitera la goutte, si l'opulence vient avec elle. Le bel avantage en effet, d'entendre vanter ses pieds rapides, de recevoir à Pise un rameau d'olivier, et de crever de faim! Le courroux des Dieux peut être terrible, mais ils sont lents à punir. S'ils se mêlent de châtier tous les coupables, quand viendra mon tour? Il se peut d'ailleurs que je trouve moyen de les apaiser. D'ordinaire ils sont indulgents pour de pareils méfaits. Le même crime a souvent des suites bien différentes : à l'un il vaut le gibet, à l'autre, la couronne. »

Par de telles raisons notre homme se rassure et étouffe les scrupules de sa conscience épouvantée. Tu l'appelles au temple? il y court plus vite que toi; il t'y traînerait lui-même, d'autorité! Hélas! beaucoup d'aplomb dans une mauvaise cause, c'est pour la foule la noble assurance de la vertu; et notre homme joue son rôle avec la perfection de l'esclave fugitif, dans la pièce si amusante de Catulle; et toi, pauvret, tu te récries d'une voix plus retentissante que celle de Stentor ou plutôt que celle de Mars dans Homère : « O Jupiter! tu l'entends ; et tes lèvres n'ont pas bougé, lorsque ta bouche aurait dû déjà le démentir, oui, ta bouche, qu'elle soit de marbre ou d'airain ! C'est bien la peine de venir ici tirer dévotement d'un morceau de papier l'encens qu'on met sur tes charbons et de t'offrir une tranche de foie de veau et des tripes de cochon magnifiques ! Hélas ! je le vois trop ! vos images ou la statue de Bathylle, tout cela mérite le même respect ! »

Écoute-moi; pour trouver des raisons propres à te consoler, il n'est pas nécessaire de connaître les préceptes des Cyniques et des Stoïciens, entre lesquels il n'y a, du reste, aucune différence que celle du costume, ni de révérer Épicure, pour avoir vécu content des légumes de son petit jardin. Aux maladies graves, il faut d'habiles médecins. Mais toi, tu peux confier ta veine, même à un élève de Philippe [1]. Si tu ne vois pas sur la terre d'iniquité plus révoltante que l'acte dont tu te plains, je n'ai plus rien à dire. Va, meurtris ta poitrine à coups de poing, applique sur ta face de larges soufflets, je ne m'y oppose point. Aussi bien, après un tel accident, l'usage veut qu'on s'enferme chez soi. Alors dans toute la maison, c'est une désolation, un vacarme ! Une perte d'argent, c'est bien autre chose qu'un deuil de famille. Oh ! cette fois, personne ne joue le désespoir; on ne se borne pas à

---

1. Probablement un médecin peu habile, quelque docteur Sangrado de ce temps-là.

établir un peu de désordre dans sa toilette, à se frotter les yeux pour en tirer une larme qui ne veut pas venir. Quand on pleure ses écus, on pleure tout de bon.

Mais si tous les tribunaux retentissent des mêmes plaintes, si partout des débiteurs auxquels on montre sur une tablette un engagement écrit de leur main, et lu dix fois devant des témoins différents, osent n'en pas tenir plus de compte que du premier morceau de bois venu, osent méconnaître leur propre écriture, leur cachet (un cachet remarquable pourtant, une sardoine qu'ils gardent dans un étui d'ivoire) ; oh ! vraiment alors je te trouve ravissant avec ta prétention d'être excepté de la loi commune; te crois-tu donc fils de la poule blanche? Et nous, ne serions-nous que de misérables poulets, nés de quelques œufs de rebut?

Ton malheur est peu de chose, il n'y a pas de quoi tant s'échauffer la bile. Regarde : en fait de crimes, tu trouveras beaucoup mieux. Compare à ton coquin le tueur à gages; l'incendiaire dont le crime se dénonce, car c'est à la porte de la maison, qu'avec l'aide du soufre, la flamme a commencé ; le sacrilége, qui ravit à nos vieux temples ces grandes coupes parées de leur rouille adorable, les offrandes des nations, ou les couronnes données par quelque roi des anciens temps. Faute d'une si bonne aubaine, un filou plus modeste raclera, pour en détacher l'or, la cuisse d'Hercule ou la face même de Neptune; il enlèvera à Castor sa lame de métal, et pourquoi pas? Il a bien osé plus d'une fois fondre des statues de Jupiter Tonnant. Compare à ton fripon ces misérables qui fabriquent et vendent les poisons, enfin ce parricide, que la loi va punir en le précipitant dans la mer, enfermé dans une peau de bœuf avec un pauvre singe fort innocent de son forfait! Tout ceci n'est que la moindre partie des crimes qui, du matin au soir, sont déférés à Gallicus, le préfet de Rome. Si tu veux avoir la mesure de la moralité humaine, la maison seule de Gallicus suffit pour t'édifier à ce sujet : passes-y quelques jours, et quand tu en sortiras, plains-toi, je t'en défie! Est-on surpris, dans les Alpes, de rencontrer des goîtreux; à Méroé, des femmes pourvues de mamelles plus grosses que leurs énormes enfants; en Germanie, de voir des yeux d'un bleu sombre, des chevelures blondes, huilées et formant comme deux cornes rejetées en arrière? Non; car, chez ces peuples, ce sont là des traits communs. Quand le pygmée voit tout à coup fondre sur lui les grues de Thrace et leur nuée bruyante, il court au combat, vêtu de ses petites armes; mais bientôt, sa cruelle ennemie, plus forte, l'a saisi, et dans ses serres recourbées l'emporte au milieu des airs. Si l'on voyait chez nous pareille chose, quels éclats de rire! Mais là, où ces combats se renouvellent perpétuellement, personne n'en rit, parce que tout le monde n'y a qu'un pied de haut.

« Mais quoi ? nulle punition pour ce parjure, pour cette abominable friponnerie ? »

— Suppose un moment ton scélérat chargé de chaînes ; voilà qu'on l'entraîne ; il va périr d'un supplice quelconque, à notre choix.... il me semble que ta haine ne peut guère demander mieux ? Eh bien ! ton argent en est-il moins perdu ? Rentreras-tu jamais dans tes fonds ? Non, ta consolation ce sera l'odieux plaisir de voir un peu de sang s'échapper de son cadavre mutilé.

« — Mais la vengeance est un bonheur plus charmant que la vie même. »

— Oui, pour ces brutes que la moindre cause, un rien suffit pour exaspérer ; le plus léger motif sert de prétexte à leur fureur. Mais ce n'est point là ce que te diront Chrysippe, ni Thalès, ce génie si humain, ni le vieillard qui habitait près de l'Hymette, où le miel est si doux. Non, même dans sa cruelle geôle, jamais Socrate n'eût voulu partager sa ciguë avec l'accusateur qui la lui faisait boire. Par ses sages leçons, par son heureuse influence, la philosophie sait dissiper d'abord nos préjugés, et nous guérir peu à peu de bien des vices. Oui, la vengeance est la joie de la faiblesse, le fait d'une âme étroite et pusillanime. Tiens, en veux-tu la preuve ? Regarde la femme : nul être au monde n'est plus sensible au plaisir de se venger. Pourquoi croire d'ailleurs les scélérats impunis? Le souvenir de leur crime les tient dans une stupeur douloureuse. S'armant d'un fouet que nul ne voit, que nul n'entend, leur pensée les déchire et se fait leur bourreau. Va, un supplice mille fois plus atroce que tous les tourments inventés par le dur Cœditius, par Rhadamanthe, c'est de porter nuit et jour dans son âme le témoin de son forfait!

Un Spartiate vint un jour au temple d'Apollon pour savoir s'il pouvait s'approprier un dépôt et couvrir ce vol d'un faux serment; il voulait connaître la pensée du Dieu, et ce qu'Apollon lui conseillerait. La prêtresse lui répondit qu'il serait puni, rien que pour avoir hésité. L'homme rendit le dépôt, mais par peur, non par conscience. Son châtiment vint justifier l'oracle et en attester le caractère sacré; le malheureux périt avec tous ses enfants, avec sa famille, et ses parents les plus éloignés. Ainsi les Dieux punissent la seule intention de mal faire. Car l'homme qui, dans le silence de son âme, médite un crime, est déjà criminel. Mais quand il l'a consommé, oh! c'est alors qu'une éternelle inquiétude l'agite, le poursuit, même à l'heure des festins : sa gorge, sèche comme dans la fièvre, laisse s'accumuler dans sa bouche les aliments qu'il n'avale qu'avec peine. Le vin lui répugne, il le rejette, même celui d'Albe, dont la vieillesse a tant de prix. Offre-lui un vin plus exquis encore, son front se ride de dégoût, comme s'il buvait du Falerne ayant gardé son âpreté. La nuit, si ses angoisses lui laissent enfin un moment de sommeil, si, après s'être longtemps retourné dans son lit, il finit par se reposer, aussitôt dans ses rêves lui apparaissent le temple, l'autel du Dieu qu'a profané son parjure. Mais une chose surtout vient répandre dans tout son être comme une sueur glaciale : armée d'une sorte d'épouvante religieuse, et sous des proportions surhumaines, ton image le poursuit et lui arrache l'aveu de son crime. Voilà les gens qu'on voit toujours trembler et pâlir au moindre éclair, anéantis de terreur au bruit du tonnerre, au premier grondement du ciel. Pour eux, ce n'est pas le hasard qui dirige la foudre ; elle n'est pas un effet de la fureur des vents ; quand elle tombe sur la terre, c'est qu'elle en veut au crime ; la foudre est un juge qui vient punir. Cet orage les a-t-il épargnés, ils n'en craignent pas moins la prochaine tempête. Le ciel a beau s'éclaircir ; pour leur terreur, ce n'est qu'un sursis. Qu'un point de côté, que la fièvre les livre à l'insomnie ; cette maladie leur vient d'en haut, c'est une divinité implacable qui les frappe : ils se figurent que les Dieux les visent et les lapident du haut du ciel. Que faire alors? Promettre d'immoler un agneau bêlant à la chapelle voisine, d'offrir à ses Dieux lares une crête de coq?

Ils ne l'osent même pas : quelle espérance est permise au scélérat malade? Quelle victime offrir? Toutes méritent plus que lui de vivre.

Presque toujours l'âme des méchants est flottante et incertaine. A l'instant du crime, leur cœur est ferme encore ; le crime une fois commis, c'est alors qu'ils commencent à sentir ce qui est bien, ce qui est mal. Pourtant ils ont beau condamner le mal, ils y retombent : leur nature s'y fixe et ne peut plus changer. Qui s'est jamais de soi-même arrêté dans ce fatal chemin? Une fois chassée du front de l'homme, la pudeur n'y revient plus. Où est-il celui qui s'en est tenu à sa première infamie? Va, le misérable qui t'a trompé tombera tôt ou tard dans les filets de la justice ; tôt ou tard, tu le sauras enchaîné dans l'ombre d'un cachot, ou déporté sur quelque rocher de la mer Égée, dans une de ces îles où l'on relégua jadis tant d'illustres exilés. Le châtiment frappera ce nom que tu détestes, et te donnera la joie amère de la vengeance. Satisfait enfin, tu conviendras qu'aucun des Dieux n'est sourd et ne ressemble à l'aveugle Tirésias.

SATIRE XIV.

L'EXEMPLE.

Fuscinus, bien des fautes dignes d'un sinistre retentissement, bien des vices capables d'imprimer une honte impérissable aux situations les plus brillantes, sont dus aux parents eux-mêmes qui en ont donné à leurs enfants les premières leçons. Si ce vieillard s'abandonne aux funestes entraînements du jeu, son fils, qui porte encore au cou la bulle d'or, joue déjà comme lui; voilà sa petite main qui s'arme aussi d'un cornet. Et cet autre jeune garçon, sa famille peut-elle espérer de lui des sentiments plus élevés que ceux de son père, quand on le voit déjà savant dans l'art de préparer les truffes, et capable de faire nager des champignons et des becfigues sur une sauce de sa façon? Cette science lui vient de son père, un vieux polisson, un goinfre à cheveux blancs. Le pauvre enfant n'a que sept années; toutes ses dents ne sont pas encore repoussées; mais quand tu l'entourerais des maîtres les plus graves et les plus barbus, toujours il lui faudra une table somptueuse; sa cuisine doit soutenir l'honneur de sa maison.

Rutilus peut-il inspirer à son fils la bonté, l'indulgence pour les fautes légères, peut-il lui apprendre que l'âme et le corps des esclaves sont de même nature que les nôtres et composés des mêmes éléments? N'est-ce pas la cruauté qu'il lui enseigne, en prenant un plaisir féroce au bruit des coups de fouet, musique pour lui plus délicieuse que le chant des sirènes? tyran de sa maison tremblante, nouvel Antiphate, nouveau Polyphème, c'est une joie pour lui d'appeler le bourreau et de lui voir appliquer le fer rouge à un esclave pour deux serviettes perdues! quelles leçons donne-t-il à ce jeune homme en se plaisant ainsi au grincement des chaînes, à l'aspect, charmant pour lui, d'esclaves marqués au front ou parqués dans une prison des champs? Peux-tu espérer de la fille de Larga qu'elle soit une honnête femme, elle qui, pour te nommer tous les amants de sa mère, n'en pourrait expédier la liste, sans reprendre haleine jusqu'à trente fois? Vierge encore, elle était déjà la confidente de sa mère : maintenant c'est sous sa dictée qu'elle écrit ses billets doux, et elle les fait porter à ses amants par les mêmes drôles dont s'est servie sa mère. La

nature le veut : le poison des âmes le plus actif,
le plus rapide, ce sont les exemples domestiques,
quand le vice pénètre ainsi dans nos cœurs appuyé d'une imposante autorité. Peut-être parmi ces
jeunes âmes en trouverez-vous une ou deux capables de résister à ces leçons ; il faut pour cela que
Prométhée ait pris soin de former leur cœur d'une
argile particulière. Mais pour les autres, ils suivent
les traces qu'il faudrait fuir, celles de leurs parents,
et se traînent dans la vieille ornière du vice qu'on
leur enseigne depuis si longtemps.

Abstiens-toi donc de toute action coupable : pour
t'en préserver, un motif doit suffire à ton cœur,
c'est la crainte de voir tes enfants imiter tes fautes.
Le vice, la dépravation trouve toujours de trop dociles imitateurs : chez toute nation, en tout climat,
les Catilinas pullulent ; ce qui ne se voit nulle
part, ce sont les Brutus et les Catons. Donc, éloigne
du seuil où ton enfant s'élève tout ce qui peut
blesser son oreille ou ses yeux. Loin d'ici les
femmes galantes ! loin d'ici les chansons nocturnes
des parasites ! On ne saurait trop respecter l'enfance. Prêt à commettre quelque honteuse action,
songe à l'innocence de ton fils, et qu'au moment
de faillir la vue de ton enfant vienne te préserver.
Car s'il mérite un jour la colère du censeur, si,
te ressemblant déjà de taille et de visage, il se
montre encore ton fils par ses mœurs ; s'il s'aban-

donne sur tes traces à des égarements plus graves que les tiens, tu t'indigneras contre lui sans doute, tu lui prodigueras d'amers reproches, tu songeras à le déshériter. Comment oseras-tu prendre avec lui le front irrité d'un père et le droit de le blâmer, quand à ton âge tu fais pis que lui, toi dont le cerveau malade réclame depuis longtemps une application de ventouses, vieux fou que tu es?

Quand tu dois recevoir quelque visite, chez toi tout est en l'air : « Allons, balayez ces dalles ; frottez ces colonnes, faites-les reluire ; décrochez-moi cette araignée desséchée avec sa toile ; toi, lave l'argenterie ; toi, récure les coupes ciselées. » Tel est le tapage dont tu fais retentir ta demeure, furieux et la verge à la main. Tu frémis à l'idée qu'un chien n'ait laissé dans ton atrium quelque ordure, dont les yeux de ton hôte pourraient s'offenser ; ou que ton portique ne soit crotté ; et pourtant avec un demi-boisseau de sciure de bois un petit esclave va te nettoyer tout cela. Mais ce qui t'inquiète beaucoup moins, c'est qu'aux yeux de ton fils, nulle tache, nul vice ne vienne souiller la pureté du foyer domestique. Tu as donné un citoyen à la patrie, au peuple ; c'est bien, si tu le rends capable de servir la patrie, s'il sait être utile aux autres ou dans les champs, ou à la guerre, ou dans les arts de la paix. Quelles mœurs, quelles habitudes lui as-tu enseignées? La chose est importante. La cigogne, en apportant à ses petits la couleuvre ou le lézard qu'elle a trouvé dans les solitudes, leur apprend à chercher à leur tour la même proie, quand les ailes leur seront venues. Le vautour, revolant vers sa couvée, lui rapporte des lambeaux arrachés aux cadavres des chevaux, des chiens, ou des criminels suspendus au gibet ; telle aussi sera la pâture du jeune vautour, lorsqu'il arrivera à se nourrir lui-même et qu'il aura son arbre et son nid. Mais pour le noble oiseau qui obéit à Jupiter, c'est le lièvre ou le chamois qu'il poursuit dans les gorges des montagnes et qu'il revient déposer dans son aire : ses aiglons, plus tard, quand ils pourront étendre leur aile, sauront, pour assouvir leur faim, poursuivre la même proie ; au sortir de leur œuf, c'est la première qu'ils ont goûtée.

Cétronius avait la manie de bâtir : tantôt sur la plage arrondie de Gaëte, tantôt sur les hauteurs de Tibur, tantôt dans les montagnes de Préneste, il élevait de majestueuses villas. La Grèce et les lointains pays lui envoyaient leurs marbres. Le luxe de ces édifices effaçait celui des temples d'Hercule et de la Fortune ; nous avons bien vu l'eunuque Posidès éclipser les splendeurs du Capitole romain. Mais, pour se loger ainsi, Cétronius entama son patrimoine, il en dissipa une partie. Ce qui en restait pourtant composait une fortune fort raisonnable. Les folies de son fils ont tout dévoré : il voulut de plus beau marbre encore pour élever des villas nouvelles.

Quelques-uns ont reçu du sort un père superstitieux observateur des jours de Sabbat. Aussi n'ont-ils d'autre Dieu que les nuages et le ciel : ils n'ont pas plus d'horreur de la chair humaine que de celle du porc, dont leur père s'est abstenu. Bientôt ils se font circoncire. Accoutumés à dédaigner les lois de Rome, ils se pénètrent de celle des juifs; ils l'observent, et respectent dévotement tous les préceptes, que Moïse a consacrés dans un livre mystérieux. Pour qu'ils vous indiquent votre chemin, il faut appartenir à leur secte; pour qu'ils vous mènent à la fontaine, on doit être circoncis. D'où leur vient leur croyance? de leur père, qui avait régulièrement consacré un jour sur sept à la fainéantise, et s'était abstenu de vivre ce jour-là.

Les jeunes gens sont portés d'eux-mêmes à imiter leurs parents en tout: il n'y a qu'une chose pour laquelle il faut les forcer un peu, mais on y arrive : c'est l'avarice. En effet c'est un vice qui se déguise à nous sous les dehors d'une vertu : son maintien est grave, sa tenue sévère ainsi que son visage. On n'hésite pas à faire l'éloge d'un avare : c'est un homme rangé, économe; son bien entre ses mains est plus en sûreté que s'il était confié à la garde du dragon des Hespérides ou de celui du Pont. Ajoutez qu'aux yeux du peuple, l'homme que je dis, possède un secret admirable, celui de s'enrichir. Oui, c'est l'ouvrier qu'il faut pour construire une grande fortune. Tous les moyens lui sont bons : pour ce grand œuvre, on doit sans s'arrêter jamais, souffler le feu, battre le fer. « Vivent les avares pour être heureux! » s'écrie le père, toujours ébloui par la vue de la richesse, et bien convaincu qu'un fait sans exemple, c'est le bonheur dans la pauvreté. Aussi tous ses conseils à ses fils tendent-ils à leur faire prendre cette route, à les engager dans cette confrérie. L'avarice, comme tout autre vice, a ses premiers principes, le père se hâte de les faire étudier à ses fils, et de les ferrer d'abord sur les petites vilenies. Bientôt, ses leçons leur inspirent l'insatiable passion d'acquérir. Il rogne les portions de ses esclaves, leur refusant ce qui leur est dû : lui-même il jeûne; il ne peut se décider à consommer de vieilles croûtes, bleues de moisissure; pendant les chaleurs de septembre, il économise sur un restant de hachis de la veille, et en réserve pour le repas suivant; il met sous les scellés des fèves rances avec un morceau de maquereau et une moitié de silure déjà avancé, et des poireaux dont il a compté les morceaux. Un mendiant ramassé sur nos ponts ne voudrait point d'un tel régal. Mais à quoi sert donc l'opulence, quand on l'achète par tant de tourments? n'est-ce pas une folie bien caractérisée, une véritable frénésie, que de vivre dans l'indigence, afin d'être riche à l'instant de sa mort? En attendant, tandis que son sac se gonfle et s'emplit jusqu'à la gueule, sa passion pour les écus s'accroît dans la même proportion. Il a plus d'envies que le pauvre qui ne possède rien. Allons, achète cette autre villa, puisqu'un seul domaine ne peut te suffire, et que tu veux t'agrandir. Le champ du voisin te semble plus grand et plus productif! achète encore, et avec ce champ ce bouquet de bois, et cette colline que blanchit le feuillage de l'olivier. Si le propriétaire résiste et ne veut vendre à aucun prix, la nuit l'envahisseur lâchera au milieu des épis verts ses bœufs maigres, ses chevaux harassés et affamés, et ils n'en reviendront, qu'après avoir garni leur panse et tondu le champ, aussi parfaitement que si la faux y avait passé. On ne peut dire combien de cultivateurs ont été ainsi réduits au désespoir, et par des persécutions semblables, contraints de vendre. Dieu sait aussi comme on jase, et de quelle façon notre homme occupe les trompettes de la renommée. — « Qu'est-ce que cela me fait? dit-il ; je ne donnerais pas une cosse de lupin pour mériter les louanges de tout mon voisinage, en me réduisant à quelques épis maigres sur un méchant bout de terre. » Sans doute, et pour n'avoir à craindre ni les maladies, ni les infirmités, ni la mort des tiens, ni les soucis, pour vivre heureux et longtemps, il ne te faut qu'une étendue de champs égale à celle que labourait jadis le peuple de Rome; c'était du temps du roi Tatius. Un peu plus tard, quand nos soldats, brisés par l'âge, avaient traversé les batailles des guerres puniques ou bravé le farouche Pyrrhus et l'épée de ses Molosses, la république récompensait tant de blessures en leur donnant au plus deux arpents de terre. Ce loyer de leur sang et de leurs peines ne leur sembla jamais au-dessous de leurs services: nul n'accusait la patrie d'être ingrate et de manquer à ses engagements. Ce petit champ nourrissait le père, la famille nombreuse qui s'entassait dans la cabane; sous ce toit où reposait la femme près d'accoucher, jouaient quatre enfants, dont trois étaient ses fils, l'autre l'enfant de la servante; puis, quand le soir, leurs aînés revenaient de la vigne ou du champ, on servait alors le grand repas du jour, c'était la soupe qui fumait dans de vastes chaudrons. Aujourd'hui ce champ serait trop peu pour un jardin. De là viennent presque tous les crimes; parmi les vices de l'âme humaine, le vice empoisonneur, le vice assassin, c'est avant toute cette rage féroce de s'enrichir. Qui veut être riche, veut l'être tôt : quel respect des lois, quelle pudeur peut arrêter la passion de l'or qui court à son but?

« O mes enfants, contentez-vous de ces cabanes et de ces collines, disaient autrefois à leurs fils les vieillards, chez les Marses, les Herniques et les Vestins. Demandez à votre charrue le pain qui suffit à nos tables. Voilà la vie qui plaît aux Dieux des champs ; leur bonté, en nous faisant présent du blé, apprit à l'homme à dédaigner le gland, son ancienne nourriture. On n'est point tenté de faire le mal, quand on croit pouvoir sans honte se contenter en hiver de grosses guêtres et d'habits de peaux, avec la laine en dedans, pour se garantir de la bise. Ce qui conduit au crime avec toutes ses horreurs, c'est la pourpre, — une espèce d'étoffe qu'on va chercher bien loin, et que, nous autres, nous ne connaissons pas. »

Telles étaient les leçons que les anciens adressaient à leurs enfants. Maintenant, dès l'entrée de l'hiver, au milieu de la nuit, un père, à grands cris, fait lever son fils paisiblement endormi : « Allons, prends tes registres ; écris, mon garçon ; réveille-toi ; prépare des plaidoyers, étudie notre vieille législation ; ou bien rédige un placet pour obtenir le bâton de centurion. Mais pour te recommander à ton général Lélius, aie soin de lui faire remarquer que ta chevelure ignore l'usage du peigne et qu'une barbe épaisse couvre tes lèvres ; un poil touffu, tes aisselles. Puis va renverser les tentes des Maures, les châteaux des Brigantes, afin que ta soixantième année te fasse porte-aigle avec de bons appointements. Mais si, au contraire, tu as peu de goût pour les fatigues prolongées des camps, si le son des clairons et des trompettes effraye tes oreilles et te donne la colique, eh bien ! achète des marchandises pour les revendre moitié plus cher, transporte au delà du Tibre toutes les denrées possibles, sans te rebuter de leur odeur. Mets-toi bien dans l'esprit qu'il ne faut faire aucune différence entre les cuirs et les parfums : qu'importe la marchandise ? l'argent qu'on en tire sent toujours bon. Aie toujours à la bouche cette pensée du poëte, pensée vraiment digne des Dieux et de Jupiter même : « Comment vous vous êtes enrichi, c'est ce « dont nul ne s'inquiète ; l'essentiel, c'est de s'enri- « chir[1]. » Voilà ce que nos vieilles nourrices enseignent aux petits garçons, qui se traînent encore à quatre pattes ; voilà ce que savent toutes les petites filles, avant d'apprendre leurs lettres.

Pour moi, si j'avais affaire à ce père si pressé d'inculquer à son enfant de telles maximes, je lui dirais : « Voyons, vieux fou, qui te presse ? Ton élève surpassera son maître ; je te le garantis. Tu peux être tranquille, il t'effacera ; Ajax a été plus grand que Télamon son père, Achille que Pélée. Épargne au moins son enfance : le poison du vice n'a pas encore pénétré dans son cœur. Mais quand sa barbe sera assez longue pour qu'on la peigne, quand il sera d'âge à la soumettre au rasoir, alors

---

1. Vers ironique d'Ennius, et que notre avare prend au sérieux.

la main sur l'autel de Cérès, sur le pied même de la déesse, il vendra de faux témoignages et des parjures à bon marché. Si la femme qu'il épouse est riche, du jour où elle passera le seuil de votre demeure, regarde-la comme enterrée : sa dot lui coûtera la vie. Pendant son sommeil, un coup de pouce, et tout sera dit. Ces biens que tu vas chercher sur terre et sur mer, il trouvera un moyen plus expéditif de se les procurer : assassiner, est moins fatigant. » « Mais jamais je ne lui ai fait de recommandation pareille, diras-tu alors, jamais donné de telles leçons. » Pardon : cette perversité lui vient de toi. Celui qui, par ses leçons, met au cœur de son fils le goût des grandes fortunes ; celui dont les sinistres conseils ont fait de lui un homme avide, en lui laissant toute liberté de s'enrichir par la fraude, celui-là, en lui lâchant la bride, l'a engagé dans la carrière ; une fois lancé, tes cris ne l'arrêteront point ; il va, passe la borne, et ne t'écoute plus. Nul ne croit que ce soit assez de s'en tenir aux fautes qu'on lui permet. On s'accorde toujours plus de licence. Quand tu dis à ce jeune homme que donner à un ami est une sottise, que c'en est une aussi de soulager la pauvreté d'un de ses proches, de le tirer de la misère, du même coup tu lui apprends le vol, l'escroquerie ; tu lui enseignes à acquérir au prix de tous les crimes ces richesses dont l'amour te dévore, amour

aussi ardent chez toi qu'était l'amour de la patrie
dans le cœur des Décius ou chez ce Ménécée qui se
dévoua pour Thèbes, si la Grèce a dit vrai cette fois :
malheureusement cela se serait passé dans un pays
où des légions naquirent des dents d'un serpent,
et sortant des sillons le bouclier au bras, enga-
gèrent aussitôt un horrible combat, comme si un
trompette se levant avec eux leur en eût donné
le signal.

Pour toi, tu verras un jour ce feu dont tu as
allumé la première étincelle, grandir, s'étendre,
et tout dévorer. Il ne t'épargnera pas même, toi,
malheureux : le lion, un jour, au fond de sa ta-
nière, épouvantera de son rugissement et englou-
tira le maître qui l'a dressé.

Les astrologues ont pu te dire combien de temps
tu as à vivre. Mais ton fils trouvera trop long d'attendre que la Parque ait épuisé le fil de tes jours :
tu mourras avant qu'elle le coupe. Allons, déjà tu
le gênes, tu retardes l'heure où tendent ses désirs :
ta vieillesse se prolongerait comme celle d'un cerf !
Cela le chagrine, ce jeune homme. Cours chercher
le médecin Archigénès, et achète-lui les contre-
poisons composés par Mithridate, si tu veux cueillir
la figue ou respirer les roses de l'année qui vient.
Il faut toujours avoir chez soi de l'antidote, pour
en prendre avant de manger, quand on est père et
quand on est roi.

Veux-tu te donner un spectacle plus intéressant que tous ceux du théâtre, et qu'on n'égalera jamais sur la scène, quelques dépenses que fasse le préteur pour la célébration des jeux? Regarde combien de chances de mort il faut courir pour faire fortune, pour accroître son bien et multiplier ses écus; encore les faudra-t-il placer en dépôt sous les serrures d'un coffre, dans le temple du vigilant Castor, depuis que des voleurs ont dérobé son casque à Mars Vengeur qui n'a pas même su défendre son fourniment. Oh! pour ce spectacle-là laisse ceux que nous fait voir le rideau tombant aux fêtes de Flore, de Cérès ou de Cybèle. De tous les spectacles, la comédie humaine est le plus attachant. Est-ce qu'un sauteur, bondissant sur une roue ou descendant sur une corde tendue, est plus curieux à voir que ce fou qui a établi son domicile dans un navire crétois, ne le quitte jamais, s'y fait secouer éternellement par le vent du nord-ouest et le vent du midi, fait métier de vendre quelque marée ignoble et puante, et prend plaisir à rapporter des rivages de l'antique Crète des cruches de ce vin épais né dans le pays qui vit naître aussi Jupiter? Encore le pauvre homme qui risque sa vie en s'avançant sur la corde roide, ne le fait-il que pour gagner sa vie, pour ne pas mourir de froid ou de faim. Mais toi, si tu t'exposes ainsi, c'est pour arriver à posséder mille talents et cent villas. Voyez: d'immenses vaisseaux encombrent les ports et les mers. Il y a plus de gens sur l'eau que sur la terre : partout où l'espoir du gain l'appelle, toute une flotte accourt; elle ne se contente pas de franchir la mer de Carpathos, celle d'Afrique; laissant Calpé bien loin derrière elle, elle ira entendre le soleil siffler comme un fer rouge en se plongeant dans la mer au delà des Colonnes d'Hercule. Et puis on reviendra chez soi tout fier de rapporter un sac gonflé d'écus. Cela vaut la peine d'aller braver les tritons et les autres monstres de l'Océan.

Il y a des folies de bien des espèces. L'un, près de la sœur chérie qui le tient embrassé, croit voir encore la face et les torches des furies. L'autre, en immolant un bœuf, croit entendre mugir Agamemnon ou le roi d'Ithaque. Pour ne pas déchirer sa tunique et son manteau, on n'en est pas moins fou à mettre en tutelle, quand on va, sur un vaisseau qu'on remplit jusqu'au bord de marchandises, braver toutes les misères et mettre entre la mort et soi l'épaisseur d'une planche, le tout pour se procurer quelques rondelles d'argent, marquées d'une inscription et de petites figures. Voici le nuage, voici la foudre : « Lâchez le câble, crie néanmoins l'heureux possesseur de tant de froment et de tant de poivre, qu'il vient d'acheter : ce n'est rien, ce ciel couvert, ce nuage noir n'a rien qui nous menace : ce sont là des éclairs de chaleur. » Et peut-être cette nuit même la tempête brisera son vaisseau, et ce malheureux ira au fond des mers, étreignant de la main gauche sa bourse qu'il retient encore avec les dents. S'il échappe, cet homme dont naguère tout l'or qui rougit les sables du Tage et du Pactocle, n'aurait pu assouvir l'avidité, il lui faudra se contenter de quelques haillons pour couvrir son corps glacé, d'un peu de pain pour se nourrir; il ira mendier en montrant son vaisseau brisé, et le tableau de son naufrage. Sa seule ressource, ce sera une tempête en peinture!

Voilà à quel prix s'acquièrent les richesses : il faut souffrir plus de soucis encore et plus de craintes pour les conserver. La garde d'un bien considérable est pleine d'angoisses. L'opulent Licinus fait veiller chaque nuit toute une cohorte d'esclaves; les **seaux sont là** tout prêts pour éteindre l'incendie. C'est qu'il **tremble** pour ses coupes d'ambre, ses statues, ses **colonnes** de marbre de Phrygie, son ivoire, ses **tables d'éc**aille. Mais la jarre où Diogène le cynique **loge** tout nu, est assurée contre le feu : qu'on la casse, il trouvera demain une autre maison semblable, ou fera raccommoder celle-ci avec une soudure de plomb. Quand Alexandre vit dans cette poterie le grand homme qui l'habitait, il comprit combien le sage qui ne désirait rien était plus heureux que celui qui voulait tout l'univers, et qui devait courir des risques proportionnés à ses hauts faits.

O fortune, si nous sommes sages, que devient ta puissance? c'est à nous, à nous seuls, que tu dois ta divinité. Voulez-vous pourtant savoir de moi à quoi doit se monter la fortune qui peut nous suffire? à ce qu'il nous faut pour nous garantir du froid, de la faim, de la soif: c'était là, ô Épicure, ce qui te suffisait dans tes petits jardins; avant toi, c'était toute la richesse que contenait la maison de Socrate. La philosophie et la nature ne sauraient se contredire. Ce sont là, n'est-ce pas, des exemples bien austères et bien gênants. Eh bien! faisons une concession aux mœurs du temps : élevons-nous jusqu'à la somme qu'exige la loi Roscia et qui place ceux qui la possèdent aux quatorze premiers gradins du théâtre. Mais je te vois froncer le sourcil, faire la grimace. Prends donc la valeur de deux, de trois chevaliers, si tu veux; triple les quatre cent mille sesterces. Pour le coup, si tu n'es pas content, si tes désirs réclament encore quelque chose, jamais les trésors de Crésus, jamais ceux des Mèdes ne te sauraient suffire; non, même l'opulence de ce Narcisse, auquel l'empereur Claude a tout accordé, tout, jusqu'à la mort de sa femme, quand Narcisse lui intima l'ordre de la faire périr.

SATIRE XV.

LA SUPERSTITION.

Qui ne sait, ô Volusius Bithynicus, les monstrueuses superstitions de l'imbécile Égypte? Les uns ont de la dévotion pour le crocodile; d'autres éprouvent un pieux effroi devant l'ibis qui se nourrit de serpents. On voit briller la statue en or du singe sacré près de l'endroit où l'image mutilée de Memnon rend de mystérieux accords, près des ruines de l'antique Thèbes, aux cent portes écroulées. Ici l'on adore les poissons de mer, là les poissons d'eau douce; ailleurs des villes entières s'inclinent devant un chien; quant à Diane, on n'en parle point. Manger un poireau, un oignon, c'est un sacrilége, le comble de l'impiété ! O les bonnes âmes, dont les Dieux poussent en plate-bande ! Un animal portant laine ne peut y figurer sur aucune table; la religion y défend de tuer un chevreau;

quant à la chair humaine, ce n'est pas une viande défendue. Lorsqu'après le repas Ulysse racontait une semblable abomination à Alcinoüs épouvanté, il est à croire que parmi ses auditeurs il s'en trouva plus d'un pour rire ou pour s'impatienter d'un tel récit, et qui prit Ulysse pour un menteur et un charlatan : « Comment, personne ne jettera à l'eau cet imposteur ? on l'enverrait visiter pour tout de bon l'affreux gouffre de Charybde qu'il le mériterait bien pour les contes qu'il vient nous débiter sur tous ces êtres hors nature, les Lestrygons, les Cyclopes. Avant de l'en croire sur ce point, j'accepterais plutôt ce qu'il nous raconte de Scylla, et des roches Cyanées qui voguaient les unes au-devant des autres, et des tempêtes qu'on enferme dans des outres, et son histoire d'Elpénor que Circé métamorphose d'un coup de baguette et qu'elle envoie grogner avec les autres porcs qui avaient été l'équipage de son vaisseau. Nous croit-il donc si dépourvus de cervelle, nous autres Phéaciens? » On pouvait raisonnablement penser ainsi, sans être ivre, sans avoir abusé du vin de Corcyre. Car pour le roi d'Ithaque, il fallait l'en croire sur parole, il n'avait pas de témoins.

Eh bien! moi, ce que je vais raconter, c'est monstrueux sans doute, mais c'est un fait qui vient de s'accomplir sous le consulat de Junius dans les murailles de la brûlante Coptos; c'est le crime d'une cité entière, et qui passe en horreur toutes les fictions tragiques. Oui, tu peux dérouler toutes les légendes du théâtre depuis le déluge de Pyrrha, tu n'y trouveras pas un crime où tout un peuple ait mis la main. C'est un phénomène qui s'est produit de notre temps. Voici l'histoire.

Entre deux populations voisines, Coptos et Tentyra, existe une ardente et vieille antipathie, une rivalité tenace, une incurable haine. La cause de cette rage mutuelle, c'est que chacune des deux localités déteste les divinités de l'autre, et croit qu'en fait de Dieux il n'y a de bons que les siens. C'était fête à Coptos : les chefs et les meneurs de Tentyra, sa rivale, virent là une occasion qu'il fallait saisir au vol. Quelle douceur d'empêcher leurs voisins de passer gaiement ce jour de fête, et de savourer les joies d'un interminable repas! En effet dans les temples, dans les carrefours, des tables, des lits étaient dressés, et ce n'était pas pour y dormir : ils y passent parfois sept jours et sept nuits. Ce canton d'Égypte est un affreux endroit sans doute; mais pour la débauche, autant que j'ai pu l'observer moi-même, les sauvages qui l'habitent pourraient le disputer à la trop célèbre Canope. Pour les Tentyriens, d'ailleurs, la victoire semblait facile. Leurs ennemis sont ivres; le vin alourdit déjà leurs langues et leurs pas. D'un côté donc les danses animées par la flûte où souffle quelque nègre, et les parfums de toutes sortes, et les fleurs, et les fronts chargés de couronnes. De l'autre côté, la haine, la haine à jeun ! D'abord les esprits s'échauffent, des injures s'échangent; c'est le signal, c'est le clairon ! La bataille s'engage avec une clameur égale de chaque côté ; faute d'armes, on se bat à coups de poings. Bientôt il n'y a plus guère de mâchoires qui ne soient atteintes, peu ou point de nez en bon état. Ce ne sont partout que visages mutilés, méconnaissables, têtes fendues, bouches fracassées, et mains rougies du sang sorti des yeux crevés. Mais pour eux, ce n'est encore là qu'un jeu, la petite guerre, un amusement d'enfants. On n'y marche point encore sur les cadavres. Au fait, dans cette mêlée de plusieurs milliers de combattants, où serait le plaisir s'il n'y avait pas mort d'homme ? A cette pensée, chacun s'anime ; on se baisse, on ramasse, on lance des pierres, — ce sont les armes familières de l'émeute, — mais non pas de ces pierres comme en lançaient Turnus ou Ajax, comme celle avec laquelle le fils de Tydée blessa Énée à la cuisse : ce sont de modestes cailloux, comme en peuvent jeter des bras moins vigoureux, des bras de notre temps. A cet égard, du vivant d'Homère, la décadence commençait déjà. La terre porte aujourd'hui des hommes aussi faibles que méchants ; un Dieu, témoin d'un tel combat, ne peut qu'en rire, tout en le maudissant.

Mais reprenons notre récit sans nous laisser distraire : il survient du renfort, alors l'un des deux partis s'arme du fer, et c'est à coups de flèches que continue l'engagement. Les gens de Coptos repoussés tournent le dos et se sauvent, poursuivis par leurs voisins, les habitants de Tentyra, la ville voisine de la contrée où verdit le palmier. Dans la déroute, un des vaincus, qui, tout éperdu, s'esquivait à toutes jambes, tombe, est pris, aussitôt découpé en petits morceaux ; il faut que chacun en puisse avoir sa part, une bouchée au moins : les vainqueurs le dévorent, et on ronge jusqu'aux os. On ne s'est pas donné la peine de le faire ni bouillir ni rôtir; ce serait long, ennuyeux : il faudrait allumer du feu, attendre : on se contente de le manger cru. Au moins le feu a-t-il échappé à cette exécrable profanation, le feu, cet élément sacré que Prométhée alla ravir dans les hauteurs du ciel pour le donner aux hommes : c'est heureux encore, il faut s'en féliciter, n'est-ce pas? Au reste, les monstres qui ont osé mordre ainsi dans un cadavre, n'ont jamais rien mangé qui leur parût si bon. Pour les premiers qui en tâtèrent, ce fut une sensation de volupté bien vive, tu peux le croire, puisque le dernier qui survint, lorsque tout était mangé, passa ses doigts sur le sol pour y recueillir et goûter du moins un peu de sang.

On dit que jadis les Vascons ont employé cet

exécrable moyen pour prolonger leur vie. Mais quelle différence ! ils subissaient alors toutes les rigueurs de la fortune, les extrémités de la guerre, les dernières épreuves, la détresse et les horreurs d'un long siége. S'ils ont donné cet horrible exemple, on ne peut que les plaindre : c'est après avoir épuisé toutes les herbes, tous les animaux, et les aliments de toute espèce dont la rage de la faim leur suggérait l'idée ; c'est quand leur pâleur, leurs membres amaigris et décharnés faisaient pitié même à leurs ennemis, c'est alors que ces affamés se mirent à déchirer la chair humaine ; ils eussent dévoré leur propre chair. Quel homme, quel Dieu refuserait son indulgence à ces misérables épuisés par tant d'horreurs et de souffrances ? Les mânes mêmes des compagnons dont les corps leur servaient de pâture, ces mânes leur auraient pardonné. Sans doute, Zénon nous donne des leçons meilleures ; il ne nous permet pas d'employer sans distinction tous les moyens pour conserver notre vie. Mais allez donc chercher des stoïciens chez les Cantabres, surtout au temps du vieux Métellus ! Maintenant Athènes éclaire de ses leçons le monde entier ; elle est à nous comme à la Grèce ; la Gaule, amie de l'éloquence, forme des avocats jusque chez les Bretons, et l'on parle déjà à Thulé d'engager un maître de rhétorique.

Une telle horreur semble excusable chez le noble

peuple que je viens de nommer, comme chez les défenseurs de Sagonte, qui l'égala en courage et en fidélité, qui le surpassa même, car Sagonte a succombé[1]. Mais l'Égypte !... Non, l'autel voisin du palus Méotide, l'autel de la Tauride n'a pas atteint à tant d'atrocité ; l'on y inventa ces abominables sacrifices, s'il faut en croire les poëtes ; mais, du moins, quand on sacrifiait des hommes, c'était tout, et la victime, en tombant sous le couteau sacré, n'avait à craindre au delà de la mort rien de plus redoutable.

Quelles calamités ces Égyptiens avaient-ils donc subies? Est-ce la faim, est-ce la guerre battant le pied de leurs remparts, qui les avait réduits à ces monstrueuses extrémités? Qu'auraient-ils fait de pis pour défier le Nil, si ce fleuve eût refusé ses inondations aux terres desséchées de Memphis? Cette rage que n'ont connue ni les Cimbres effrayants, ni les Bretons, ni les farouches Sarmates, ni les sauvages Agathyrses, voilà ce qu'a osé un ramassis de lâches, de fainéants, une canaille qui ne sait que planter des petites voiles dans des vases de terre coloriés, et, avec de courtes rames, s'en servir comme d'un bateau.

1. Calagurris (ville des Vascons) avait fini par se rendre à Pompée, après avoir longtemps subi toutes les horreurs de la famine pendant la guerre civile de Sertorius. Voy. Florus, liv. III, ch. XXIII. Sagonte, au contraire, s'était brûlée elle-même plutôt que de se rendre à Annibal.

Non, nul châtiment, nul supplice, ne suffirait pour punir la perversité de ces peuples, chez qui la haine a toutes les fureurs de la faim. L'homme est né pour la pitié : la nature elle-même le proclame, car elle lui a donné les larmes, et c'est le plus beau titre de l'humanité. Oui, la nature le veut, il faut que l'homme pleure, quand il voit paraître devant les juges son ami éperdu et les vêtements en désordre, ou un jeune enfant réclamant ses biens d'un tuteur infidèle, un enfant si jeune qu'à son doux visage inondé de larmes, à sa longue chevelure, on dirait une vierge. Oui, la nature gémit en nous, quand nous rencontrons le convoi d'une jeune fille, quand nous voyons mettre dans la terre un petit enfant, trop jeune encore pour être brûlé sur le bûcher. Où est-il donc, l'homme vraiment honnête, l'homme digne d'être choisi par la prêtresse de Cérès pour porter le flambeau aux mystères d'Éleusis, qui ne se sente atteint lui-même par le malheur d'un de ses semblables, quel qu'il soit? Voilà ce qui nous distingue des animaux. C'est pour cela que seuls, nous avons reçu du ciel cette intelligence qu'il faut respecter, cette raison capable de s'élever aux choses divines, de comprendre et de pratiquer les arts, cet instinct sublime qui nous vient d'en haut et qui manque à la brute courbée vers cette terre où s'attache son regard. Aux premiers jours du monde, Dieu, notre créateur à tous, accorda aux animaux la vie seulement, à l'homme une âme, pour qu'une mutuelle affection portât les hommes à s'entr'aider, pour que, dispersés d'abord, ils en vinssent à se réunir en société, et quittassent les bois antiques, les forêts, séjour de nos premiers pères; pour qu'ils apprissent à se bâtir des maisons, à rapprocher leurs demeures, à goûter un sommeil paisible protégé par une confiance réciproque, à défendre par les armes un concitoyen tombé ou chancelant sous l'atteinte d'une blessure grave, à s'entendre avec lui par la voix du clairon, à se mettre en sûreté derrière les mêmes remparts, et, pour les portes de leur ville, à n'avoir qu'une même clef.

Mais aujourd'hui, les serpents vivent mieux ensemble que les hommes. La bête fauve sait reconnaître et épargner son espèce. Quand donc un lion, parce qu'il était le plus fort, a-t-il ôté la vie à un autre lion? quand donc, au coin d'un bois, vit-on un sanglier expirer, frappé de la dent d'un sanglier plus vigoureux? Le tigre de l'Inde, malgré sa rage, vit en paix avec le tigre; les ours cruels ne se mangent point. Mais pour l'homme, c'est peu d'avoir forgé sur une enclume criminelle le fer qui doit tuer son semblable, lorsque les premiers forgerons ne savaient faire de ce métal que des hoyaux et des sarcloirs, des marres et des socs de charrue. C'est peu d'avoir appris à fabriquer l'épée. Il fallait encore qu'on vît des peuples pour qui ce ne fût pas assez d'immoler des êtres humains à leur ressentiment ; pour qui le cœur de l'homme, ses bras, sa face, en vinssent à sembler un aliment tout comme un autre. Ah! que dirait Pythagore, s'il voyait des monstruosités pareilles? Sauvons-nous, dirait-il, lui qui s'abstint de la chair de tous les animaux comme de la chair humaine, et s'interdit même certains végétaux.

SATIRE XVI[1].

LES PRÉROGATIVES DE L'ÉTAT MILITAIRE.

Qui pourrait, mon cher Gallus, compter tous les priviléges, dont on jouit dans l'état militaire? Ouvrez-moi la porte du camp, cette bienheureuse porte, j'y entre, tout novice et poltron que je suis, et qu'un astre favorable me soit en aide : car c'est là pour notre avancement, une influence plus efficace que si nous avions pour Mars en personne une lettre de recommandation écrite par Vénus, ou par sa mère, la déesse qui se plaît aux sables de Samos.

Voyons d'abord les prérogatives dont jouissent tous les militaires.

---

1. On a contesté l'authenticité de cette satire. Dans tous les cas elle est ancienne : Servius et Priscien en citent quelques mots, et les citent comme de Juvénal. C'était du reste un sujet traité volontiers sous les Césars. Voyez, sur le même sujet, Épictète et Perse (*Passim.*)

La première, et qui n'est pas à dédaigner, c'est que jamais bourgeois n'osera vous frapper. Au contraire, si vous le frappez, lui, qu'il ne dise mot : ce serait bien hardi de sa part d'aller montrer au préteur sa mâchoire fracassée, sa face toute noire et toute gonflée, son œil, le seul qu'on lui ait laissé, encore le médecin n'en dit-il rien de bon[1] ! S'il s'avisait d'en demander justice, on lui donnerait pour juge un centurion illyrien, juché sur un tribunal élevé ; c'est devant ses bottes et ses grosses jambes qu'il faut plaider. Telle est la loi militaire, une loi antique et qui date de Camille : jamais un soldat ne peut être jugé hors du camp, loin de ses enseignes. Aussi, quand les centurions ont à juger ainsi un soldat, leurs arrêts sont-ils les plus équitables du monde ! Si ma plainte est fondée, je suis assuré d'obtenir justice. Pourtant, je vais me faire de tous les soldats de la cohorte autant d'ennemis : tous les camarades de l'accusé vont se liguer contre moi, et si j'ai le malheur d'obtenir gain de cause, j'en pâtirai plus que des outrages dont je me plains. Mauvaise affaire, de celles qu'on ne plaide que quand on est l'avocat Vagellius, têtu comme un mulet[2] ! Comment ! tu n'as que deux jambes, et tu veux lutter contre toutes ces grosses bottes fer-

---

1. Je lis : *Oculum relictum.*
2. Je lis : *Mulino corde Vagelli.*

rées? Qui viendra plaider pour toi, si loin de Rome?
Et puis, quel est l'ami dévoué, le Pylade, qui oserait pour toi franchir les barrières du camp? Allons, dévore ta rage, et ne va point solliciter l'assistance de tes amis : ils te refuseraient. Quand ton juge aura dit : « Appelez les témoins; » des témoins? je ne connais personne qui, ayant vu les poings tomber sur ton visage, oserait dire : *je l'ai vu!* Celui-là, s'il se rencontre, je le proclame un brave, un vieux Romain barbu, chevelu. Trouver un faux témoin contre un bourgeois, c'est facile; mais un témoin véridique dont la déposition soit préjudiciable à l'honneur et à l'intérêt d'un homme d'épée, c'est autre chose.

Poursuivons, cette profession offre bien d'autres avantages, des grâces d'état.

Qu'un voisin ait envahi le vallon que m'ont légué mes ancêtres, qu'il m'ait volé mon champ, qu'il ait renversé la pierre sacrée qui nous servait de limite, et où je portais chaque année mon offrande, de la bouillie et une large galette [1]; qu'un débiteur s'obstine à ne pas rendre l'argent qu'il m'a emprunté, et ne tienne nul compte des tablettes que je lui présente, du billet écrit de sa main; pour obtenir un jugement, il faudra attendre qu'une foule de causes aient passé avant la mienne. Et

---

1. *Patulo libo.*

le jour même du procès, que d'ennuis, que de retards! Que de fois on a inutilement disposé les siéges du tribunal! Voici que l'éloquent Cœdicius, notre juge, vient d'entrer dans le bain [1]. Quant à Fuscus, il est allé.... ailleurs. Nous étions prêts, il faut s'en aller. Pour nous, les luttes qui se livrent dans l'arène judiciaire traînent toujours en longueur. Quant aux heureux mortels qui portent les armes et ceignent le baudrier, ils n'ont qu'à fixer le jour qui leur convient, et on les expédie aussitôt. Ils n'ont pas à se ruiner comme nous, dont les affaires sont perpétuellement enrayées.

Ajoutez à cela que seuls, les soldats ont droit de tester du vivant de leur père. Il est reconnu que ce qu'on a amassé au service ne fait point partie du patrimoine, dont le père de famille a la disposition. Aussi voyez Coranus : il est encore au service et reçoit la solde. Eh bien! son vieux père le courtise en vue d'un testament. Coranus a les avantages qu'il mérite ; et, dans tous les cas, il est de l'intérêt du chef de l'État qu'une si noble profession soit

---

1. C'est ainsi que je comprends *ponente lacernas*, en comparant ce passage avec celui de la première satire, v. 142 : *Quum tu deponis amictus....*

2. « Le pouvoir des fils de famille sur le *peculium castrense* était absolu et indépendant de la puissance paternelle ; ils en pouvaient disposer en tout temps, et par testament. »

(DUSAULX.)

dignement récompensée[1], que les braves soient aussi les plus heureux ; que tous, ornés de colliers et de bulles d'or....

1. Et pulchro reddi sua dona labori,
Ipsius certè ducis hoc referre videtur, etc.

PERSE

PERSE.

PROLOGUE.

Poëte, moi? Non; je n'ai point trempé ma lèvre à la source du cheval[1]; je n'ai point, que je sache, sommeillé sur le Parnasse à la double cime, pour m'offrir brusquement en cette qualité. Filles de l'Hélicon, et toi, Pirène aux poétiques pâleurs, je ne prétends point à vos bontés, je les laisse à ceux qui font courir sur leurs bustes les langues du lierre ! Tout frais sorti de mon village, c'est de là que j'apporte à l'autel des poëtes l'offrande de mes vers. Qui donc délie la voix du perroquet, et lui fait dire : *Bonjour!* qui donc apprend aux pics à ébaucher les paroles de l'homme? Oh ! c'est le meilleur des professeurs, c'est le donneur d'esprit; c'est le ventre ! Voilà le maître dont l'art sait arracher les mots

---

1. L'Hippocrène.

que refusait la nature. Faites seulement luire un écu (fallacieux espoir!), soudain, corbeaux et pies, tous poëtes mâles et femelles, partent en chœur, perchés sur Pégase en personne ; on le croirait au moins !

———

SATIRE I.

LES RIDICULES DES GENS DE LETTRES.

— O vains soucis de l'homme ! Oh ! quel creux en toute chose !...

— Mais qui lira ceci ?

— C'est à moi que tu parles ?

— Personne, pardieu !

— Comment, personne ?

— Tout au plus un lecteur ou deux : perspective qui n'a rien de flatteur, ni de réjouissant.

— Comment ? L'auguste Polydamas et les dames de Troie me préféreraient Labéon[1] ?

— Quelle niaiserie ! parce que Rome jugeant à tort et à travers sait mal apprécier les choses, tu interviens et tu prétends rectifier une balance aussi

---

1. Tout ce début est fort obscur. On voit ici une allusion à Néron et à ses prétentions littéraires.

fausse? Ne cherche point à valoir par ce qui n'est pas toi [1].

— Au fait à Rome, qui ne....[2] Ah! si je pouvais parler! Après tout, pourquoi pas? ne sommes-nous pas, j'y songe, des gens sérieux, la sagesse même en cheveux blancs, du jour où nous avons laissé les noix, jeux de l'enfance? On nous prendrait pour nos propres oncles. Oui, oui, laisse-moi parler.

— Non!

— Mais, comment faire? la bile me tourmente, il faut que j'éclate. Chacun ici s'enferme et se met à écrire, qui des vers, qui de la prose....

— Oui, et toujours dans le haut style. Il faut de robustes poumons pour faire ronfler tout cela, car tu ne manqueras d'en régaler le public : un beau jour, bien peigné, paré d'une toge neuve et blanche, portant au doigt la bague des jours de fête, juché sur un siége élevé, et le larynx assoupli par une potion émolliente, tu vas leur lire cela d'un œil mourant de plaisir. Et tu verras nos fiers patriciens se pâmer d'une façon médiocrement décente, leur voix s'altérer à mesure que tes vers badins commenceront à faire effet dans leur âme, à émoustiller leurs sens. Eh quoi! à ton âge, c'est à des appétits pareils

---

1. Par l'opinion, que les stoïciens rangeaient parmi les choses qui, ne dépendant pas de nous, devaient être dédaignées du sage.
2. Qui ne fait des sottises, littéraires ou autres?

que tu prétends pourvoir? Et puis, applaudi, crevant d'orgueil, tu leur diras : *Assez, mes amis, assez!*

— Mais à quoi bon s'instruire, s'il faut étouffer ce levain qui fermente, ce germe qui prend racine au fond de l'âme, et veut jaillir au dehors, robuste sauvageon?

— Et voilà l'ambition qui pâlit ton front et blanchit tes cheveux? Quel homme! savoir pour toi, ce n'est donc rien? il faut qu'on sache que tu sais.

— Mais c'est si beau d'être montré du doigt, et d'entendre dire : *C'est lui!* Et puis comptes-tu pour rien l'honneur d'être dicté en classe à ces jeunes nobles, bien frisés?

— Ajoute que, le ventre plein, nos Romains tout en buvant demandent: « Quelqu'un ne pourrait-il nous réciter un de ces divins poëmes...? »[1] Alors un quidam se lève, un homme vêtu d'un manteau grec couleur d'hyacinthe, et, d'un ton de nez fort ému, vous récite quelque légende passablement faisandée, le trépas de Phyllis ou d'Hypsipyle, ou tout autre histoire larmoyante, et il vous distille cela goutte à goutte, mais avec tant de larmes dans la voix qu'il y noie la moitié des mots. On applaudit. Dis, la cendre du poëte ne doit-elle pas s'en réjouir, et la pierre peser plus doucement sur ses os? On l'applaudit après boire! Ombre heureuse,

---

1. Je lis : *quis.... narret.*

sur ta tombe, sur ta cendre fortunée, des violettes sans doute vont s'épanouir!

Allons, mauvais plaisant, va-t-on me dire, railleur au nez crochu, trouve-moi donc quelqu'un qui n'aime pas à occuper de lui le public, et à laisser des poëmes qu'on passera à l'huile de cèdre¹, et qui n'auront pas à craindre de servir d'enveloppe aux maquereaux salés et à l'encens?

Sans doute, cher inconnu que je suppose mon interlocuteur; et moi tout le premier, quand il m'arrive, en écrivant, de trouver quelque trait qui ne soit pas mal, oiseau rare, ma foi! mais enfin quand cela m'arrive, eh bien! non, je ne déteste pas d'en être loué. Après tout, j'ai l'épiderme aussi sensible qu'un autre. Mais ce que je nie, c'est que le but suprême, celui qu'il se faille proposer, ce soit de s'entendre dire : *très-bien! parfait!* Car, qu'y a-t-il au fond de cet éloge? Tout ce qu'on voudra. Ne l'a-t-on pas dit de *l'Iliade* d'Accius Labéon, qui se grisait d'ellébore² et de toutes les petites pièces sentimentales, que dictent nos grands de Rome en faisant leur digestion, enfin de tout ce qui s'écrit sur les tables de citronnier³? Tu as le moyen

1. On passait à l'huile de cèdre les livres pour les conserver et les garantir des mites.
2. On attribuait à l'ellébore la propriété d'éclaircir les idées, et certains lettrés en faisaient usage.
3. Les tables de citronnier étaient un luxe que les riches seuls se permettaient.

de faire servir devant tes amis un plat de tétines de truies, tu peux toujours donner quelque vieil habit à ton client, s'il grelotte ; et tu iras leur dire : « J'aime la vérité, moi ; voyons, dites-moi franchement votre opinion sur mon compte. » Est-ce que c'est possible ? Veux-tu que je te la dise, moi, la vérité ? Eh bien ! tu es un sot de faire des vers, avec une panse comme la tienne, vieux fou, avec une bedaine qui déborde d'un pied et demi ! Janus est plus heureux que toi ; grâce à sa double face, on n'a jamais pu lui faire la nique par derrière, imiter, pour le narguer, le bec de cigogne, ou les oreilles d'âne, ou lui tirer la langue, comme un chien haletant sous le soleil de l'Apulie. Mais vous, ô patriciens superbes, qui, par privilége, n'avez pas d'yeux derrière la tête, méfiez-vous des grimaces que l'on vous fait, quand vous avez le dos tourné.

« Que dit-on de mes vers dans le public? » — « Comment? on dit : voilà pour le coup ce qui s'appelle des vers, des vers si coulants, si polis, que le doigt le plus délicat y glisse sans y trouver la moindre aspérité. Ce gaillard-là, ajoute-t-on, vous aligne un vers!... C'est net comme la ligne rouge que le charpentier trace en fermant un œil. Faut-il tonner contre les mœurs du siècle, contre le luxe et les somptueux repas des riches de Rome? notre cher poëte trouve là-dessus de merveilleuses inspirations. C'est l'enfant gâté des Muses. »

En voici d'autres qui le prennent tout d'abord sur le ton héroïque. Hier, ils étaient des écoliers et n'étaient sots du moins qu'en grec[1]; ils ne sont même pas capables de traiter les sujets les plus vulgaires : *Description d'un bois sacré, d'une fertile campagne:* ils vous entassent pêle-mêle dans leurs vers « les corbeilles et le foyer, les cochons et les fêtes de Palès qu'enfume le foin enflammé ; » sans oublier que c'est de cette vie champêtre « que sortit Rémus, et toi, ô Cincinnatus, qui faisais entrer dans le sol la dent de ta charrue, lorsque, devant tes bœufs, ta femme accourut pour t'aider à revêtir les insignes de la dictature, et que le licteur rentra ta charrue au logis.... » Bravo, mon poëte ! Il se trouve bien des gens pour lire *la Briséis* d'Accius et ses vers boursouflés, ou Pacuvius et sa barbare *Antiope* « dont le cœur dolent a la souffrance pour réconfort[2]. » Quand on voit des pères assez aveugles pour recommander de pareils modèles à leurs enfants, faut-il se demander d'où vient l'incroyable gâchis qui règne dans notre langue, et ce jargon, la honte de notre temps, qui, dans nos tribunaux même, fait pâmer d'aise tous nos jeunes fats ? N'as-tu pas honte, quand tu as à sauver une tête qu'ont

---

1. On composait en grec dans les classes de Rome.
2. Citation de ce vieux poëte. Il y avait au temps de Perse des gens qui goûtaient fort toutes les antiquailles littéraires.

blanchie les années, de songer avant tout à mériter ce fade éloge : « Comme c'est bien tourné ! »

« Tu es un escroc, » dit-on à Pédius. Et que répond Pédius ? Il oppose à l'accusation des antithèses d'un fini merveilleux et des métaphores, dont la distinction lui vaut des compliments : « charmant ! » dit-on. Charmant? O fils de Romulus, quel monstrueux plaisir prenez-vous à cela? Ce naufragé qui mendie, s'il s'amuse à chanter, est-ce qu'il me touchera, est-ce qu'il tirera de moi le sou qu'il veut obtenir? Ah ! tu chantes, quand tu portes sur l'épaule le naufrage où tu figures? si tu veux que tes plaintes me touchent le cœur, ne m'apporte pas de chez toi des larmes feintes et qui t'ont coûté toute une nuit d'étude.

Mais, dit-on, la versification était bien rude ; elle a de nos jours acquis plus de grâce, une élégance plus soutenue[1].

Oui, en effet, on a trouvé des fins de vers comme celles-ci :

Atys, enfant du Bérécynthe[2],

ou bien encore :

Le Dauphin qui fendait Nérée aux flots d'azur.

---

1. J'entends, par *junctura*, l'art de grouper les vers, la période poétique.

2. Les vers ridicules, dont Perse ici se moque, étaient, dit-on, de Néron lui-même.

ou enfin :

Nous ôtons une côte aux flancs de l'Apennin.

Au prix de ces vers, qu'est-ce que : *Je chante ce héros....*[1] Comme c'est plat, comme c'est grossier ! cela fait l'effet d'une vieille souche, séchée, durcie par les soleils. Mais voulez-vous des vers coquets, de ceux qui font que l'on se pâme :

Les filles de Mimas apparaissent. Leur bouche
Fait résonner au loin la trompette farouche.
Leurs mains vont immoler un bœuf au front puissant,
Et soumettre à leur joug le lynx obéissant.
 « Bacchus, viens présider à ta sauvage fête,
 « Bacchus !... » Tels sont leurs cris, et l'écho les répète...

Souffrirait-on de pareilles platitudes, si nous avions dans nos veines une goutte du sang de nos pères ? *Les filles de Mimas, Atys,* voilà les écœurantes fadeurs que bavent ces lèvres flasques. Pour en trouver autant, il ne faut ni taillader de rage son pupitre, ni se ronger les ongles.

— Mais quelle nécessité d'offenser par des vérités mordantes de bien sensibles oreilles ? Prends-y garde ; les puissants du jour pourraient bien te faire froide mine : tout ceci ressemble fort au grognement d'un chien hargneux.

— Soit ! je ne conteste plus, ils sont tous blancs

---

1. Le début de *l'Énéide.*

comme neige. Voilà qui est fait : tout est bien, tout est au mieux. Es-tu content ? « De par moi, dis-tu, défense de déposer des immondices contre ces poëmes. » Fais peindre au moins deux serpents [1], avec cette inscription : « *Lieu sacré; enfants, allez pisser plus loin.* » Je me retire. Pourtant Lucilius a sanglé de coups de fouet tous ses contemporains; « à toi, Lupus ! à toi, Mutius ! » sa dent s'est usée à les mordre. Horace eut l'art de toucher délicatement tous les défauts de ses amis qui, loin de s'en fâcher, le laissaient faire ; il effleure, en se jouant, leurs faibles les plus secrets, et trouve moyen de se moquer de tout le monde. Et moi je ne pourrai me permettre la moindre observation, même à part moi, quand je devrais l'enfouir ?...

— Jamais.

— Eh bien! si !... mon petit livre, tu seras le trou où j'enfouirai ce que j'ai vu ; oui, oui, le roi Midas a des oreilles d'âne [2]. Ce droit de rire tout seul et de penser tout bas, pauvre plaisir, dis-tu :

---

1. C'était une indication usitée pour préserver les monuments publics.

2. On sait que le barbier du roi Midas, s'étant aperçu que son maître avait des oreilles d'âne, et n'osant le dire à personne, fit un trou dans la terre, et y enfouit son secret. Il en sortit des roseaux qui, en se balançant sous le vent, répétaient : *le roi Midas a des oreilles d'âne.* — On prétend que ce vers, allusion trop directe à Néron, avait été un peu modifié par l'éditeur Cornutus, et qu'on le rétablit, tel que nous l'avons, après la chute de Néron.

Eh bien, je ne l'échangerais pas contre la gloire d'être l'auteur d'une Iliade. Vous donc, lecteurs, vous que le hardi Cratinus a touchés de son souffle puissant, vous que fait pâlir d'émotion le courroux éloquent d'Eupolis, ou d'Aristophane le vieux maître, venez, peut-être votre âme trouvera-t-elle ici sa pâture. Celui dont je voudrais remuer le cœur, c'est l'homme qui a su s'émouvoir à la lecture de ces grands maîtres. Mais quant au plat personnage qui fait d'agréables épigrammes contre les Grecs et leurs sandales, qui est bien capable après tout de dire à un borgne, *tu es un borgne*, qui se croit quelque chose, et se donne de grands airs pour avoir été édile en Italie et fait briser de fausses mesures à Arrétium ; quant à ceux qui se croient des malins, parce qu'une opération d'arithmétique ou des figures tracées sur le sable leur semblent des choses fort plaisantes, et qui rient à gorge déployée s'ils voient la nuit quelque drôlesse tirer effrontément la barbe à un philosophe : ceux-là, ce qu'il leur faut, c'est une affiche à lire le matin, et une Callirrhoé quelconque après souper.

SATIRE II.

LA PRIÈRE.

O Macrinus, marque d'un caillou blanc cette heuheuse journée, qui ajoute une année de plus à tes années révolues. Verse à ton génie une libation de vin pur. Tu n'es pas de ceux dont les prières marchandent aux dieux ces faveurs qu'on ne leur peut demander qu'en confidence. Hélas! nos grands, pour la plupart, auront soin de parler bas en faisant fumer l'encens. Ce qui se murmure ainsi près de l'autel, tout le monde ne peut pas le répéter en public et vivre en confessant ses vœux. « Bon sens, bonne renommée, bonne foi, » voilà ce qu'on demande bien haut, et de façon à se faire entendre du prochain. Mais au fond du cœur, mais entre les dents, voici ce qu'on marmotte : « Oh! si je voyais percer l'espoir d'un bel enterrement pour mon cher oncle! Oh! si, par la faveur d'Hercule, ma bêche allait se heurter à quelque pot rempli d'argent! Et mon pupille, dont je suis l'héritier direct, que je serre de si près, s'il pouvait décamper? Et pourquoi pas? il est couvert de gale, une humeur âcre lui gonfle la peau. Voilà Nérius qui en est à sa troisième femme!» C'est pour faire cette prière pieuse que le matin on plonge deux et trois fois sa tête dans les flots du Tibre, et qu'on y lave les souillures de la nuit. Mais voyons, réponds-moi; ma question est bien simple : quelle idée te fais-tu de Jupiter? Là, sérieusement ne te semble-t-il pas qu'il vaut bien le premier magistrat venu, Staius par exemple? Est-ce donc pour toi chose douteuse que Jupiter soit encore un meilleur juge, un protecteur plus sûr de l'orphelin? Eh bien! ces choses que tu oses dire à l'oreille de Jupiter, essaye un peu de les demander à Staius. «Mon Dieu! mon Dieu!» s'écrierait-il. Et tu te figures que Jupiter lui-même n'en saurait dire autant? tu crois qu'il te passe tout cela, parce que, quand il tonne, le soufre d'en haut vient fendre ce chêne, et t'épargne toi et ta maison? Quoi? parce que ton cadavre, couché dans quelque bois, n'est point venu marquer un de ces lieux funestes dont on s'écarte et que l'aruspice Ergenna fait purifier avec le sang des brebis, tu t'imagines que Jupiter se prête à tes insolences et se laisse sottement ainsi tirer la barbe? Et tu crois acheter la connivence des dieux en leur payant du gras double et une portion de mou?

Voyez-vous cette grand'mère ou cette vieille tante dévote tirer l'enfant de son berceau, passer sur son front, sur ses petites lèvres humides le doigt du milieu, mouillé de salive; cela suffit pour le purifier, c'est un préservatif infaillible contre le mauvais œil. Puis elle le tapote avec amour; et ce marmot, chétif espoir, ses prières l'installent déjà dans les domaines de Licinus, dans le palais de Crassus! « Qu'un roi, une reine, le demandent un jour pour gendre; que les belles se l'arrachent; que les roses naissent sous ses pas! » Pour moi, je ne m'en fie guère aux nourrices pour les vœux qu'il convient de faire; puisse Jupiter ne pas écouter celle-ci, quoique pour le prier elle ait mis sa plus blanche robe!

Toi, tu lui demandes des muscles vigoureux, un corps solide, sur qui puisse compter ta vieillesse. Très-bien, va toujours. Les grasses lippées, les succulents hachis, ne permettent pas aux dieux de t'exaucer, et Jupiter n'y pourra rien. Tu veux faire fortune, et tu immoles un bœuf; tu prétends attirer Mercure chez toi, en lui offrant de la viande : « Mercure, viens enrichir mes pénates; viens me donner un troupeau, et que mon troupeau s'augmente! » — Qu'il s'augmente, maraud! et comment cela se peut-il, quand tu prends toutes tes jeunes vaches pour faire dévorer leur graisse par les flammes? C'est pourtant avec toutes ces tripes et un gros gâteau qu'on se flatte de conquérir la faveur du ciel. « Voilà mon champ qui s'arrondit, mon troupeau qui se multiplie ; j'y arriverai, j'y suis.... » Oui, jusqu'à ce qu'il ne te reste plus qu'un pauvre écu, qui, tout honteux, hélas ! se morfond sans espoir, dans la solitude de ta caisse.

Si je t'offrais des cratères d'argent, des vases enrichis de ciselures en or massif, un transport de joie couvrirait aussitôt de sueur ta mamelle gauche et ferait bondir ton cœur dans ta poitrine. C'est là ce qui t'a donné l'idée de couvrir la face des dieux de l'or enlevé à l'ennemi. Dans toute cette famille de bronze, il faut distinguer ceux qui nous envoient les songes les plus doux, les songes que ne troublent point les difficultés de la digestion. Aussi auront-ils une barbe d'or. Oui, l'or a banni de nos temples les vases de Numa, le cuivre de Saturne ; c'est lui qui remplace les urnes de Vesta et toute la poterie des vieux Toscans. O cœurs penchés vers la terre, oh ! que vous êtes vides des pensées d'en haut ! Quelle idée que celle de porter nos préjugés dans les temples, et de juger de ce qui plaît aux dieux d'après les convoitises abjectes de notre chair.... La chair ! oui, c'est elle qui, pour son usage, fait dissoudre la cannelle dans le suc corrompu de l'olive, et bouillir les toisons de la Calabre dans la pourpre profanée. C'est pour elle que l'on détache la perle du coquillage, et que du sein vierge de la terre on extrait le métal pour le condenser en lingots brûlants. Oui, c'est la grande coupable : au moins ses corruptions sont pour elle une jouissance. Mais les Dieux !... prêtres, dites-le moi, que font-ils de votre or? Ce que fait Vénus de la poupée que lui offre une petite fille. Ne pourrions-nous pas plutôt donner aux dieux une offrande que le descendant chassieux du grand Messala ne leur présentera jamais sur ses plats d'or : je veux dire une âme affermie dans les sentiments de la justice et du droit, un cœur qui ne cache en ses replis aucune pensée mauvaise, un caractère auquel l'honneur a donné sa généreuse trempe? Oh! puissé-je apporter au temple pareille offrande, et avec cela le plus simple gâteau suffira à la divinité.

SATIRE III.

LA PARESSE.

LE PRÉCEPTEUR.

« Eh bien! ce sera donc toujours la même chose! Déjà les clartés du matin traversent les volets dont la lumière élargit les fentes étroites. Nous ronflons en vérité le temps qu'il faudrait pour cuver le falerne le plus capiteux. Voilà l'ombre qui marque la cinquième heure[1]. Que fais-tu donc? Il y a longtemps que la canicule furieuse chauffe les moissons déjà sèches, et tout le troupeau cherche le frais sous l'ombre épaisse de l'orme. »

Ainsi parle un des gouverneurs.

LE JEUNE HOMME.

« Vraiment! Est-il possible?... Allons, vite ici quelqu'un?... Personne?... »

---

1. De dix à onze heures du matin

La bile le travaille, sa mauvaise humeur éclate ; vous croiriez entendre braire tout un troupeau d'Arcadie. Enfin un livre, un parchemin à deux couleurs et débarrassé de ses poils, du papier, le roseau noueux pour écrire, tout est venu se placer sous sa main. Alors nouvelles plaintes ; tantôt c'est l'encre qui est trop épaisse et reste au bec du roseau ; tantôt on y a mis trop d'eau, elle n'est pas assez foncée; et puis, le roseau crache, il écrit double.

LE PRÉCEPTEUR.

« Pauvre chéri! Et dire que de jour en jour cela va de mal en pis! Oh! il est bien à plaindre! Tiens, à ta place, mon pigeon, je ferais comme nos petits seigneurs, je demanderais *du bon nanan*, et si maman nourrice me disait : « Voyons, chante avec « moi ta petite chanson[1], » je lui dirais : « Je ne « veux pas, moi! »

LE JEUNE HOMME.

« Comment veut-on que j'étudie, avec une plume comme celle-là? »

LE PRÉCEPTEUR.

« Qu'est-ce que tu nous chantes là? Pour qui toutes ces mauvaises raisons?... Après tout, c'est ton affaire. Ta vie se perd comme l'eau d'un vase

---

1. « Chante *Lalla*, » chanson d'enfant, que la nourrice chantait en duo avec son marmot, pour l'apaiser.

qui fuit, d'un vase qu'on mettra au rebut, ô insensé!
S'il est mal cuit, si l'argile en est verte encore, sous
le doigt qui le frappe, le son qu'il rend révèle son
défaut. Tu es l'argile encore humide et molle; c'est
le moment pour le potier de se hâter : sa roue, toujours active, doit achever son œuvre. « Mais mon
« père a des propriétés; j'aurai toujours du pain
« sur la planche. Qu'ai-je à craindre? Je suis tou-
« jours assuré de trouver ma salière nette et sans
« tache, et la marmite fidèle près du foyer de fa-
« mille.... » Et cela te suffit? Et ton cœur doit
crever d'orgueil, parce que sur ton arbre généalogique tu comptes jusqu'à mille aïeux remontant
jusqu'aux vieux Toscans[1]; parce que, couvert de la
trabée équestre, tu peux, en passant devant le censeur, saluer en lui un de tes parents? Tout ce
clinquant est bon pour éblouir la foule. Mais moi,
je te connais jusqu'au fond de l'âme, je ne m'arrête
pas à l'épiderme. N'as-tu pas honte de vivre comme
le lâche Natta? Encore, lui, il est abruti maintenant.
Sa lourde graisse l'a pénétré tout entier. Il n'est
plus coupable, il ne sait point ce qu'il perd. C'est un
homme coulé à fond, et qui ne peut plus remonter.... O Père tout-puissant des dieux, pour les tyrans les plus cruels, je ne te demande qu'un seul

---

1. Les plus grandes familles romaines se prétendaient originaires de Toscane.

châtiment, à l'heure où quelque horrible fantaisie vient agiter leur cœur et le brûler de ses poisons : puisse la vertu se montrer à leurs regards, et qu'ils sèchent de douleur en voyant ce qu'ils ont abandonné! Non, jamais les malheureux, hurlant par la bouche d'airain du taureau de Phalaris, jamais les courtisans de Denys, sous l'épée suspendue aux lambris dorés, et dont la pointe touchait leur pourpre et leur épaule, n'ont éprouvé une plus affreuse angoisse que celle de ce tyran qui se dit tout bas : « Je suis perdu, je tombe, je tombe! » Et il pâlit, le misérable, à cette pensée, qu'il n'ose confier même à la femme qui dort à son côté!

Je m'en souviens, dans mon enfance, souvent je mouillais mes yeux avec de l'huile, quand je ne voulais pas composer et réciter « le monologue de Caton prêt à se donner la mort, » discours ronflant qui eût émerveillé mon imbécile de maître, et que mon père, ému d'orgueil, aurait fait entendre à ses amis invités à cette fête. J'en avais le droit : toute mon ambition alors, c'était de savoir ce que le *six* gagne au jeu de dés, et combien la *canicule* maudite fait perdre de points[1]; c'était de ne pas manquer, au jeu des noix[2], l'étroit goulot de la cruche ; c'était enfin d'être aussi fort que personne dans

---

1. La *canicule* : on appelait ainsi l'*as*, au jeu de dés.
2. Jeu qui consistait à jeter des noix dans une cruche, et qui ressemblait au jeu de billes que nous appelons la *bloquette*.

l'art de faire tourner sous le fouet le sabot de buis. Oui, mais toi, tu n'en es plus là ; tu sais distinguer le bien du mal; tu connais ce qu'enseigne ce sage Portique, où, parmi les tableaux représentant les Mèdes aux longues braies, une active jeunesse, aux cheveux courts, veille, se nourrissant de pois et d'épaisse *polenta*. L'y grec aux deux branches, emblème du sage de Samos, a figuré à tes yeux le chemin qu'il faut suivre, celui de droite, une rude montée. Et tu ronfles encore ! Et ta tête, alourdie par les excès de la veille, chancelle et ne peut se soutenir ! Et tu bâilles à te décrocher les mâchoires ! As-tu un but où visent tes pensées? Ou bien, cours-tu çà et là, pourchassant les corbeaux avec des cailloux et des mottes de terre, te laissant aller où ton pied te porte, vivant au jour le jour?

Regarde ces malades; ils demandent de l'ellébore; mais il est trop tard, l'hydropisie gonfle tout leur corps. Prévenons la maladie. Une fois qu'elle est venue, que sert de promettre des montagnes d'or au médecin Cratérus? Instruisez-vous, ô malheureux, étudiez les effets et les causes. Que sommes-nous? Quelle est notre destinée, notre place à l'entrée de la carrière? Où est le but qu'il faut tourner sans encombre, le point d'où nous devons revenir? Quel terme doit-on assigner à sa fortune, à ses désirs? Quel usage faut-il faire de l'argent, quelle est la part que tu en dois réserver à la patrie, à tes parents bien-aimés? Enfin quel est le rôle que Dieu t'a marqué, le poste qu'il te fixe dans l'humanité? Voilà ce qu'il faut apprendre, au lieu d'envier à ton riche voisin le bonheur de ranger dans son garde-manger mainte jarre bien puante, offerte par les Ombriens qu'il a protégés par sa parole, et de posséder du poivre, des jambons, hommages de ses clients Marses, et des barriques d'anchois, dont la première même n'est pas encore épuisée.

Ici quelqu'un m'arrête : c'est un vieux bouc de centurion. « En fait de philosophie, dit-il, j'ai ce qu'il me faut. Je ne tiens pas à devenir un Arcésilas, un de ces Solons moroses, toujours la tête basse, l'œil fixé à terre, toujours grognant entre leurs dents et rageant en silence, ces gens qui, la lèvre en avant, ont toujours l'air d'y peser leurs mots, ruminant sans cesse quelque radotage de vieux malade : *Que de rien ne naît rien, que rien ne retourne au néant.* Et c'est là ce qui te rend blême; c'est là ce qui te coupe l'appétit? »

A ces mots, hilarité universelle; et là-dessus nos militaires, des gaillards bien nourris, ma foi! partent tous d'un éclat de rire convulsif qui leur plisse le nez.

« Vois donc, je ne sais ce qui me travaille dans la poitrine; j'ai mal à la gorge, j'ai la respiration pénible; vois, je te prie. » Ainsi consulté, le médecin conseille le repos. Trois jours après, le pouls est calme, le sang a repris son cours régulier. Le convalescent veut aller au bain et fait demander, chez un riche ami, un cruchon, un simple cruchon de vin de Sorrente :

« Mais, mon bon, tu es bien pâle.

— Ce n'est rien.

— Prends-y garde cependant; je ne sais ce que tu as, mais enfin tu es blafard, et tu enfles sans t'en douter.

— Allons donc! tu as bien plus mauvaise mine que moi. Ne vas-tu pas faire le tuteur avec moi? Il y a beau temps que j'ai enterré le mien; est-ce que tu veux le remplacer ?

— Comme tu voudras. Je ne dis plus rien. »

Donc, le ventre plein, la peau livide, notre homme se baigne. Une odeur de soufre s'échappe de son gosier embarrassé. Pendant qu'il boit, la fièvre le ressaisit, le frisson fait tomber de sa main la coupe de vin chaud. Sa bouche s'entr'ouvre, ses dents claquent; de ses lèvres flasques s'échappent ces bons morceaux dont il se régalait. Et puis, voilà qu'arrivent les cierges et la trompette des funérailles; et, sur un lit de parade, notre heureux jeune homme, doucement couché, richement enduit de parfums, étend à sa porte ses talons roidis par la mort. Ses esclaves d'hier, citoyens aujourd'hui, coiffés du bonnet de liberté, l'emportent sur leurs épaules[1].

« Mais, malheureux, tâte mon pouls; compte les battements de mon cœur. Je n'ai pas de fièvre. Vois, j'ai chaud aux pieds et aux mains. »

Oui, mais la vue de l'or, ou le sourire engageant de la voisine, cette blanche jeune fille, laisse-t-il ton cœur en repos? On te sert un repas froid, des légumes crus, du pain fait avec la farine grossière du peuple; voilà une occasion d'éprouver ta frugalité. Mais tu as au fond de la bouche un ulcère; c'est ta gourmandise, qui la rend très-sensible, et des cardons, nourriture du peuple, l'écorcheraient. Ne t'arrive-t-il pas aussi de sentir le frisson de la peur? ton front pâlit, le poil se hérisse sur tout ton corps. D'autres fois, la colère allume ton sang et fait étinceler tes regards; et tes paroles, tes actes sont empreints d'une telle démence, qu'Oreste, tout fou qu'il est, dirait en te voyant : cet homme est fou!

---

1. Il s'agit de ses esclaves, affranchis par testament.

SATIRE IV.

CONTRE LA PRÉSOMPTION DES GRANDS.

« Tu t'occupes des affaires publiques. » (Nous faisons parler ici le sage à longue barbe, qui trouva la mort au fond d'une coupe de ciguë.) « Qui t'inspire tant de confiance ? Réponds-moi, toi qui te vantes d'avoir pour tuteur le grand Périclès. Apparemment la sagesse, l'expérience, ont été chez toi plus précoces que la barbe. Tu sais ce qu'il faut dire, ce qu'il faut taire. Aussi quand le peuple s'émeut, quand sa bile s'échauffe, pour imposer silence à la foule ardente, il ne te faut qu'un geste majestueux. Soit : que vas-tu leur dire? « Citoyens, ceci n'est pas juste, selon moi; cela est mal; voici qui serait mieux. » Tu sais évidemment peser les choses dans la balance délicate de la Justice. Tu connais le bien; tu en saisis les déviations; tu ne te laisses pas prendre comme d'autres à de

captieuses subtilités. Tu peux clouer sur le crime
le *théta*, la sombre lettre [1]!... Hélas non; tu n'as,
Alcibiade, que de belles apparences; attends donc,
et cesse de faire ainsi la roue devant ce peuple qui
t'adule : tu ferais mieux d'avaler l'hellébore à forte
dose.... Quel est pour toi le bien suprême? De te
dorloter, d'avoir une bonne table, de te chauffer
au soleil? Tiens, cette vieille que voici, en sait
tout autant. Crie-nous donc, gonflé d'orgueil : « Je
suis de la race de Dinomaque; j'ai la peau blanche. » Je le veux bien; mais conviens que cette
Baucis en haillons n'a pas un but moins sérieux,
quand elle arrête au passage un esclave de bonne
maison pour faire valoir ses légumes.

Personne ne songe à descendre en soi-même,
personne! On n'a d'yeux que pour la besace pendue au dos de celui qui va devant nous. Tu me demandes : « connais-tu les domaines de Vectidius? »
— « quel Vectidius? Ce riche qui, dans le pays de
Cures, a des terres labourables d'une étendue telle
que le vol d'un milan n'en ferait point le tour?
Est-ce celui-là dont tu parles? »— « Lui-même. Eh
bien ! il faut vraiment qu'il soit voué à la colère des
dieux et à un génie funeste : vois-le, aux Compitales, quand sa charrue se repose à l'autel usé du
carrefour, déboucher en rechignant une vieille

---

[1]. Première lettre du mot θάνατος : vote de mort.

bouteille, et dire d'un ton piteux : « Vive la joie ! » tout en mangeant, sans l'éplucher, un oignon avec du sel; vois-le consommer une marmite de bouillie avec ses esclaves éblouis de ce luxe inusité, et boire d'un vin éventé et tout couvert de filaments. »
— « Mais toi, quand après t'être frotté d'huile, tu te vautres au soleil pour en absorber les rayons, voici venir quelqu'un qui me pousse du coude, qui crache sur ta vie, et me fait remarquer tes parties secrètes et tes reins épilés, ces chairs flasques que tu étales aux yeux du peuple. Quoi! quand tu peignes le duvet parfumé qui croît sur tes joues, pourquoi laisser voir ce qu'il faut cacher? D'ailleurs, cinq épileurs auraient beau travailler ta chair flétrie avec leurs pinces, et chercher à en arracher toutes les herbes, en dépit de toute culture le chiendent toujours y repoussera. »

Ainsi va le monde : battants, battus; c'est un échange. Oui, nous y sommes faits. Tu portes au flanc une blessure que tu caches, une plaie que tu dissimules sous ton large baudrier d'or; puisque tu le veux, tâche de faire croire au monde que ce n'est rien, et à tes nerfs aussi, si c'est possible. — « Comment? quand tout ceux qui m'entourent, vantent mon mérite, je ne les croirais pas? » — Malheureux, si la vue de l'or allume tes désirs, si tu accordes à tes sens tout ce que tu imagines pour les réveiller, si, près du Putéal[1], tu pourchasses tes débiteurs avec une impitoyable habileté, c'est vainement que ton oreille s'enivrerait des louanges de la foule. Repousse ce portrait qui ne te ressemble pas ; que le coquin qui te loue remporte ses flagorneries. Rentre dans ton cœur, et tu verras que ton bagage se réduit à bien peu de chose.

1. Endroit du Forum où se groupaient les usuriers et les gens d'affaires.

SATIRE V.

LA VRAIE LIBERTÉ.

PERSE.

Les poëtes ont l'habitude de demander pour eux et pour leurs vers cent voix, cent bouches, cent langues, soit qu'ils aient à faire hurler un drame par quelque sombre tragédien ; soit qu'il leur faille décrire les blessures du Parthe, retirant le fer qui a percé son flanc.

CORNUTUS.

A quoi tend tout ceci ? Le poëme dont tu nous menaces, est donc un bien rude morceau, qu'il faille cent bouches pour en venir à bout? Laissons recueillir les brouillards de l'Hélicon aux poëtes qui se lancent dans le haut style, à ceux qui ont à faire bouillir le pot-au-feu de Procné ou celui de Thyeste : c'est là souvent le souper de Glycon, l'insipide tragédien. Toi, tu n'es pas de ceux qui remplissent de vent leurs vers et les font ronfler comme un soufflet de forge: ni de ceux qui savent marmotter mystérieusement, à demi-voix, quelque grave niaiserie ou gonfler leurs joues, pour produire, quoi? une bruyante explosion. Tu t'en tiens au langage de tous; tout ton mérite est dans la vivacité du tour, dans l'agrément uni à la simplicité: c'est sur ce ton naturel que ta critique fait pâlir le vice, et, tout en se jouant, le perce de ses traits. C'est là ton lot. Laisse aux Atrides leurs festins de têtes et de pieds humains, et vis comme tout le monde.

PERSE.

Non sans doute, mon ambition n'est pas de gonfler cette page de balivernes sonores, et de savoir donner du poids à la fumée. Nous causons tête à tête. C'est à toi seul aujourd'hui, Cornutus, ô mon ami, que, docile à la voix de la muse, je veux dévoiler tout mon cœur. Il m'est doux de te montrer quelle place tu tiens dans mon âme. Frappe ici, toi dont le doigt sait reconnaître le vase fêlé qui sonne faux, toi qu'on n'abuse point avec des paroles fardées. Oh! si j'osais demander cent voix, ce serait afin de tirer du plus profond de mon âme des accents capables de te convaincre que tu l'occupes tout entière, ce serait pour te révéler ce sentiment qui se cache dans les fibres les plus secrètes, et que la parole humaine ne saurait exprimer. Le jour où je quittai la pourpre qui protége l'enfance, où, effrayé de ma liberté, je suspendis ma bulle d'or en offrande à mes Lares court-vêtus; le jour où je n'eus plus autour de moi que des compagnons commodes, où la toge blanche, s'arrondissant sur ma poitrine, m'eut donné le droit de hasarder impunément mes regards dans le quartier de Suburre; à cette heure où deux routes, s'ouvrant et s'embranchant devant nous, font hésiter notre inexpérience; c'est alors que je me soumis à ta direction. Grâce à toi, la philosophie, cette fille de Socrate, ouvrit ses bras à ma jeunesse; alors, sans se faire sentir, la règle vint redresser mes mœurs déjà faussées. La raison s'empara de mon cœur qui travaillait à être vaincu par elle; ton art façonna mon âme, ton pouce lui donna sa forme. Avec toi, il m'en souvient, je passais mes journées entières; avec toi, je prenais mes repas à la tombée de la nuit. Le travail, le repos, tout nous était commun : un souper modeste nous délassait des pensées sérieuses. N'en doute pas, nos deux existences, unies par une harmonie constante, subissent l'influence de la même constellation. Est-ce aux deux bras égaux de la Balance que la Parque, amie de la vérité, a suspendu notre destinée commune? L'heure favorable aux sympathies fidèles a-t-elle attaché nos âmes au double signe des Gémeaux? Est-ce la bonté de Jupiter qui écarte de nous l'influence funeste de Saturne? Je l'ignore; mais le même astre, quel qu'il soit, règle ma vie pour la tienne.

Les hommes ne se ressemblent guère, et ne font pas des choses le même usage. Chacun a ses désirs, et tout le monde ne forme point des vœux pareils. Celui-ci court, aux lieux où le soleil se lève, échanger les denrées de l'Italie contre le poivre aux grains ridés, contre le cumin qui fait pâlir. Celui-là, après un repas copieux, aime à se plonger dans le sommeil et à y accroître son embonpoint. Cet autre se livre aux exercices du Champ de Mars ; tel perd tout son avoir au jeu, tel toute son énergie dans la débauche. Mais quand la goutte, pétrifiant les articulations, a desséché leurs doigts comme les baguettes d'un vieux hêtre, c'est alors que, trop tard, ils regrettent d'avoir laissé s'embourber leurs jours dans la fange de la débauche, et qu'ils se désolent d'avoir oublié de vivre. Mais ton bonheur à toi, c'est de pâlir la nuit sur les écrits des sages. Tu cultives l'âme des jeunes gens qui t'écoutent, et, après l'avoir purifiée, tu y sèmes la philosophie de Cléanthe. Jeunes et vieux, c'est là, qu'il faut chercher un but au voyage de la vie, une consolation pour la triste vieillesse. — « Remettons cela à demain. » — « Demain, ce sera comme aujourd'hui. » — « Comment ? Est-ce une si grande concession que de m'accorder un jour ? » — Mais quand demain sera venu, ce lendemain, bientôt passé, deviendra hier; et puis un autre lendemain sera autant de pris sur tes années, et enfin tu seras toujours en retard. Tu es la roue de derrière, placée sur le second essieu; quoique celle de devant soit près de toi, et sur le même timon, tu auras beau faire, elle tourne toujours, jamais tu ne l'atteindras.

Il faut devenir un homme libre, non pas comme le premier Publius venu arrive à l'être dans la tribu Vélina, titre qui lui vaut un cachet crasseux pour une distribution de mauvais blé. O cœurs stériles pour la vérité, il vous suffit d'une pirouette pour faire de vous des citoyens romains! Voici Dama, un drôle qui ne vaut pas cher, un chassieux qui mentirait pour une bouchée de pain. Eh bien! que son maître lui fasse faire un tour sur lui-même, et de cette pirouette il sort.... le citoyen Marcus Dama! Eh quoi? Quand Marcus se porte garant de la dette, tu refuses de prêter tes écus? Quand tu as Marcus pour juge, tu n'es pas autrement rassuré? Marcus affirme ceci : allons, Marcus, signe ton témoignage. Et c'est là la vraie liberté? un bonnet d'affranchi suffirait pour la conférer! « Est-ce qu'il y en a une autre que celle qui consiste à vivre à sa fantaisie? comment! je vis comme je veux, et je ne serais pas plus libre que Brutus même? » — « Fausse conclusion, dit ici un stoïcien, dont l'intelligence s'est épurée et sur qui la vérité a mordu comme un acide. J'admets tout ce que tu dis, sauf ceci dont il faut rabattre : *je peux vivre comme je veux.* » — « Eh quoi? quand j'ai quitté le préteur et que, grâce à la baguette de l'affranchissement, je m'appartiens, comment ne pourrais-je pas tout ce que m'ordonne ma volonté, sauf ce que défend la loi civile, fixée en lettres rouges par Masurius[1]? » — « Écoute. Mais point de colère : ne fronce pas tes narines, ne me fais point la grimace, tandis que j'extirpe de ton cœur tous tes vieux préjugés. Ce n'a jamais été l'affaire du préteur de faire connaître à des insensés le détail de leurs devoirs et de leur apprendre comment il faut user de cette vie si fugitive. On aurait plus tôt fait de rendre un lourdaud capable de jouer de la harpe. Ce serait une entreprise absurde, la raison s'y oppose, et elle nous dit tout bas à l'oreille, qu'il ne faut pas donner le droit de faire ce qu'on fera tout de travers. C'est un principe de la loi civile comme de la nature, que certains actes sont interdits à ceux que leur ignorance en rend incapables. Tu veux délayer de l'hellébore, sans savoir la dose exacte où il faut t'arrêter : la médecine te le défend. Qu'un laboureur avec ses grosses guêtres vienne, sans savoir distinguer l'étoile du matin, demander

---

1. Les titres des lois étaient écrits avec du vermillon.

à conduire un vaisseau : « Comme le monde est devenu effronté! » s'écrirait Mélicerte, le dieu marin. La sagesse t'a-t-elle appris à maintenir ta raison dans un juste équilibre? Sais-tu à quel signe se reconnaît la vérité? Sais-tu reconnaître au son la pièce fausse, d'apparence trompeuse, celle qui n'est que du cuivre doré? Sais tu marquer de blanc les choses qu'il faut rechercher, de noir celles que nous devons fuir? Es-tu modéré dans tes vœux, modeste dans ta vie, tendre pour tes amis? Sais-tu à qui tu dois ouvrir, à qui tu dois fermer tes greniers? Peux-tu passer près d'un écu cloué à terre, sans te baisser pour le ramasser dans la boue? Est-ce que l'idée de quelque aubaine, que t'enverrait Mercure, ne te fait pas venir l'eau à la bouche? Certes si tu peux dire, avec vérité : « Oui, toutes ces vertus, je les possède, » alors soit! tu es un homme libre, un sage : les préteurs, aussi bien que Jupiter, t'en reconnaissent les droits.

Mais si, toi qui naguère ne valais pas mieux que nous, tu n'as pas dépouillé le vieil homme, si l'apparence seule a changé, si ton cœur pervers a toutes les astuces du renard, je resserre la courroie. Tu n'as point brisé tes liens. Du moment que la raison t'a refusé ses lumières, tout ce que tu fais, tu le fais mal, quand ce ne serait que lever le doigt[1].

1. Une des maximes les plus outrées du stoïcisme, c'était que celui qui n'est pas guidé par la raison, l'*insensé*, fait mal tout

Pourtant, quoi de plus insignifiant? Tout l'encens du monde n'obtiendrait pas du ciel une once de bon sens pour l'insensé. Raison et sottise sont choses incompatibles. Si ta vocation est de creuser la terre, tu ne danserais pas seulement trois mesures de la danse du satyre Bathyllus.

« Je suis libre. » Où as-tu pris cela, toi, l'esclave de tant de choses? Tu ne connais donc pas d'autre maître que celui dont la baguette t'a délivré? Qu'un maître s'écrie: « Va porter ces étrilles au bain de Crispinus. Eh bien! fainéant, tu ne bouges pas? » Cet ordre impérieux ne s'adresse plus à toi, et il n'y a plus rien au dehors, qui puisse mettre tes nerfs en mouvement. Mais que dans ton cœur malade, des maîtres impérieux s'élèvent : alors, seras-tu moins châtié que l'esclave qu'on mène par la peur, qu'on envoie à coups de fouet porter les étrilles au bain?

Le matin, tu ronfles paresseusement dans ton lit: « Debout! dit la Cupidité : allons, debout! » Tu refuses; elle insiste: « Debout! » dit-elle. — « Je ne puis. » — « Debout! » — « Pourquoi faire ? » — « Tu le demandes? Va chercher dans le Pont les anchois, le castoréum, l'étoupe, l'encens, le vin émollient de Cos; sois le premier à enlever, sur le

---

ce qu'il fait, quand il ne s'agirait que d'étendre le doigt, τὸν δάκτυλον ἐκτείνειν. Il ne faut rien faire sans un motif raisonnable, tout acte doit avoir un but.

dos même du chameau altéré du voyage, le poivre qu'il apporte à l'instant. Allons, fais quelque friponnerie, et parjure-toi. » — « Mais Jupiter le saura. » — « Oh! le niais! il te faudra te contenter de gratter et de regratter indéfiniment ta salière, si tu prétends ne pas te brouiller avec Jupiter. » Déjà donc tu serres ta ceinture; déjà tu charges sur l'épaule de tes esclaves ta valise et l'outre remplie de vin. Allons, au vaisseau. Rien ne s'oppose à ton départ, te voilà bientôt sur ces poutres lancé à travers la mer Égée. Mais, un moment! la Mollesse t'aborde adroitement, et te tirant à part : « Où cours-tu, insensé? te dit-elle. Où vas-tu? que veux-tu? Il faut que la bile t'échauffe et te travaille terriblement; une cruche entière de ciguë ne te guérirait pas. Tu vas passer la mer? tu vas dîner sur un bout de banc, adossé à un câble? et près de toi une grosse jarre assise sur son large fond et pleine de piquette de Véies t'empestera de son odeur goudronnée? Et dans quel but? Quand tu pourrais placer ton argent modestement au denier cinq, ton avidité veut lui faire rendre mieux encore et le pousser jusqu'à onze! Allons, donne-toi du bon temps; cueille les douceurs de la vie; le plaisir, c'est l'existence. Que seras-tu bientôt? de la cendre, une ombre, un souvenir. Vis, et songe à la mort. L'heure s'échappe. L'instant où je te parle, est déjà loin de nous. »

Que vas-tu faire? Voilà deux appâts qui te sollicitent en sens contraire. Pour lequel te décideras-tu? Tu vas aller de l'un à l'autre, flotter alternativement entre ces deux esclavages, entre ces deux maîtres. Et parce qu'une fois tu auras dit: *non!* que tu auras refusé d'obéir à leur voix impérieuse, ne va pas dire: J'ai brisé mes liens! Le chien aussi peut rompre sa laisse, mais il a beau faire, il traîne toujours un bout de chaîne attaché à son cou.

« Oui, Dave, je veux en finir, et à l'instant; ne t'avise pas d'en douter, elle m'a tant fait souffrir! » (Ainsi parle Chœrestratus en se rongeant les ongles de fureur.) « Serai-je toujours la honte d'une honnête famille, faut-il me perdre de réputation, me ruiner, en allant toujours chanter d'une voix avinée et avec un flambeau éteint à la porte de Chrysis, cette porte que j'arrose de mes larmes? » — « Bravo, mon jeune maître; devenez sage, et offrez dans cet espoir un agneau aux dieux préservateurs. » — « Mais, Dave, dis-moi, si je la quitte, crois-tu qu'elle en pleurera? » — « Vous vous moquez. Vous êtes un enfant; elle vous frappera de sa pantoufle rouge, pour vous apprendre à vouloir vous émanciper et à ronger les mailles du filet où elle vous tient. Pour l'heure, vous êtes intraitable, outré de fureur. Mais qu'elle vous rappelle, et aussitôt vous me direz: « Que faire? Comment? Quand

« elle fait les premiers pas, quand elle me supplie,
« je m'obstinerais? » Oui, assurément, si vous aviez
tiré de ses mains votre cœur tout entier. »

C'est à cela, en effet, qu'on reconnaît l'homme
libre, non au coup de cette baguette que tient un
grossier licteur. Est-ce qu'il est libre, ce pied-plat,
toujours béant après les dignités, et perpétuel candidat? Allons, lève-toi avant le jour; fais jeter une
large distribution de pois au peuple qui se bat
pour les ramasser, afin qu'un jour, en se chauffant
au soleil, les vieillards rappellent les dépenses que
tu as faites aux jeux floraux. Rien de plus noble en
vérité! Et puis quand vient le jour que célèbrent
les amis d'Hérode[1], lorsque les fenêtres s'ornent
de violettes et de lampions, qui les inondent de
suif et de fumée; qu'on se réunit autour d'une
large queue de thon, nageant dans un plat rouge,
et d'une cruche blanche qui regorge de vin, alors
tu remues dévotement les lèvres, et tout pâle, tu célèbres le sabbat des circoncis. Tu trembles de peur,
à la pensée des noirs lémures, et des périls que fait
courir un œuf cassé; et puis les prêtres gaulois,
de grands gaillards, joints à une prêtresse à l'œil
égaré et jouant du sistre, font pénétrer dans ton
âme la crainte de leurs dieux, lesquels ne manqueront pas de te frapper d'hydropisie, si tous les

1. Les Juifs.

matins, d'après l'ordonnance, tu ne manges trois fois une tête d'ail.

Allez dire tout cela devant nos vieux centurions ornés de varices: l'énorme Vulfénius part aussitôt d'un gros éclat de rire: « Cent philosophes grecs! dit-il, je n'en donnerais pas cent sous rognés! »

SATIRE VI.

CONTRE LES AVARES.

Bassus, l'hiver t'a-t-il déjà rapproché de ton foyer de la Sabine? Déjà ton archet sévère vient-il animer les cordes de ta lyre? Artiste merveilleux, tantôt ta poésie sait réveillér notre vieil idiome[1] et tirer de mâles accords de la lyre latine; tantôt elle célèbre les joies de la jeunesse, ou rend aux vertus des vieux âges l'hommage d'un noble cœur. Pour moi, sur ma côte de Ligurie exposée aux vents du Sud, je vois la mer agitée se briser sur les rocs aux flancs escarpés, où le rivage s'enfonce et s'abrite en mainte vallée. « Le port de Luna vaut la peine d'être vu, citoyens. » Ainsi parle Ennius, un sage, quand il ne rêve pas qu'il a été Homère, puis un paon pythagoricien, avant d'être Quintus, ci-devant

---

1. Je lis : *vocum*.

poëte de Méonie. Là, je me soucie peu du vulgaire et des misères dont le vent du Midi menace les bestiaux; je ne me tourmente pas davantage, si le petit champ du voisin prospère mieux que le nôtre : quand même je verrais s'enrichir tous ceux qui sont plus mal nés que moi, ce n'est pas là vraiment ce qui courberait ma taille et blanchirait mes cheveux, ce n'est pas là ce qui me ferait faire plus maigre chère, ni flairer mes cruches pour voir si on ne les a pas débouchées. D'autres peuvent penser différemment. Heure de notre naissance, tu donnes à des frères jumeaux des caractères bien opposés. J'en sais un, fort avisé, qui ne se permet qu'au jour natal de tremper ses pauvres légumes dans un petit pot de saumure acheté pour la circonstance ; il ne s'en fie à personne pour y saupoudrer du poivre, chose si sacrée pour lui, qu'il y touche à peine. L'autre, au contraire, mord à belles dents dans son gras patrimoine. Pour moi, oui, je veux jouir de mes biens, sans être néanmoins assez prodigue pour servir des turbots à mes affranchis, assez délicat pour distinguer au goût le sexe des grives. Mangeons la récolte qui nous appartient, vidons nos greniers : c'est chose permise. Que crains-tu? il ne faut qu'une façon à ton champ, et voici déjà l'autre moisson qui pousse.

Mais le devoir t'appelle; tu as un ami ruiné par un naufrage : le voici qui se cramponne aux roches du Bruttium; il a tout perdu: ses biens, ses espérances, tout est au fond de la mer Ionienne; il est étendu sur le rivage avec l'image des dieux protecteurs qui surmontaient sa poupe; il voit les flancs de son navire, débris épars, flotter au-devant des plongeons. Eh bien! pour le secourir dans sa détresse, vends une partie de tes prés : qu'il ne soit pas réduit à mendier après s'être fait peindre dans un de ces tableaux de naufrage où le bleu domine. Il est vrai que ton héritier, furieux de voir ainsi rogner son héritage, lésinera sur le repas de tes funérailles; en mettant dans l'urne tes os mal embaumés, il se souciera peu de savoir si le cinname est suffisamment parfumé, si la cannelle n'est pas falsifiée par un mélange d'écorce de cerisier. Au fait, de ton vivant, pourquoi mangeais-tu ainsi ton bien? Écoute Bestius qui s'en prend de ces libéralités aux leçons données par les penseurs de la Grèce : « Tout cela n'arrive, dit-il, que depuis que la mode de philosopher nous est venue avec le poivre et les dattes, c'est une denrée de provenance suspecte [1]. Jusqu'au moissonneur, tout le monde veut vivre

---

1. *Maris expers.* Les commentateurs donnent ici différents sens; ce qui veut dire qu'ils ne sont sûrs d'aucun. M. Otto Jahn a la bonne foi d'avouer que cela n'est pas clair, *neutiquam perspicuum*. Voici seulement ce que je crois entrevoir. Une seule chose semble ici évidente : c'est que ce mot est une allusion à ce que dit Horace du mauvais vin de Chio qui figure dans

grassement. » Pourquoi craindre pour le temps où tu ne seras plus que cendres ? mais toi, mon héritier, que je ne connais pas encore, je veux te dire un mot à l'oreille : « Mon ami, sais-tu la nouvelle ? Il vient d'arriver une dépêche impériale, entourée de lauriers : elle annonce une défaite mémorable des Germains. On nettoie déjà les autels, on en écarte les vieilles cendres : déjà l'impératrice Cœsonia[1] fait placer des trophées aux portes des temples : déjà l'on prépare des chlamydes royales, des tuniques jaunes pour les prisonniers, des cha-

---

son repas ridicule : *Chium maris expers*, du vin de Chio qui n'a pas vu la mer; or, comme Chio est une île, cela veut dire du vin qui n'en vient pas, du faux vin de Chio (et non, je crois, comme on l'a expliqué, *du vin sans mélange d'eau de mer*). — Une sagesse qui ressemble à ce vin-là, serait donc tout simplement une fausse sagesse.

1. La femme de Caligula. On sait que Caligula, voulant se donner la réputation d'un grand capitaine, imagina une prétendue défaite des Germains, pour laquelle le sénat s'empressa de lui accorder les honneurs du triomphe. On vit figurer dans cette cérémonie de faux captifs, des dépouilles achetées à Rome, etc. Quant au personnage, que Perse fait parler ici et qui se prête à cette mystification sans en être dupe, il est évident que ce n'est point le satirique lui-même, puisque celui-ci avait environ sept ans lors de la mort de Caligula, et que d'ailleurs il exprime ici des opinions qu'il ne pouvait approuver. Il veut sans doute faire entendre que, quelque ridicules que puissent être les dépenses de ce richard, il n'en a pas moins le droit de les faire, et que son héritier n'a pas celui de s'en fâcher. M. Perreau y a vu aussi « un exposé ironique, mais fidèle, » des dépenses auxquelles le gouvernement des Césars condamnait les riches de Rome.

riots; elle a fait louer des gens du Rhin, de beaux hommes, pour représenter les vaincus. Pour célébrer tant de succès, j'offre aux dieux, au génie de l'Empereur, cent paires de gladiateurs ; qui m'en empêcherait? Serait-ce toi, l'oserais-tu? Gare à toi, si tu n'y consens. Je fais des distributions d'huile et de pâtés au menu peuple. T'y opposes-tu? Allons, parle net. » — « Pas précisément, dis-tu; mais ton champ est déjà un peu épuisé. » — « Écoute. Si je n'ai plus aucune de mes tantes paternelles, plus de cousine, plus de nièce, si la tante de mon oncle n'a pas laissé d'enfants, non plus que ma grand'mère, je puis aller à Boville, à la montée de Virbius, là j'y trouverai un héritier, un certain Manius. » — « Quoi ! un fils de la terre ? » — « Oui ; mais demande-moi ce qu'était mon trisaïeul ; en cherchant un peu, je pourrais bien te le dire. Remonte plus haut d'une génération ou deux: tu trouveras là aussi un fils de la terre, comme Manius, qui, à ce compte, pourrait bien être mon grand-oncle. C'est comme à la course aux flambeaux ; je ne t'ai pas encore rejoint : pourquoi me demander le flambeau pendant que je cours encore? Je suis pour toi Mercure, le Dieu des trouvailles inespérées, la bourse en main, comme on le représente. Cela t'arrange-t-il? Te tiens-tu pour content de ce que je te laisse ? » — « Mais ton capital est entamé. » — « Soit : c'est pour moi que je l'ai entamé : mais tout ce **qui reste**, je te le réserve. Quant à l'emploi que j'ai fait de l'héritage que j'ai reçu jadis de Stadius, cela ne te regarde pas; ne viens pas me faire des semonces comme en font tous les pères, ne viens pas me dire: « Place ton « argent et n'en dépense que le revenu. » — « Mais que te restera-t-il? » — « Ce qu'il me restera?... Allons, cuisinier, graisse-moi la marmite, et faisons de la dépense. Quoi! aux jours de fête, je me ferais cuire des orties et un morceau de tête de cochon fumé avec son oreille fendue[1], pour qu'un coquin de neveu se régale un jour de foie d'oie, et, quand il se sera lassé de courir à droite et à gauche, se passe la fantaisie d'épouser une patricienne? Et moi je n'aurai que les os et la peau, pour qu'il ait une grosse bedaine ballottant devant lui! »

Vends ton âme à l'intérêt, fais des affaires, cours à tous les bouts de la terre, sois le maquignon le plus habile à palper, sur leur triste échafaud de vente, de gros esclaves de Cappadoce. Double ton avoir : c'est fait? Triple, quadruple, décuple ta fortune. Va toujours !... Ô Chrysippe, c'est l'histoire de ton monceau! dis, où faut-il que je m'arrête?

1. C'était par l'oreille qu'on l'accrochait chez le charcutier.

FRAGMENTS

FRAGMENTS.

FRAGMENTS DE LUCILIUS.

ÉLOGE DE L'OSEILLE.

Oseille! quiconque te connaît, te doit des éloges. Oui, Lélius, ce sage, poussait en ton honneur des cris d'admiration. « O Publius Gallonius, disait-il, ô goinfre! que je te plains: tu n'as pas bien soupé une fois en ta vie, toi, qui dépenses tout ton bien en langoustes et en esturgeons monstrueux! » (Livre 4).

UN AVARE.

Il n'a ni bête de somme, ni esclave, ni compagnon : sa bourse et ses écus, voilà tout ce qu'il emmène avec lui. C'est avec sa bourse qu'il soupe, qu'il dort, qu'il se baigne. Tous ses rêves sont au fond de sa bourse; c'est le pivot autour duquel tourne toute sa vie. (L. 6.)

LES SUPERSTITIEUX.

Ces lamies, monstres de la terre, inventions des Faunus et des Numa-Pompilius, il en a peur: c'est là ce qui le préoccupe, comme les petits enfants qui croient que toutes les statues de bronze sont vivantes, et qui les prennent pour des hommes; ainsi nos gens y voient des réalités et supposent une âme cachée sous ces formes d'airain. Exposition de peintres, rien de réel, chimères que tout cela! (L. 20).

ÉPITAPHE DE MÉTROPHANÈS, ESCLAVE DE LUCILIUS.

Ci-gît un esclave qui vécut fidèle à son maître et ne fit de mal à personne, Métrophanès, humble appui de Lucilius. (L. 22.)

LE PEUPLE ROMAIN.

.... Le peuple romain a souvent cédé à la force et perdu bien des batailles : mais jamais pour lui la guerre ne se termina par une défaite, et tout est là. (L. 26.)

LA VERTU.

La vertu, Albinus, c'est d'apprécier à leur valeur

vraie les choses qui nous entourent et auxquelles est mêlée notre vie ; c'est de savoir ce qu'il y a au fond de chacune d'elles; quel est pour l'homme le juste, l'utile ; ce que commande l'honneur; c'est de distinguer le bien du mal, ce qui est funeste, honteux ou deshonnête; c'est de fixer le terme, la borne que nous devons mettre à l'accroissement de notre fortune; c'est de savoir le vrai prix des richesses, et d'accorder aux personnages en dignité ce qui leur est réellement dû. C'est d'être l'ennemi public et privé des mauvaises gens et des mauvaises mœurs, et en revanche le défenseur des honnêtes gens, comme des mœurs honnêtes ; c'est de les glorifier, de leur vouloir du bien, de vivre leur ami; enfin, c'est de placer au premier rang dans nos affections les intérêts de la patrie, au second ceux de nos parents, au troisième et dernier les nôtres[1].

LES MOEURS DU TEMPS.

Mais aujourd'hui, du matin au soir, qu'il soit fête ou non, tout le jour et aussi tous les jours, peuple et sénateurs se démènent sur la place publique, ils n'en bougent point; tous s'appliquent à une seule

---

1. On ne sait à quel livre des Satires de Lucilius appartenaient ces trois derniers fragments.

étude, à un seul art, l'art de tromper les gens sans se compromettre, de faire assaut de fourberies et de fausses caresses, de se donner des airs d'honnête homme, et de se tendre des piéges, comme si tous étaient les ennemis de tous.

LA GRÉCOMANIE.

Tu t'es fait Grec, Albutius, et cela t'a paru plus beau que de rester Romain et Sabin, c'est-à-dire le concitoyen de Pontius, de Tritannus, de ces centurions, de tant d'hommes illustres, les premiers de tous, nos porte-enseignes. Donc c'est en grec que, pour te complaire, moi, préteur romain dans Athènes, je te salue, quand tu m'abordes. « Χαῖρε, dis-je, Titus[1]! » Et mes licteurs, et toute ma suite, et mon escorte, répètent : » Χαῖρε, Titus! » Et voilà pourquoi Albutius est mon ennemi public et mon ennemi privé.

---

1. Χαῖρε, réjouis-toi. — « Peuple à jamais aimable, dont le caractère se marquait en tout, et dès la première rencontre! Les Grecs s'abordaient au nom de la joie et de la grâce; les Romains au nom de la santé. Ceux-ci, gens positifs, disaient d'abord *salve;* les autres disaient χαῖρε, et on répondait ἀντίχαιρε. » — M. Sainte-Beuve, article sur l'anthologie, du 11 janvier 1864.

FRAGMENT DE TURNUS

CONTRE LES POËTES QUI FLATTENT NÉRON.

.... Donc, ce qu'ils vont chanter, c'est la famine et ses souffrances, c'est le poison mêlé aux mets perfides, c'est le peuple épuisé de sang, ce sont les amis de cet homme, engraissés pour ses boucheries! c'est la vieillesse de l'empire, c'est cet énervement qu'ils appellent la paix, et que ces gens-là décorent du nom d'âge d'or; c'est enfin l'incendie de Rome, la ville de marbre, cet incendie digne de tant de larmes, qu'ils célébreront comme une belle chose, « *qui console les yeux, lorsque la nuit est noire.* » Ils vont chanter un fils s'applaudissant d'un crime bien réussi, du meurtre de sa mère, un fils affrontant les furies vengeresses, et qui, pour leur opposer d'autres furies, d'autres vipères, va leur montrer de nouveaux monstres, et des forfaits encore plus affreux. Ses cruautés, ses turpitudes, ils chanteront tout, oui, tout, jusqu'à cette monstrueuse union avec un enfant dont il fait sa femme, monument d'une abominable passion.

Les muses ne savent plus rougir ; leur nom de vierge, leur honneur, elles ont tout oublié. Ah! la pudeur est morte, les doctes sœurs se déshonorent; sous un faux nom, elles se prostituent. Elles, ces saintes filles de Jupiter, que leur naissance élevait au-dessus de l'humanité et des nécessités de la vie, elles ont vendu leur corps pour gagner un salaire ignoble. Les voilà ravies de se plier aux insolents caprices d'un Ménas; le sourire d'un Polyclète, un mot d'éloge suffit pour les rendre heureuses. Ce qui allume leur amour, ce sont donc ces fronts qui portent l'empreinte de la marque, ce sont les chaînes de celui qui n'était hier que Géta, les traces des coups de fouets! Elles vont plus loin encore : oubliant leur père, les dieux dont elles sont les sœurs, l'antique honneur qui s'attachait à leur chasteté sévère, c'est aux furies, c'est aux monstres, qu'elles font leur cour; les ordres impurs d'un Tityus infâme deviennent dans leurs chants l'arrêt même de la Providence ; les hommages dus au ciel sont vendus à l'enfer. Elles osent déjà élever des temples impies, des autels sacriléges ; par elles ces fils de la terre, que repoussa jadis l'Olympe, vont régner dans les cieux, et la voix des muses va duper le stupide univers !

SULPICIA.

SUR LA PHILOSOPHIE PROSCRITE PAR DOMITIEN.

Muse, laisse-moi pour un moment t'emprunter le mètre avec lequel tu abordes les héros et les combats. C'est à toi que j'ai recours, à toi que je confie ma pensée secrète : je laisse là le phaleuce à la marche rapide, et l'ïambe à la triple mesure, et l'ïambe boiteux, auquel le poëte de Clazomène apprit à exprimer ses colères viriles. Oui, j'abandonne résolûment ces mètres divers dont mille fois s'amusa ma pensée, quand, la première j'appris aux femmes romaines à défier les grecques, en variant sur tous les tons un piquant badinage. C'est à toi que je demande ces accents souverains qui font de toi la reine des muses : sois ma patronne, descends à ma prière, écoute-moi!

Oh! dis-moi, Calliope, à quoi songe le père des dieux? veut-il transformer la terre et ravir à l'humanité mourante l'héritage des siècles écoulés, ces arts qu'il lui donna jadis? Condamné au silence, privé de la raison, l'homme va-t-il revenir au temps où il se dressa sur ses jambes, pour se traîner de nouveau à la recherche du gland et s'abreuver aux ruisseaux limpides? ou bien Jupiter veut-il maintenir au reste du monde, aux villes étrangères, les bienfaits dont il exclut la race italienne et les fils de Romulus? Eh quoi? l'avons-nous oublié? la double gloire qui grandit Rome et éleva si haut sa tête, c'est l'énergie guerrière et la sagesse de la paix. Après s'être exercé en Italie contre ceux qui allaient être ses alliés, son courage passa la mer, envahit la Sicile, franchit les remparts de Carthage, et, dévorant tous les empires, enleva d'un coup tout l'univers. Alors, semblable à l'athlète grec, resté seul vainqueur dans l'arène, et qui, désormais sans adversaire, voit sa vigueur languir et s'éteindre dans l'inaction; quand le peuple de Rome n'eut plus à lutter et qu'il eut attelé à son char toutes les nations du monde, lui-même tranquille et remaniant à son usage les lois et les arts de la Grèce, il jouissait avec prudence, avec douceur, des fruits conquis sur terre et sur mer par tant de batailles. C'était la base où s'appuyait sa puissance, et sans cette base il ne pouvait se maintenir : ou bien il est trop sûr alors que Jupiter a menti et s'est joué de sa parole, quand il a dit autrefois à Junon: « Je leur accorde l'empire pour l'éternité. »

Or, voici que l'homme qui règne dans Rome, ce débauché au dos courbé, cette ruine humaine[1], ce goinfre au teint blafard, proscrit la science, la race des sages, le nom même de la sagesse, il les chasse de Rome! Que faisons-nous? Eh quoi! nous avions cessé de parcourir la Grèce et de visiter les cités des hommes, nous trouvions à Rome même des sages pour nous instruire. Et voilà, nous dit-on, qu'un nouveau Camille chasse les barbares du Capitole, que devant lui les Gaulois se sauvent, laissant là leurs épées et leurs balances! Ce sont nos vieux maîtres qu'on désigne ainsi; dispersés, ils anéantissent eux-mêmes leurs écrits qui les perdraient. Il s'était donc trompé, le vainqueur de Numance et de l'Afrique, ce Scipion qu'un sage de Rhodes avait formé et fait si grand; ils se trompaient aussi, ces orateurs, héros de la seconde guerre punique. L'un d'eux, le vieux Caton, dans sa divine sagesse, se demandait avec inquiétude si ce n'était pas l'adversité, plus que les succès,

---

1. *Non trabe, sed tergo prolapsus.* Le sens de ce passage a été fort discuté : j'y vois simplement le rapprochement indiqué dans les vers de La Fontaine :

> Les ruines d'une maison
> Se peuvent réparer; que n'est cet avantage
> Pour les ruines du visage?

qui maintenait si forts les enfants de Rome. Oui, c'était l'adversité : quand l'amour de la patrie, quand l'épouse tremblante près du foyer domestique, leur met aux mains des armes pour se défendre, les citoyens s'empressent comme les essaims d'abeilles au dos fauve, qui, roidissant leurs dards, chassent les guêpes, descendues des combles de Junon Monéta : puis quand l'abeille revient oubliant son ennemi, ce petit peuple néglige ses rayons, languit et meurt avec la mère abeille, dans une énervante oisiveté. Une longue paix, c'est là ce qui pèse sur les enfants de Rome, c'est ce qui les tue.

Voilà ce que j'avais à dire à Calliope, et j'ajoutai en finissant : « O ma bonne muse, toi sans qui la vie pour moi n'a plus de charmes, je t'en supplie, inspire à nos sages la résolution de s'éloigner, comme jadis les Lydiens, quand Smyrne périssait ; ou trouve quelque autre adoucissement à leur sort ; tu le peux, tu es une déesse. Seulement rapproche de mon cher Calénus[1] les murs de Rome et ses Sabins qu'il aime tant! »

Ainsi je lui parlais, et la déesse daigna me répondre : « Si naturelles que soient tes craintes, rassure-toi, mon amie fidèle : ces haines accumu-

---

1. Son mari. J'avoue que j'entends *adverte* dans un sens nouveau, c'est-à-dire : Rends présents à l'exilé les lieux qu'il a chéris.

lées menacent le tyran: sa mort va me rendre hommage. Non, je ne quitte point le bois de lauriers de Numa et mes sources accoutumées, où, près d'Égérie, je me ris de ces vaines fureurs. Adieu, fortifie ton cœur: ta douleur est belle, et la gloire t'en récompensera; tu en as pour garant le chœur des muses et l'Apollon romain. »

IMITATIONS

IMITATIONS[1].

JUVÉNAL.

SATIRE I.

V. 39.

Voir A. d'Aubigné (*Tragiques*, édition Lalanne, p. 120).

V. 49.

Mais en vain pour un temps une taxe l'exile;
On le verra bientôt, pompeux en cette ville,
Marcher encor, chargé des dépouilles d'autrui,
Et jouir du ciel même irrité contre lui.

Boil., *Sat.* I, 71.

---

[1]. Sous ce titre, on a rangé ici, à titre de rapprochements, quelques vers de nos poëtes, sans prétendre y reconnaître toujours une imitation volontaire et réelle des vers de Juvénal et de Perse avec lesquels ils présentent quelque analogie.

V. 79.

La colère suffit, et vaut un Apollon.
>> Boil., *Sat.* I, 144.

V. 79.

Puis souvent la colère engendre de bons vers.
>> Régn., *Sat.* II, v. 98.

V. 80.

Mais pour Cotin et moi qui rimons au hasard....
>> Boil., *Sat.* IX, 45.

SATIRE II.

V. 24.

Un Claude effrontément parle des adultères;
Milon sanglant encor reprend un assassin;
Gracche un séditieux; et Verrès, le larcin.
>> Régn., V. 74.

V. 34.

Scaures du temps présent, hypocrites sévères.
>> Régn., V. 73.

SATIRE III.

V. 21.

Puisqu'en ce lieu, jadis aux Muses si commode,
Le mérite et l'esprit ne sont plus à la mode,

Qu'un poëte, dit-il, s'y voit maudit de Dieu,
Et qu'ici la vertu n'a plus ni feu, ni lieu,
Allons du moins chercher quelque antre ou quelque roche,
D'où jamais ni l'huissier, ni le sergent n'approche....
Boil., *Sat.* I, v. 21.

V. 26.

Tandis que libre encor, malgré les destinées,
Mon corps n'est pas courbé sous le faix des années,
Qu'on ne voit pas mes pas sous l'âge chanceler,
Et qu'il reste à la Parque encor de quoi filer....
Boil., *Sat.* I, 29.

V. 29.

Que George vive ici, puisque George y sait vivre.
Boil., *Sat.* I, 34.

V 30.

Ce qui fut blanc au fond rendu noir par les formes.
Boil., *Sat.* I, 122.

V. 41.

Mais moi, vivre à Paris! Eh! qu'y voudrais-je faire?
Je ne sais ni tromper, ni feindre, ni mentir,
Et quand je le pourrais, je n'y puis consentir.
Boil., *Sat.* I, 42.

V. 41.

Or, quant à ton conseil qu'à la cour je m'engage,
Je n'en ay pas l'esprit, non plus que le courage.
Il faut trop de sçavoir et de civilité,

Et, si j'ose en parler, trop de subtilité.
Ce n'est pas mon humeur : je suis mélancholique ;
Je ne suis point entrant ; ma façon est rustique ;
Et le surnom de bon me va-t-on reprochant,
D'autant que je n'ay pas l'esprit d'estre méchant.
Et puis je ne sçaurois me forcer, ny me feindre.
Trop libre en volonté je ne me puis contraindre.
Je ne sçaurois flatter, et ne sçay point comment
Il faut se taire accort ou parler faussement, etc.
Régn., *Sat.* III, v. 89.

V. 42.

Je n'entends pas le cours du ciel ni des planètes.
Régn., III, 121.

V. 45.

De porter un poullet je n'ay la suffisance.
Régn., III, 125.

V. 48.

Et je suis à Paris, triste, pauvre et reclus,
Ainsi qu'un corps sans âme, ou devenu perclus.
Boil., *Sat.* I, 55.

V. 234.

Je fais pour reposer un effort inutile :
Ce n'est qu'à prix d'argent qu'on dort en cette ville.
Boil., *Sat.* VI, 115.

V. 236.

J'entends déjà partout les charrettes courir,

Les maçons travailler, les boutiques s'ouvrir.
> BOIL., *Sat.* VI, 21.

V. 243.

En quelqu'endroit que j'aille, il faut fendre la presse
D'un peuple d'importuns qui fourmillent sans cesse.
L'un me heurte d'un ais dont je suis tout froissé, etc.
> BOIL., *Sat.* VI, 31.

V. 254.

Là, sur une charrette une poutre branlante
Vient menaçant de loin la foule qu'elle augmente.
> BOIL., *Sat.* III, 43.

V. 272.

Malheur donc à celui qu'une affaire imprévue
Engage un peu trop tard au détour d'une rue.
> BOIL., *Sat.* VI, 91.

V. 290.

La bourse!... Il faut se rendre ; ou bien non, résistez,
Afin que votre mort, de tragique mémoire,
Des massacres fameux aille grossir l'histoire.
> BOIL., *Sat.* VI, 94.

V. 304.

Car, sitôt que du soir les ombres pacifiques
D'un double cadenas font fermer les boutiques....
> BOIL., *Sat.*, 83.

SATIRE IV.

V. 74.

Soit qu'il fasse au conseil courir les sénateurs,
D'un tyran soupçonneux pâles adulateurs.
Boil., *Art. poét.*, II, 163.

SATIRE VI.

V. 1.

. . . . Dès le temps de Rhée,
La chasteté déjà, la rougeur sur le front,
Avait chez les humains reçu plus d'un affront.
Boil., *Sat.* X, 26.

V. 16.

Le Normand même alors ignorait le parjure.
Boil., *Ép.* IX, 120.

V. 18.

Tout vivait en commun sous ce couple adoré :
Aucun n'avait d'enclos, ni de champ séparé.
Boil., *Sat.* II, 143.

V. 116.

Soit que, poussant à bout la luxure latine,
Aux portefaix de Rome il vende Messaline.
Boil., *Art. poét.*, II, 165.

Tandis que l'Empereur stupidement sommeille,
L'œil ardent, près de lui, l'impératrice veille :

Par de faux cheveux blonds son front est ombragé :
Et, quand dans le repos tout l'empire est plongé,
Elle court de Vénus célébrer les mystères,
Porte en des lieux impurs ses fureurs adultères.
Là, de honteux plaisirs s'enivrant à son gré,
Du nom de Lycisca voilant son nom sacré,
Lasse de voluptés, mais jamais assouvie,
Celle, ô Britannicus, qui t'a donné la vie,
Seule, et de crime en crime errant en liberté,
Prostitue aux Romains les flancs qui t'ont porté.
    M.-J. CHÉNIER, *Essai sur la satire.*

V. 116.

Quand de Claude assoupi la nuit ferme les yeux,
D'un obscur vêtement sa femme enveloppée,
Seule avec une esclave, et dans l'ombre échappée,
Préfère à ce palais tout plein de ses aïeux
Des plus viles Phrynés le repaire odieux.
Pour y mieux avilir le sang qu'elle profane,
Elle emprunte à dessein un nom de courtisane :
Son nom est Lycisca. Ces exécrables murs,
La lampe suspendue à leurs dômes obscurs,
Des plus affreux plaisirs la trace encor récente,
Rien ne peut réprimer l'ardeur qui la tourmente :
Un lit dur et grossier charme plus ses regards
Que l'oreiller de pourpre où dorment les Césars.
Tous ceux que dans cet antre appelle la nuit sombre,
Son regard les invite et n'en craint pas le nombre.
Son sein nu, haletant, qu'attache un réseau d'or,
Les défie, et triomphe, et les défie encor.
C'est là que, dévouée à d'infâmes caresses,
Des muletiers de Rome épuisant les tendresses,
Noble Britannicus, sur un lit effronté,

Elle étale à leurs yeux les flancs qui t'ont porté !
L'aurore enfin paraît, et sa main adultère
Des faveurs de la nuit réclame le salaire.
Elle quitte à regret ces immondes parvis ;
Ses sens sont fatigués, mais non pas assouvis.
Elle rentre au palais, hideuse, échevelée :
Elle rentre ; et l'odeur autour d'elle exhalée
Va, sous le dais sacré du lit des empereurs,
Révéler de sa nuit les lubriques fureurs.
FONTANES [1].

On pourrait citer encore une imitation d'Agrippa d'Aubigné dans ses *Tragiques*; mais comme *elle brave l'honnêteté* encore plus que *le latin* de Juvénal, nous nous contenterons d'y renvoyer le lecteur. (*Les Tragiques*, édit. Lalanne, p. 110.)

V. 129.

Lasse, dis-je, et non soûle, enfin s'est retirée.
RÉGN., XIII, 9.

V. 165.

On peut trouver encore une femme fidèle.
Sans doute, et dans Paris, si je sais bien compter,
Il en est jusqu'à trois que je pourrais citer.
BOIL., *Sat.* X, 42.

---

1. Cette traduction a été imprimée dans les œuvres posthumes de Thomas et sous son nom (1802, tome I, p. 292). M. Sainte-Beuve constate qu'elle est de Fontanes. « Fontanes, littérateur, aimait l'anonyme ou même le pseudonyme. Il publia la première fois sa traduction en vers du passage de Juvénal sur Messaline sous le nom de Thomas, et, pour soutenir le jeu, il commenta le morceau avec une part d'éloges. » (Article sur Fontanes, *Portraits littéraires*).

V. 170.

Ainsi donc, au plus tôt délogeant de ces lieux,
Allez, princesse, allez, avec tous vos aïeux,
Sur le pompeux débris des lances espagnoles,
Coucher, si vous voulez, aux champs de Cérisoles.

Boil., Sat. X, 480.

V. 255.

. . . . Ces douces Ménades
Se font des mois entiers, sur un lit effronté,
Traiter d'une visible et parfaite santé.

Boil., Sat. X, 394.

V. 245.

Avec elle, il n'est point de droit qui s'éclaircisse,
Point de procès si vieux qui ne se rajeunisse;
Et, sur l'art de former un nouvel embarras,
Devant elle Rollet mettrait pavillon bas.

Boil., Sat. X, 728.

V. 273.

Mais non, fais mine un peu d'en être mécontent,
Pour la voir aussitôt, de douleur oppressée,
Déplorer sa vertu si mal récompensée.
. . . .
Que répondre? Je vois qu'à de si justes cris,
Toi-même convaincu, déjà tu t'attendris.

Boil., Sat. X, 204.

V. 436.

Dans la balance met Aristote et Cotin;

Puis d'une main encor plus fine et plus habile,
Pèse sans passion Chapelain et Virgile.
Boil., *Sat.* X, 452.

V. 463.

Si tu veux posséder ta Lucrèce à ton tour,
Attends, discret mari, que la belle en cornette,
Le soir ait étalé son teint sur la toilette,
Et dans quatre mouchoirs de sa beauté salis
Envoie au blanchisseur ses roses et ses lis.
Boil., *Sat.* X, 196.

V. 464.

Ce n'est que pour toi seul qu'elle est fière et chagrine :
Aux autres elle est douce, agréable, badine ;
C'est pour eux qu'elle étale et l'or et le brocart,
Que chez toi se prodigue et le rouge et le fard.
Boil., *Sat.* X, 189.

V. 486.

Et font de leur maison, digne de Phalaris,
Un séjour de douleurs, de larmes et de cris.
Boil., *Sat.* X, 683.

V. 502.

Et qu'une main savante, avec tant d'artifice,
Bâtit de ses cheveux l'élégant édifice. . . .
Boil., *Sat.* X, 193.

V. 530.

Alors croyant d'un ange entendre la réponse,

La dévote s'incline, et, calmant son esprit,
A cet ordre d'en haut sans réplique souscrit.
BOIL., *Sat.* X,620.

SATIRE VII.

V. 62.

Un auteur qui, pressé d'un besoin importun,
Le soir, entend crier ses entrailles à jeun,
Goûte peu d'Hélicon les douces promenades :
Horace a bu son soûl quand il voit les Ménades.
BOIL., *Art poét.*, IV, 181.

SATIRE VIII.

V. 23.

Respectez-vous les lois, fuyez-vous l'injustice?
Savez-vous pour la gloire oublier le repos,
Et dormir en plein champ le harnais sur le dos?
Je vous connais pour noble à ces illustres marques.
BOIL., *Sat.* V, v. 46.

V. 55.

Dites-moi, grand héros, esprit rare et sublime,
Entre tant d'animaux qui sont ceux qu'on estime?
On fait cas d'un coursier, qui, fier et plein de cœur,
Fait paraître en courant sa bouillante vigueur ;
Qui jamais ne se lasse, et qui dans la carrière

S'est couvert mille fois d'une noble poussière :
Mais la postérité d'Alfane et de Bayard,
Quand ce n'est qu'une rosse, est vendue au hasard,
Sans respect des aïeux, dont elle est descendue,
Et va porter la malle ou tirer la charrue.
BOIL., *Sat.* V, v. 28.

V. 131.

Alors soyez issu des plus fameux monarques,
Venez de mille aïeux ; et, si ce n'est assez,
Feuilletez à loisir tous les siècles passés :
Voyez de quel guerrier il vous plaît de descendre ;
Choisissez de César, d'Achille ou d'Alexandre :
En vain un faux censeur voudrait vous démentir,
Et si vous n'en sortez, vous en devez sortir.
Mais fussiez-vous issu d'Hercule en droite ligne,
Si vous ne faites voir qu'une bassesse indigne,
Ce long amas d'aïeux que vous diffamez tous
Sont autant de témoins qui parlent contre vous ;
Et tout ce grand éclat de leur gloire ternie
Ne sert plus que de jour à votre ignominie.
BOIL., *Sat.* V, 47.

.... Et qu'avez-vous fait dans le monde pour être gentilhomme ? Croyez-vous qu'il suffise d'en porter le nom et les armes, et que ce nous soit une gloire d'être sortis d'un sang noble, lorsque nous vivons en infâmes ? Non, non, la naissance n'est rien où la vertu n'est pas. Ainsi, nous n'avons part à la gloire de nos ancêtres qu'autant que nous nous efforçons de leur ressembler.... Ainsi vous descendez en vain des aïeux dont vous êtes né ; ils vous désavouent pour leur sang; et tout ce qu'ils ont fait d'illustre ne vous donne aucun avantage; au contraire l'éclat n'en rejaillit sur vous qu'à votre déshonneur, et leur gloire est un flambeau qui éclaire aux yeux d'un chacun la honte de vos actions. Apprenez qu'un gentilhomme qui vit mal est un monstre dans la nature ; que la vertu est le premier titre de noblesse, etc. (MOLIÈRE, *Don Juan*, acte IV, scène IV.)

SATIRE IX.

V. 1.

Quel sujet inconnu vous trouble et vous altère ?
D'où vous vient aujourd'hui cet air sombre et sévère ?

BOIL., *Sat.* III, 1.

V. 8 et suiv.

Qu'est devenu ce teint dont la couleur fleurie
Semblait d'ortolans seuls et de bisques nourrie,
Où la joie en son lustre attirait les regards,
Et le vin en rubis brillait de toutes parts?

BOIL., *Sat.* III, 5.

SATIRE X.

V. 71.

Soit que, sur un écrit arrivé de Caprée,
Il brise de Séjan la statue adorée.

BOIL., *Art. poét.*, II, 161.

V. 80.

SÉJAN.

Les amis de Séjan vous consacrent leur vie.
César se souviendra de leur fidélité?
TIBÈRE.
Ils obtiendront le prix qu'ils auront mérité.
SÉJAN.
Un regard, des faveurs?
TIBÈRE.
Dis ma reconnaissance,
Séjan, tous mes trésors et toute ma puissance.
SÉJAN.
Natta, Balbus, Afer, nos zélés orateurs?
TIBÈRE.
Du crédit, des emplois d'édiles, de questeurs.
SÉJAN.
Les agents plus obscurs d'une émeute docile?
TIBÈRE.
De l'or.
SÉJAN.
Fulcinius?
TIBÈRE.
La préture en Sicile.
SÉJAN.
Et les cris importuns de ce peuple odieux?
TIBÈRE.
Du pain, les jeux du cirque, un sacrifice aux dieux.
M.-J. CHÉNIER, *Tibère.*

V. 147.

Et toi, colonne, un jour descendu sous ta base,
Le pèlerin pensif contemplant en extase

Ce débris surhumain,
Serait venu peser à genoux sur la pierre
Ce qu'un Napoléon peut laisser de poussière
Dans le creux de la main.
>> Victor HUGO, *Chants du crépuscule.*

V. 169.

Ce fougueux l'Angéli, qui, de sang altéré,
Maître du monde entier, s'y trouvait trop serré.
>> BOIL., *Sat.* VIII, v. 101.

V. 172.

Géant pour piédestal avoir eu l'Allemagne !
Quoi ! pour titre César et pour nom Charlemagne !
Avoir été plus grand qu'Annibal, qu'Attila,
Aussi grand que le monde, et que tout tienne là !
>> Victor HUGO, *Hernani.*

SATIRE XI.

V. 105.

. . . . Saluez ces pénates d'argile.
Jamais le ciel ne fut aux humains si facile,
Que quand Jupiter même était de simple bois :
Depuis qu'on l'a fait d'or, il est sourd à nos voix.
>> LA FONTAINE, *Philémon et Baucis.*

SATIRE XIII.

V. 1.

Jamais au criminel son crime ne pardonne.
>> V. HUGO.

V. 148. *Adorandæ rubiginis...*

Ducis applique cette expression aux vers de notre vieux Corneille,

Parés de leur rouille adorable.

V. 141.

Du siècle les mignons, fils de la poulle blanche.
Régn., *Sat.* III, v. 61.

V. 104.

Et pour un mesme fait de mesme intelligence,
L'un est justicié, l'autre aura récompence.
Régn., *Sat.* III, v. 81.

SATIRE XIV.

V. 109.

Un avare, idolâtre et fou de son argent,
Rencontrant la disette au sein de l'abondance,
Appelle sa folie une rare prudence.
Boil., *Sat.* IV, 60.

V. 154.

Qu'importe qu'en tous lieux on me traite d'infâme ?
Dit ce fourbe sans foi, sans honneur et sans âme :
Dans mon coffre tout plein de rares qualités,
J'ai cent mille vertus en louis bien comptés.
Est-il quelque talent que l'argent ne me donne ?
Boil., *Ép.* V, 89.

V. 204.

Prenez à toutes mains, ma fille, et vous souvienne
Que le gain a bon goust, de quelque endroit qu'il vienne.
Régn., XIII, 209.

SATIRE XV.

V. 2.

.... Cent fois la bête a vu l'homme hypocondre
Adorer le métal que lui-même il fit fondre;
A vu dans un pays les timides mortels
Trembler aux pieds d'un singe assis sur leurs autels;
Et sur les bords du Nil les peuples imbéciles,
L'encensoir à la main, chercher les crocodiles.
Boil., Sat. VIII, 267.

V. 10.

On vit le peuple fou qui du Nil boit les eaux
Adorer les serpents, les poissons, les oiseaux;
Aux chiens, aux chats, aux boucs offrir des sacrifices,
Conjurer l'ail, l'ognon, d'être à ses vœux propices;
Et croire follement maîtres de ses destins
Ces dieux nés du fumier porté dans ses jardins.
Boil., Sat. XII, 95.

V. 159.

. . . . Sans lois et sans police,
Sans craindre archers, prévôt, ni suppôt de justice,
Voit-on les loups brigands, comme nous inhumains,
Pour détrousser les loups courir les grands chemins?

Jamais, pour s'agrandir, vit-on dans sa manie
Un tigre en factions partager l'Hyrcanie?
L'ours a-t-il dans les bois la guerre avec les ours?
A-t-on vu quelquefois dans les plaines d'Afrique,
Déchirant à l'envi leur propre république,
Lions contre lions, parents contre parents,
« Combattre follement pour le choix des tyrans? »
       Boil., *Sat.* VIII, 123.

PERSE.

V. 116.

Horace à cette aigreur mêla son enjouement :
On ne fut plus ni fat, ni sot, impunément.
Boil., Art poét., II, 152.

SATIRE II.

V. 9.

Oh ! que si cet hiver un rhume salutaire
Guérissant de tous maux mon avare beau-père,
Pouvait, bien confessé, l'étendre en un cercueil,
Et remplir sa maison d'un agréable deuil !
Que mon âme, en ce jour de joie et d'opulence,
D'un superbe convoi plaindrait peu la dépense !
Boil., Ép. V, 62.

V. 94.

« Qu'avez-vous ? — Je n'ai rien. — Mais.... — Je n'ai rien,
Répondra ce malade à se taire obstiné. [vous dis-je, »

Mais cependant voilà tout son corps gangrené;
Et la fièvre, demain se rendant la plus forte,
Un bénitier aux pieds, va l'étendre à la porte.
Boil., *Ép.* III, 38.

SATIRE V.

V. 19.

A quoi bon mettre au jour tous ces discours frivoles,
Et ces riens enfermés dans de grandes paroles?
Boil., *Sat.* IX, 155.

V. 132.

« Debout, dit l'Avarice, il est temps de marcher!
— Hé! laissez-moi. — Debout! — Un moment. — Tu répli-
— A peine le soleil fait ouvrir les boutiques. [ques?
— N'importe, lève-toi. — Pourquoi faire, après tout ?
— Pour courir l'Océan de l'un à l'autre bout,
Chercher jusqu'au Japon la porcelaine et l'ambre,
Rapporter de Goa le poivre et le gingembre.
— Mais j'ai des biens en foule, et je puis m'en passer.
— On n'en peut trop avoir, et pour en amasser
Il ne faut épargner ni crime ni parjure;
Il faut souffrir la faim, et coucher sur la dure;
Eût-on plus de trésors que n'en perdit Galet,
N'avoir en sa maison ni meubles, ni valet;
Parmi les tas de blé vivre de seigle et d'orge;
De peur de perdre un liard, souffrir qu'on vous égorge.
— Et pourquoi cette épargne enfin? — L'ignores-tu?
Afin qu'un héritier, bien nourri, bien vêtu,
Profitant d'un trésor en tes mains inutile,

De son train quelque jour embarrasse la ville.
— Que faire ? — Il faut partir : les matelots sont prêts.
Boil., *Sat.* VIII, 170.

V. 153.

Hâtons-nous ; le temps fuit, et nous traîne avec soi :
Le moment où je parle est déjà loin de moi.
Boil., *Ép.* III, 47.

FIN.

TABLE ANALYTIQUE

DES MATIÈRES.

Accius, 71.
Accius, 240 vieux poëte tragique.
Accius Labeon, 235, 238.
Aceste, 115, roi de Sicile. (V. l'Énéide, V, 73).
Achille, 41, 131, 157, 164, 207.
Acilius, 50.
Actor, 21.
Agamemnon, 211.
Aganippe, 103.
Agathyrses, 221, peuplade scythique.
Agrippa, 75.
Acrippine, 99.
Ajax, 109, 148, 207, 218.
Alabande, 31.
Albe, 48, 57.
Albina, 34.
Albinus, 284.
Albutius, 286.
Alceste, 101.
Alcibiade, 260.
Alcinoüs, 216.
Alexandre, 153, 212.

Allédius, 61.
Ambrosius, 71.
Amphion, 76.
Amydone, 71.
Anchémolus, 115.
Anchise, 115.
Ancône, 47.
Ancus Martius, 58.
Andros, 31.
Annibal, 76, 82, 111, 151, 180.
Anticaton, 84, livre composé par Jules César pour réfuter l'éloge de Caton par Cicéron.
Anticyre, 188.
Antigone, 128.
Antiloque, 157, fils de Nestor.
Antiochus, 32.
Antoine (Marc), 122.
Anubis, 94, dieu égyptien.
Apennin, 242.
Apicius, 46, 163, gourmand célèbre.
Appula, 70.
Aquinum, 43, ville du pays des Volsques, patrie de Juvénal.

ARCADIE, 252.
ARCÉSILAS, 256.
ARCHIGÈNES, 79, 188, 209.
ARICIE, 51, village près de Rome.
ARISTOPHANE, 244.
ARISTOTE, 15.
ARMILLATUS, 48.
ARPINUM, 129, patrie de Cicéron et de Marius.
ARRÉTIUM, 244, ville d'Étrurie.
ARTAXATA, 25, capitale de l'Arménie.
ARTURIUS, 28.
ARVIRAGUS, 52, roi de Bretagne.
ASSARACUS, 157.
ASTURIUS, 38.
ASYLUS, 81.
ATHÈNES, 114, 220.
ATHOS (le mont), 153.
ATTICUS, 163.
ATYS, 241.
AUGUSTE, 128, 129.
AURÉLIA, 60.
AUSTER, 178, vent du midi et des tempêtes.
AUTONOÉ, 70.
AVENTIN (l'), 32.
BABYLONE, 153.
BAÏA, 27, 165, lieu de bains et de plaisir, sur les côtes de la Campanie.
BARÉA, 108.
BASILUS, 110, 155.
BASSUS, 375, poëte, ami de Pers
BATHYLLE, 70, 189, 270, pantomime.

BAUCIS, 260.
BELLÉROPHON, 33, 160.
BÉNÉVENT, 57, ville du Samnium. Le savetier, dont il est question dans ce passage et qui vivait sous Néron, se nommait Vatinius; les verres, dont il était l'inventeur, portaient son nom.
BÉRÉCYNTHE, 241, montagne de Phrygie consacrée à Cybèle.
BÉRÉNICE, 75.
BESTIUS, 277.
BIBULA, 74.
BOCCHAR, 60.
BOVILLE, 279, ville du Latium.
BRETONS, 220, 221.
BRIGANTES, 206, peuple de la grande Bretagne.
BRITANNICUS, 73.
BROMIUS, 86.
BRUTIDIUS, 147.
BRUTTIUM, 277, la Calabre actuelle.
BRUTUS, 51, 126, 199, 267.
CACUS, 62.
CALÉNUS, 294, mari de Sulpicia.
CALIGULA, 99.
CALLIOPE, 47, 291.
CALLIRRHOÉ, 244.
CALPÉ, 211, montagne d'Espagne, voisine de Gibraltar.
CALVINA, 34.
CALVINUS, 183.
CAMÉRINUS, 108, 119.
CAMILLE, 24, 226, 293.
CANNES, 111, 152, 174.
CANOPE, 71, 217, ville d'Égypte, aujourd'hui Aboukir (?).

CANTABRES, 220, peuple d'Espagne.
CANUSIUM, 75, ville d'Apulie.
CAPÈNE (*porte*), 27.
CAPITON, 121.
CAPRÉE, 147, 148.
CARPATHOS, 24, île de la Méditerranée, entre Rhodes et la Crète.
CARPOPHORUS, 77.
CARUS, 5, Mettius Carus, délateur.
CASSANDRE, 150, fille de Priam.
CASSIUS, 57.
CATIÉNA, 34.
CATILINA, 16, 128, 159, 199.
CATON, 17, 168, 199, 293.
CATULLA, 17, 160.
CATULLUS, 51, 175, 188.
CATULUS, 28, 126.
CÉCROPS, 119.
CELSUS, 80, 127.
CÉRÈS, 208, 222.
CÉSAR (Jules), 149.
CÉSENNIA, 74.
CÉSONIA, 99, femme de Caligula.
CÉTHÉGUS, 16, 129, 159, un des complices de Catilina.
CÉTRONIUS, 201.
CHARYBDE, 60, 216.
CHÉRIPPUS, 122.
CHIONÉ, 34.
CHIRON, 114.
CHRYSIPPE, 15, 192, 280, un des plus célèbres stoïciens grecs.
CHRYSOGONUS, 71, 112.

CICÉRON, 110, 114, 129, 149.
CIMBRES, 130, 221.
CIRCÉ, 216, magicienne.
CIRCÉ (de), 53, 167, promontoire sur la côte du Latium.
CIRRHA, p. 106, ville de Phocide, consacrée à Apollon.
CLAUDE (l'empereur), 63, 73, 99.
CLAZOMÈNE, 291 ; le poëte de Clazomène, Hipponax.
CLÉANTHE, 15, stoïcien et poëte grec.
CLÉLIE, 130.
CLÉOPATRE, 21.
CLITUMNE, 176, pâturages célèbres de l'Ombrie.
CLODIUS, 16, 84.
CLUVIA, 18.
CLUVIÉNUS, 8, mauvais poëte.
CLYTEMNESTRE, 100.
CODRUS, 3 et 37. Poëte contemporain de Juvénal, auteur d'une *Théséide*.
CŒDITIUS, 193, 228.
COMAGÈNE, 95, contrée de l'Asie.
COMPITALES, 260, fêtes dans les carrefours, *compita*.
COPTOS, 216, ville d'Égypte.
CORANUS, 228.
CORBULON, 40. Général célèbre par son courage et aussi par sa force physique, mis à mort par ordre de Néron.
CORCYRE, 216, aujourd'hui Corfou.
CORFINIA, 19.
CORINTHIENS, 123.

CORNÉLIE, 76, mère des Gracques.
CORNUTUS, 263.
CORUS, 153, vent du nord-ouest.
CORVINUS, 117.
CORVINUS, 10, 175.
CORYBANTES, 56, prêtres de Cybèle.
CORYTHA, 120.
Cos, 122, 270, île de l'Archipel.
COSSUS, 36, 118.
COSSUS, 110, 154.
COTTA, 61, 108.
COTYTTO, 20. Les mystères de Cotytto avaient été transportés de Thrace en Phrygie, et delà à Athènes. C'était la déesse de la débauche.
CRASSUS, 149, 247.
CRATÉRUS, 255.
CRATINUS, 244, poëte comique grec.
CRÉMÈRE, 24, où périrent les trois cent six Fabius.
CRÉPÉRÉIUS POLLION, 133.
CRÉSUS, 158, 213.
CRÈTE, 210.
CRÉTICUS, 119.
CRISPINUS, 5, 45, 61, 270. Ancien esclave, né à Alexandrie, d'un père et d'une mère originaires d'Arabie, devenu le favori de Domitien et élevé par lui à la dignité de chevalier.
CRISPUS, 50.
CUMES, 27, 43, en Campanie, où se trouvait l'oracle de la Sibylle.

CURIUS, 15, 24, 117, 167. Curius Dentatus, consul au temps de la guerre contre Pyrrhus, célèbre par sa vertu.
CURTIUS, 165.
CYANÉ, 125.
CYANÉES (îles), 216, à l'entrée du Pont-Euxin.
CYBÈLE, 22.
CYCLOPES, 216.
CYNIQUES, 189.
CYNTHIA, 67, maîtresse de Properce.
DACIE, 51, la Moldavie et la Valachie actuelles.
DAMA, 276, nom d'esclave.
DAMASIPPE, 124.
DÉCIUS, 130, 209.
DÉDALE, 28, 31.
DÉMÉTRIUS, 32.
DÉMOCRITE, 145.
DÉMOSTHÈNE, 149.
DENYS, 254.
DEUCALION, 8.
DIDON, 57.
DINOMAQUE, 260.
DIOGÈNE, 212.
DIPHILE, 33.
DOLABELLA, 122. Il y a plusieurs concussionnaires de ce nom.
DOMITIEN, 16, 47, 293.
DORIS, 32.
DRUSUS, 39, 118, 119.
ÉCHION, 70.
ÉGÉRIE, 28, 95.
ÉLEUSIS, 222. Ville voisine d'Athènes, où se célébraient les mystères.
ÉLIA, 71.

ÉLPÉNOR, 216, un des compagnons d'Ulysse.
ÉMILIUS, 109, avocat.
ÉMILIUS (le pont), p. 69.
ENCELADE, 114.
ENDYMION, 160.
ÉNÉE, 218.
ENNIUS, 275.
ÉOLE, 153.
ÉPICURE, 189, 213.
ÉPONE, 125.
ERGENNA, 246.
ÉRIMARCHUS, 33.
ESPAGNOLS, 123.
ESQUILIES (les), 31, 166, quartier de Rome.
EUGANÉE, 118. Le pays des Euganéens était situé vers les sources de l'Adige.
EUPOLIS, 244, comique grec.
EURUS, 153, vent d'est.
EURYALUS, 71.
ÉVANDRE, 164.
FABIUS, 108, 117, 126, 168.
FABIUS GURGÈS, 81.
FABRATÉRIA, 138.
FABRICIUS, 141, 168.
FAUNUS, 284.
FAUSTUS, 104.
FIDÈNES, 70, 149, ville des Sabins.
FLAMINIENNE (voie), 14. Route de Rome à Ariminum (Rimini); à sa sortie de Rome, elle était bordée de tombeaux.
FLORAUX (jeux), 80, fêtes en l'honneur de Flore.
FŒSIDIUS, 184.
FONTÉIUS, 184.
FRONTON, 4. Protecteur des gens de lettres, peut-être celui qui fut consul sous Trajan.
FRUSINONE, 38, ville des Volsques.
FUSCINUS, 197.
FUSCUS, 51, 177, 228.
GABIES, 37, 70, 103, 149, ville du Latium.
GADÈS, 143, 171, auj. Cadix.
GAÈTE, 201.
GALBA (l'empereur), 21, 96, 128.
GALBA, 55, parasite.
GALLA, 11.
GALLICUS, 191.
GALLINARIA (forêt), 42, près de Cumes.
GALLITA, 180.
GALLONIUS, 283, gourmand célèbre.
GALLUS, 225.
GAULOIS, 123, 129, 220.
GAURUS, 121, 136, montagne de Campanie, voisine du lac Lucrin.
GERMANIE, 191.
GÉTA, 288, nom d'esclave.
GÉTIE, 58, province située vers l'embouchure du Danube.
GÉTULIE, 58, contrée de l'Afrique septentrionale.
GILLON, 5.
GLAPHYRUS, 71.
GLYCON, 263.
GORGONE, 175.
GRACCHUS, 22, 127.
GRACQUES (les), 16.
GYARE, 8, 153, petite île de

l'Archipel, qui servait de lieu de déportation.
HAMILLUS, 155.
HECTOR, 157.
HÉDYMÉLÈS, 86.
HÉLIADES, 57, filles du Soleil, sœurs de Phaéton, qu'elles pleurèrent quatre mois entiers. Leurs larmes se changèrent en ambre.
HÉLIODORUS, 86.
HELVIDIUS, 57, gendre de Thraséas, fut mis à mort sous Vespasien.
HÉMUS, 32.
HÉRACLITE, 145.
HERNIQUES, 205, peuple du Latium.
HÉRODE, 273.
HESPÉRIDES (*les*), 63, 202.
HIARBAS, 57, rival d'Énée.
HIPPIA, 71, 155.
HIPPOLYTE, 160.
HIPPOMANE, 10, 74, substance dont on se servait pour les enchantements.
HIRPINUS, 120.
HIRRUS, 155.
HISPULLA, 71, 176.
HOMÈRE, 89, 105, 157, 172, 218, 275.
HORACE, 6, 106, 115, 243.
HORATIUS COCLÈS, 130.
HYMETTE, 192, montagne de l'Attique.
HYPSIPYLE, 237.
IBÉRINA, 70.
ILLYRIENS, 128, 10, 94.

IPHIGÉNIE, 181.
ISIS, 92, 94, 176, 187.
IULE, 119.
IXION, 185.
JASON, 75.
JÉRUSALEM, 95.
JUIFS, 75, 95, 202, 273.
JULIA, 17, nièce de Domitien.
JULIA (loi) 17, contre l'adultère. — Autre loi *Julia* contre le célibat, 69.
JUNIUS, 216, fut consul, la troisième année du règne d'Hadrien.
JUNON, 185.
LABÉON, *V.* Accius.
LABULLA, 19.
LACERNA, 109.
LACHÉSIS, 28, une des Parques.
LADAS, 188.
LAGIDES, 71, dynastie égyptienne issue de Ptolémée Lagus.
LAMIA, 53, 87, famille illustre de Rome; plusieurs des membres de cette famille furent mis à mort sous Domitien.
LARGA, 198.
LATÉRANUS, 144, mis à mort sous Néron.
LATINE (*la voie*) 14, 58. Route de Rome à Casilinum (en Campanie).
LATINUS, 5, 69, personnage inconnu; peut-être est-ce le même que le comédien Latinus, qui jouit de la faveur de Domitien.
LAUFELLA, 83, 139.
LAURONIA, 17.

LÉDA, 70.
LÉLIUS, 283, ami de Scipion.
LÉLIUS, 206.
LÉNAS, 60.
LENTULUS, 71, 108, 126, 159.
LÉPIDUS, 81, 117.
LESBIE, 67, maîtresse de Catulle.
LESTRYGONS, 216.
LIBITINE, 181, déesse des funérailles.
LIBURNIE, 49, province située entre l'Istrie et la Dalmatie.
LICINUS, 10, 212, 247, affranchi d'Auguste, célèbre par ses richesses.
LIGURIE, 275.
LIPARI, 185.
LOCUSTE, 8. Empoisonneuse célèbre du temps de Néron.
LONGINUS, 144, une des victimes de Néron.
LUCAIN, 107.
LUCILIUS, 4, 13, 243, poëte satirique, né à Suessa Aurunca.
LUCRÈCE, 159.
LUCRIN (lac) 53, lac de la Campanie.
LUNA, 275, port d'Étrurie.
LUPUS, 243.
LYCISCA, 73.
LYDÉ, 23.
MACRINUS, 245.
MÆVIA, 4.
MAMERCUS, 126.
MANILIA, 79.
MANIUS, 279.
MARIUS, 129, 158, le rival de Sylla.
MARIUS (Priscus), 6, 123, proconsul d'Afrique, condamné sous Trajan à l'exil et à l'amende, pour concussion et assassinat.
MARS, 17, 23, 160.
MARSES, 36, 205, peuple voisin de Rome, sur la limite du Latium.
MARSYAS, 133.
MASSA (Bébius), 5, signalé comme un délateur célèbre par Tacite.
MASURIUS, 268.
MATHON, 5, 110, 165.
MAURA, 83, 155.
MÉCÈNE, 7, 108, 177.
MÉDULLINA, 83.
MÉGALÉSIENS (*jeux*), 70, en l'honneur de Cybèle.
MÉLÉAGRE, 61.
MÉLICERTE, 269.
MEMNON, 215.
MEMPHIS, 221.
MÉNALIPPE, 128.
MÉNÉCÉE, 209.
MENTOR, 122, ciseleur célèbre.
MÉOTIDE (Palus), 221, mer d'Azof.
MERCURE, p. 247, 269, 279.
MÉROÉ, 94, 191, ville d'Éthiopie.
MESSALA, 249.
MESSALINE, 73, 161.
MÉTELLUS, 18, 34, 81, 320.
MÉTROPHANÈS, 284.
MICIPSA, 60.
MIDAS, 243.
MILET, 82.

Milon, 16, consul au temps de Cicéron, meurtrier de Clodius.
Milon (de Crotone), 143.
Mimas, 242, montagne d'Ionie : les *filles du Mimas*, les bacchantes.
Mithridate, 100, 158, 209.
Modia, 34.
Moïse, 202.
Molosses, 205.
Montanus, 51.
Mucius, 13, 245, personnage attaqué par Lucilius dans ses satires.
Mucius Scævola, 130.
Murrhins (vases), 75, vases en porcelaine, qui venaient d'Orient.
Mycalé, 63.
Myron, 122, célèbre statuaire grec du v° siècle avant Jésus-Christ.
Nabatéennes (*forêts*), 169, en Arabie.
Nævolus, 133.
Narcisse, 213, affranchi de l'empereur Claude.
Natta, 122, 253.
Népos, 120.
Nérée, 241.
Nérius, 246.
Néron, 120, 125, 127, 128, 144, 160, 181.
Nestor, 84, 157, 181.
Niobé, 76.
Niphate, 88, fleuve d'Arménie.
Novius, 181.
Numa, 28, 34, 125, 248, 284.

Numitor, 107, 121.
Nursia, 147.
Nysa, 106, ville consacrée à Bacchus : on cite onze villes de ce nom.
Ogulnia, 85.
Ombriens, 256.
Oppia, 170.
Oreste, 128, 258.
Oronte (l'), 30.
Osiris, 95, 118, dieu égyptien.
Ostie, 179, port situé à l'embouchure du Tibre.
Othon, 21, 96. L'empereur Othon.
Othon, 35. Roscius Othon, auteur d'une loi qui réservait aux chevaliers romains les quatorze premiers gradins du théâtre. Pour entrer dans l'ordre des chevaliers, il fallait posséder au moins quatre cent mille sesterces.
Paccius, 103, 181.
Pactole, 212.
Pacuvius, 240, poëte dramatique, né vers 218 avant J. C.
Pacuvius Hister, p. 181, coureur de testaments.
Palémon, 91, 114, grammairien célèbre.
Palfurius, 48.
Pallas, 10, affranchi de Claude.
Pansa, 122.
Paris, 159.
Paris (le comédien), 107.
Parrhasius, 122, célèbre pein-

tre grec, du vᵉ siècle avant Jésus-Christ.

PARTHÉNIUS, 177, ciseleur célèbre.

PATROCLE, 41.

PAUL-ÉMILE, 118.

PÉDIUS, 241.

PÉDON, 110.

PÉGASUS, 49.

PÉLÉE, 207, père d'Achille.

PELLA, 153, ville de Macédoine.

PÉRICLÈS, 259.

PERSICUS, 166.

PÉTOSIRIS, 97.

PHALARIS, 121, 254.

PHAROS, 71, petite île voisine d'Alexandrie, à laquelle elle était réunie par un môle.

PHÉACIENS, 63, 216, habitants de Corcyre (Corfou).

PHIDIAS, 122.

PHILIPPE, 177, roi de Macédoine.

PHILIPPE, 189, médecin.

PHOLUS, 177.

PHYLLIS, 237.

PICÉNUM, 167.

PIÉRUS, 47, montagne de Thessalie.

PIRÈNE, 233, fontaine à Corinthe, consacrée aux Muses.

PISE, 188, ville du Péloponnèse, où se célébraient les jeux olympiques.

PISON, 61, mis à mort sous Néron.

PITTACUS, 15, un des sept sages.

PLÉBÉIENS (*jeux*), 77, jeux célébrés à Rome en l'honneur de l'expulsion des rois et du retour du peuple à Rome après sa retraite sur le mont Aventin.

POLLION, 87, 112, 166.

POLLITA, 19.

POLYCLÈTE, 121, statuaire grec, du vᵉ siècle avant J.-C.

POLYCLÈTE, 228, affranchi.

POLYDAMAS, 235, héros troyen.

POLYPHÈME, 136.

POLYXÈNE, 157, fille de Priam.

POMPÉE, 149, 158.

POMPEIUS, 51.

PONT, 270, royaume. — PONT-EUXIN, 47.

PONTIA, 100.

PONTICUS, 119.

PONTIUS, 286.

POPPÉE, 91.

POSTUMUS, 68.

PRÉNESTE, 37, 401, petite ville du Latium.

PRIAM, 84, 157.

PROCIDA, 27, petite île sur les côtes de la Campanie.

PROCNÉ, 263.

PROCULA, 19, 37.

PROCULÉIUS, 5, 108.

PROMÉTHÉE, 199.

PROTOGÈNE, 33.

PRUSIAS, 152, roi de Bithynie, chez qui Annibal se réfugia.

PSÉCAS, 92.

PUBLIUS, 267.

PUTÉAL, 262.

PYLADE, 227.

PYRRHA, 4, 219, femme de Deucalion.

PYRRHUS, 180, 205, roi d'Épire.
QUINQUATRIES, 150.
QUINTILIEN, 71, 81, 113.
QUINTILLA, 107.
RAVOLA, 133.
RÉMUS, 147, 240.
RHADAMANTHE, 391.
RHODES, 82, 123.
RHODOPÉ, 133.
ROSCIA (loi), 213, V. Roscius Othon.
RUBELLIUS BLANDUS, 119.
RUBRÉNUS LAPPA, 106.
RUBRIUS, 51.
RUFUS, 114.
RUTILA, 159.
RUTILUS, 163.
RUTUPIA, 53, port de la Bretagne.
SABINS, 36.
SAGONTE, 56, 221.
SALAMINE, 153.
SALÉIUS BASSUS, 107, poëte distingué du temps de Juvénal.
SAMOS, 225, 255, île de l'Archipel, où Junon était surtout honorée. — Le sage de Samos, Pythagore.
SARDANAPALE, 162.
SARMATES, 221.
SARMENTUS, 55, parasite célèbre, au temps d'Horace.
SATURNE, 185, 248, 266.
SCANTINIA (loi), 17.
SCAURUS, 17, 98, 168, censeur célèbre par sa sévérité.
SCIPION, 24, 34, 239.
SCRIBONIUS, 16.
SÉCUNDUS CARINAS, 114, rhéteur exilé par Caligula.
SÉIUS, 46, jurisconsulte.
SÉJAN, 146.
SÉLEUCUS, 155.
SÉMIRAMIS, 21.
SÉNÈQUE, 61, 128, 144.
SERGIUS, 72.
SÉRIPHOS, 96, 153, île de l'Archipel.
SERRANUS, 107.
SERTORIUS, 74.
SERVILIA, 160.
SÉTIA, 57, 144, bourg de la Campanie.
SEXTUS, 16.
SICYONE, 31.
SIGNIA, 167, ville du Latium.
SILANUS, 118.
SILIUS, 161, consul désigné, que Messaline voulut épouser. V. TACITE, Annales, l. XI, 26.
SISYPHE, 185.
SMYRNE, 294.
SOCIALE (guerre), 57, guerre des Romains contre leurs alliés italiens, qui dura de l'an 91 à l'an 87 avant J.-C.
SOCRATE, 132, 213, 259, 265.
SOLON, 158, 256.
SORA, 38, ville du Latium.
SORANUS BARÉA, 33, une des victimes les plus illustres de Néron (V. TACITE, Annales, XVI, 21). Il avait été dénoncé par son ami Egnatius Céler.
SORRENTE, 257, ville de Campanie.
SOSTRATE, 153.

DES MATIÈRES. 331

SPORTULE, 11, distribution de vivres ou d'argent, que les riches de Rome faisaient à leurs clients.
SPORUS, 7.
STACE, 107.
STADIUS, 280.
STAÏUS, 246.
STENTOR, 188.
STOÏCIENS, 18, 33, 189, 268.
STRATOCLÈS, 32.
SUBURRE, 27, 152, 166, 170, 265. Quartier de Rome, assez mal habité.
SULMONE, 77, ville du Bruttium.
SYBARIS, 82.
SYÈNE, 169, sur le Nil, aux confins de l'Égypte et de l'Éthiopie.
SYLLA, 4, 16.
SYPHAX, 76.
SYRIE, 167, poires de Syrie, importées de Syrie à Tarente, où on les cultivait.
SYROPHŒNIX, 125.
TABRACA (forêt de), 154, sur la côte de Numidie.
TAGE, 30, 212.
TANAQUIL, 96, femme de Tarquin l'Ancien.
TARENTE, 82.
TATIUS, 205.
TAURIDE, 221, la Crimée actuelle.
TAUROMENIUM, 60, port de Sicile (aujourd'hui Taormina).
TÉLAMON, 207.
TENTYRE, 217, ville d'Égypte.
THAÏS, 32.

THALÈS, 192, un des sept sages.
THÈBES, 184, en Béotie, Thèbes aux sept portes.
THÈBES, 215, ville d'Égypte, Thèbes aux cent portes.
THÉMISON, 155.
THÉODORE, 112.
THERSITE, 131, 164.
THRASÉAS, 57, stoïcien célèbre, mis à mort sous Néron.
THRASYLLE, 97, astrologue fort aimé de l'empereur Tibère.
THRASYMAQUE, 114, rhéteur, qui se pendit.
THULÉ, 220, une des îles Shetland.
THYESTE, 128, 263.
THYMÉLÉ, 5, 70, 127.
TIBÈRE, 147.
TIBUR, 37, 166, 201.
TIRÉSIAS, 195, devin de Thèbes, aveugle.
TIRYNTHE, 166, patrie d'Hercule.
TITIUS, 46, jurisconsulte.
TITYUS, 288, monstre fabuleux.
TŒDIA, 18.
TONGILLUS, 110.
TRALLES, 31.
TRÉBIUS, 55.
TRIFOLIUM, 136.
TRITANNUS, 286
TRYPHÉRUS, 170.
TUCCIA, 70.
TULLIA, 83.
TULLIUS, 113.
TULLUS HOSTILIUS, 58.
TURNUS, 21, 218.
TYDÉE, 218.

UCALÉGON, 37. Troyen dont il est question dans le second livre de l'*Énéide*, v. 312, et dont la maison fut dévorée par les flammes dans l'incendie de Troie.

ULUBRES, 149, petite ville voisine des marais Pontins.

ULYSSE, 136, 157, **164**, 216.

UMBRITIUS, 27.

URBICUS, 71.

VAGELLIUS, 226.

VARILLUS, 16.

VASCONS, 219, peuple d'Espagne.

VECTIDIUS, 260.

VECTIUS, 110.

VEIENTON, 36, 51, 73.

VÉLABRE, 98.

VÉLINA, 267.

VÉNAFRE, 60, ville de Campanie, célèbre par ses oliviers.

VENTIDIUS, 113, 164.

VERRÈS, 16, 30, 122.

VESTA, 248.

VESTINS, 205, peuple de l'Italie centrale.

VIMINAL (*le mont*), 31, une des collines comprises dans l'enceinte de Rome.

VINDEX, 128, un des généraux qui soulevèrent les légions contre Néron.

VIRBIUS, 279, colline de Rome.

VIRGILE, 89, 106, 115, 172.

VIRGINIE, 159.

VIRGINIUS, 128, id.

VIRRON, 57, 135.

VOLÉSUS, 126.

VOLSINIE, 37, petite ville d'Étrurie.

VOLUSIUS BITHYNICUS, 215.

VULFÉNIUS, 275.

XERXÈS, 153.

ZALATÈS, 25.

ZÉNON, 220, fondateur du stoïcisme.

FIN DE LA TABLE ANALYTIQUE DES MATIÈRES.

TABLE DES MATIÈRES.

Avertissement des éditeurs................................	I
Notices...	V
I. Lucilius..	V
II. Perse...	IX
III. Turnus...	XVII
IV. Sulpicia...	XIX
V. Juvénal...	XXI

JUVÉNAL.

Satire I.	Pourquoi Juvénal écrit des satires..........	3
Satire II.	Les hypocrites......................................	15
Satire III.	Rome..	27
Satire IV.	Le turbot..	45
Satire V.	Les parasites..	55
Satire VI.	Les femmes romaines...........................	67
Satire VII.	Misère des gens de lettres...................	103
Satire VIII.	La noblesse..	117
Satire IX.	X...	133
Satire X.	Les vœux des hommes.........................	143
Satire XI.	Le luxe de la table..............................	163
Satire XII.	Le retour de Catullus...........................	175
Satire XIII.	La conscience......................................	183
Satire XIV.	L'exemple...	197
Satire XV.	La superstition.....................................	215
Satire XVI.	Les prérogatives de l'état militaire.........	225

PERSE.

Prologue 233

Satire I. Les ridicules des gens de lettres............. 235
Satire II. La prière 245
Satire III. La paresse 251
Satire IV. Contre la présomption des grands............ 259
Satire V. La vraie liberté............................. 263
Satire VI. Contre les avares........................... 275

FRAGMENTS.

Fragments de Lucilius.................................. 283
Fragment du Turnus, contre les poëtes qui flattent Néron.. 287
Sulpicia. Sur la philosophie proscrite par Domitien 291

IMITATIONS.

Juvénal 299
Perse.. 317

Table analytique 321

FIN DE LA TABLE.

PARIS. — IMPRIMERIE GÉNÉRALE DE CH. LAHURE
Rue de Fleurus, 9

www.ingramcontent.com/pod-product-compliance
Lightning Source LLC
Chambersburg PA
CBHW050309170426
43202CB00011B/1839